主题公园创新前沿

——2020中国主题公园研究院理论与实践文集

The Frontier of Theme Park Innovation: Theory and Practice Collection of the Institute of Theme Park Studies in China, 2020

林焕杰　主编

中国财经出版传媒集团
经济科学出版社
Economic Science Press

图书在版编目（CIP）数据

主题公园创新前沿：2020 中国主题公园研究院理论与实践文集/林焕杰主编．—北京：经济科学出版社，2020. 12

ISBN 978 - 7 - 5218 - 2281 - 6

Ⅰ．①主…　Ⅱ．①林…　Ⅲ．①主题 - 公园 - 文集

Ⅳ．①G246 - 53

中国版本图书馆 CIP 数据核字（2020）第 266567 号

责任编辑：于海汛　陈　晨

责任校对：杨　海

责任印制：李　鹏　范　艳

主题公园创新前沿

——2020 中国主题公园研究院理论与实践文集

林焕杰　主编

经济科学出版社出版、发行　新华书店经销

社址：北京市海淀区阜成路甲 28 号　邮编：100142

总编部电话：010 - 88191217　发行部电话：010 - 88191522

网址：www. esp. com. cn

电子邮箱：esp@ esp. com. cn

天猫网店：经济科学出版社旗舰店

网址：http：//jjkxcbs. tmall. com

北京季蜂印刷有限公司印装

710 × 1000　16 开　17. 25 印张　320000 字

2020 年 12 月第 1 版　2020 年 12 月第 1 次印刷

ISBN 978 - 7 - 5218 - 2281 - 6　定价：69. 00 元

（图书出现印装问题，本社负责调换。电话：010 - 88191510）

主题公园创新前沿

——2020 中国主题公园研究院理论与实践文集

编写委员会

主　　编　林焕杰

副 主 编　楼嘉军　梁增贤　李　彬　胡少鹏

编写人员（排名不分先后）

郭洪钧　刘道宏　郭梅君　熊晓杰　李慧华
张　萍　于　雨　于海鹏　胡少鹏　尹　立
虞　炳　陈彦婷　万凡钰　纪　敏　谭　亮
孙　恬　林　琰

Prologue | 序言

2020年是不寻常的一年。新冠肺炎疫情让主题公园从业者重新认识到运营管理的重要性。这不仅关乎旅游业的恢复，也涉及整个经济的发展和社会的稳定。我在《主题公园创新前沿——2019中国主题公园研究院理论与实践文集》的序言中曾提到，2019年前后数年，是一个全球经济发展遇冷的不平常的时期，但是旅游经济往往在传统产业走向周期性衰退的过程中扮演着拯救危局的重任。2020年果然应验我这一想法，主题公园已经成为中国文化旅游产业，乃至整个国民经济恢复的晴雨表。受新冠肺炎疫情的影响国内众多主题公园于2020年1月25日率先关停，我国成为新冠肺炎疫情期间全球最早关停旅游业的国家。2020年3月16日，深圳欢乐谷重新恢复营业，5月11日上海迪士尼重新开业，主题公园又成为中国旅游业恢复的指示器，全球关注中国疫后恢复首先聚焦的是旅游业，尤其是几个著名的主题公园，如上海迪士尼乐园等。

随着新冠病毒的蔓延和影响，国际间旅行交流受阻，地区之间的旅游仍存顾虑，但城市周边地区的休闲旅游是最早恢复的，尤其是主题公园。新冠肺炎疫情颠覆了人们传统的工作方式、学习方式、生活方式以及娱乐方式，其中的许多变化，可能是长期的。对主题公园产业而言，主要体现在以下几个方面：

第一，市场已经逐步养成了线上消费、线上体验的习惯。疫情期间，约会般的娱乐方式转变成了足不出户的自娱自乐。主题公园、博物馆、展览会、电子竞技和游戏娱乐等提供的线上互动和虚拟体验刺激了线上文旅消费，倒逼主题公园和其他旅游景区开辟线上体验平台。未来，主题公园从线下体验延伸到线上体验的可能性在增强，具有较好的市场需求。

第二，主题公园及许多旅游景区将更加依赖在线销售和预订系统，线上预约逐步改变了中国人不擅长、不习惯时间管理的习惯，同时促使经营机构进行改革甚至未来可能采取提前与游客互动，预测游客需求等措施。现在很多地方的景区都实行预约制，预约制慢慢会形成常态，未来可能是无预约不出游。主题公园的预约制与会员制是紧密结合的，借助预约制推动会员制也将可能成为趋势。

第三，门票经济仍然是目前主题公园收入来源的主体，但是园内二次消费和混合消费模式将进一步增强。未来主题公园的游客目的多元，消费不再单一，除了游乐，还必须要有主题公园购物、主题餐饮、主题酒店和主题活动。上述混合消费将有助于促进园内二次消费的提升。实际上新冠肺炎疫情的影响甚至可能会导致工作、居家与度假方式的改变，例如，随着第五代移动通信技术（5G）的普及和用户对线上办公的日益习惯，未来在主题公园度假区享受假期的同时，其实不会影响人们远程参与日常工作的运行。主题度假区就是上班的另一个场所，这将不再是一个梦想而更可能是一个事实。

2020 年，全球的主题公园和文旅产业都将受到疫情的严重影响，尽管中国的恢复情况好于预期，但不可否认主题公园是一个非常脆弱的产业，容易受到外部事件和疫情灾害的影响，这给主题公园的管理提出了新的研究话题。如何在多变环境下，提高主题公园的风险抵抗能力，提升恢复力，降低脆弱性，是一个值得研究的问题。根据 2019 年中国主题公园研究院发布的《2019 中国主题公园竞争力指数报告》，中国内地的主题公园有 339 座，其中 25% 亏损、22% 持平、53% 盈利（经营性）。主题公园已经有庞大的规模，不仅涉及巨额投资，而且带动了庞大的城市就业。主题公园的经营好坏和可持续发展深刻影响着社会经济。中国主题公园不仅是目前全球增长最快的产业，也是全球疫后恢复最快的主题公园产业。今天中国的主题公园发展具有世界意义。

《主题公园创新前沿——2020 中国主题公园研究院理论与实践文集》主要突出了中国主题公园产业发展的新形势、新格局，通过总结疫情以来的恢复经验，致力于深度挖掘主题公园体验、创新营销模式、探索主题公园的创新发展，努力实现学界、企业界和政府界的理论和实践对话。本书所收录的十多篇文章的作者，都是中国主题公园产业一线科研、开发和管理的实践者，他们在这个快速增长的浮躁年代，还能沉下心来冷静地进行理性思考和进行写作，非常难能可贵。

从本书的选题可以看出，疫后恢复、沉浸体验和发展创新是关键词。林焕杰博士运用品牌理论对国内外知名主题公园的品牌扩张历程进行梳理和分析，从而为中国主题公园品牌发展、品牌扩张总结出具有普遍意义的策略。楼嘉军教授团队基于网络文本分析，从旅游资源、特色要素、旅游设施及服务、旅游体验及评价四个方面分析了全球乐高乐园的旅游认知形象和情感形象。梁增贤教授从主题公园产业链的角度，指出粤港澳大湾区主题公园产业创新发展的方向主要有两个：一是构建主题公园目的地体系所需要的关联业态和主题品牌；二是打造支撑主题公园产业发展的配套产业链。著名文化人郭洪钧教授指出，演艺是伴随着中国主题公园形成与发展的脚步同频共振而来，现在面临转型升级和提质增效，已经不可能再走过去简单模仿、效颦复制、生搬硬套甚至粗制滥造的模式。华强方特文化科技集团的刘道宏和纪敏则以游客视角，从目标客群特质与主体场景的内在联系，游客的视野管理和场景的仿真度三个方面探讨了主题场景的营造路径。郭梅君博士提出打造沉浸式主题公园的“沉浸五步法”，即围绕主题或知识产权（IP）进行故事构建，提炼 IP 核心价值并转化为沉浸式体验，以沉浸式叙事方法来驱动游客主动参与的探索历程，应用沉浸技术与智能环境创造出一个“超现实幻境”，提升商业主题化与消费场景化的运营能力。熊晓杰总经理在多年开展主题公园营销实践经验的基础上，总结出一套针对主题公园营销的方法论，即“娱乐化营销”。季高集团总裁李慧华团队提出亲子游乐智造 4.0，认为亲子游乐产品的未来必将从注重“设备和玩法”的常规思维，转向注重“以用户体验为核心，将服务、场景、设计、建设、运营、后市场等环节融合成为一个全新的闭环”。张萍研究员指出破解主题公园园内二次消费的难题应该从主题设计的消费项目的挖掘，体验式的休闲娱乐功能的开发，自身经营管理能力的提升入手。中国主题公园研究院的于雨和于海鹏以酒庄旅游为例，寻求、探索、讨论在葡萄酒产业旅游中如何通过主题公园的讲故事方法，让游客产生沉浸体验，并在体验中创造自我。中国主题公园研究院的胡少鹏探讨了如何运用数字科技有效地吸引游客选择主题公园作为旅游目的地。主题娱乐协会（TEA）北美分会的尹立总结了中美主题公园在疫后恢复中所采取的有效措施，并对后疫情时代中美主题公园的经营战略做了比较分析。恐龙园集团首席创意官虞炳探讨了新冠肺炎疫情后期对陷入困局的主题公园该如何破局而生？

未来又该去向何处?

作为本系列丛书最早的读者之一，深感作者团队对中国主题公园事业发展的勤勉努力和显著成就。本书是主题公园创新前沿系列丛书的第二部，力图构建并已经建成一座理论与实践的桥梁。林焕杰博士一直致力于整合学界和业界的观点，增强多方协作，助力中国主题公园管理理论和实践水平的提升。书中的许多观点和分析，既来自专注于主题公园研究的学者，也来自一线的实践者。本书无论对学术研究还是主题公园管理实践都具有很高的参考价值，特此推荐给广大读者朋友参阅。

国际旅游研究院院士

北京大学城市与环境学院教授

文化和旅游部“十四五”规划专家委员会委员

2020 年 11 月 12 日

Preface | 前言

《主题公园创新前沿——2020中国主题公园研究院理论与实践文集》继续书写中国主题公园领域的创新故事。作为国内首家以主题公园为研究对象的产学研一体化专业机构，中国主题公园研究院汇聚了主题公园理论领域的著名学者，在主题公园的策划、开发、经营、管理方面具有丰富实践经验的行家，在主题公园规划、场馆设计、主题动漫、音效技术、设备研制等方面的专业工程师，还有跨越理论和实践领域的两栖型研究者。中国主题公园研究院既深度参与国内外主题公园领域的学术研究，又为地方和产业主题公园发展献计献策，还为企业主题公园项目的开发经营提供策划和咨询。理论、策略、实操这三个层次的活动，使研究院在主题公园创新领域的研究中拥有独特的资源优势和观察视角。站在主题公园理论和实践的交汇处，中国主题公园研究院将自己汇入思想火花、艺术创意、经营诀窍、科技发明、工匠精神的互动、摩擦、碰撞、融合的涌流之中，见证了先进理念落地生根、开花结果，推动着新生的实践向有高度的理论升华，在中国主题公园产业演化的最前沿，真切感受到时代创新的脉动。

本书的研究成果体现了中国主题公园研究院秉承学术与产业密切交融、理论与实操相互推进的研究模式，在中国主题公园创新研究领域取得了几个方面的突破。第一，研究院继续致力于中国主题公园领域数据的挖掘和耕耘，为打造学术探索的数据基础添砖加瓦，为创新前沿的研究提供了最新的素材。第二，研究院的专家学者着力把握中国主题公园领域出现的重大创新趋势，这些新趋势正从根本上改变中国主题公园的生态、竞争力和软实力。第三，文集的作者们以其敏锐的触觉，捕捉、叙说、评估了中国主题公园创新前沿的沉浮枯荣、成败得失、经验教训，为中国主题公园理论和实践的兴盛繁荣贡献了智慧的结晶。

2020年，中国主题公园研究院联合华东师范大学休闲研究中心和上海师范大学休闲与旅游研究中心，共同编制和发布了《2020中国主题公园竞争力评价报告》。这是2019年首次发布中国主题公园竞争力指数报告以来的第二次报告。新的报告扩大了数据的样本范围，将评价对象从42家增加至50家，并改进了数据的收集和处理方法，对国内的大型和特大型主题公园的区位竞争力、规模竞争力、项目吸引力、发展能力进行了分类评价，分析了中国主题公园整体水平、功能演变、规模结构、区域分布、竞争力差异五个方面的现状特征，揭示了主题公园最新的发展趋势。围绕竞争力评价报告的研究工作，力求通过具体确切的量化，盘点家底，摸清实力，为政府、地方、企业的知情决策依据提供可靠的参考。这项工作坚持实事求是，通过调查研究，着力消除以往“国内主题公园行业70%亏损，20%持平，仅有10%盈利”此类以讹传讹的笼统说法的影响，推动将中国主题公园分析评价工作建立在可靠的数据基础上。竞争力研究还意在抛砖引玉，希望通过初步的数据建模，期盼更多、更高质量的主题公园评价的出现，使主题公园学术研究往具体化、精细化、实证化方向再进一步。

2020年的文集积极窥探、把握、揭示中国主题公园产业发展正在出现的积极态势。经过30年的风雨洗礼、大浪淘沙，中国主题公园地平线上的幼苗长成大树，孤木连片成林，根深叶茂花繁似锦的满园春色呼之欲出。国产主题品牌群突起，国内旅游目的地聚集，本土制造产业链萌生，具有中国特色的主题公园已在崛起的路上。

过往30年中国主题公园的叙事，环绕于耳的是对高大上洋品牌的崇拜、继承和模仿。在世界主题公园品牌生态圈中，洋品牌本已根深叶茂，而随着美国迪士尼乐园在上海开业，环球影城主题公园在北京如火如荼的建设，世界知名主题公园品牌大举高调进军中国市场，形成了对中国本土品牌的包围圈。2020年的研究着力揭示本土主题公园突破洋品牌的重重遮蔽、脱颖而出的历史性突破。虽然并不拒绝继续借鉴吸收洋品牌的优秀之处，但本土的品牌群已经形成。它们不再是洋品牌的机械模仿者，而是顺应中国各地的条件和环境，因应天时地利人和，形成更适应本土、更贴合实际、经济上可行、生命力旺盛、竞争力持久的主题公园方略。这其中像华侨城、方特、长隆这些品牌化程度高、科技含量高、品牌识别度高的主题公园已连续几年进入全球前十的行列，并逐渐向品牌化、国际化靠拢。

与国内品牌群的崛起相伴的是国内主题公园旅游目的地的产业聚集。上海迪士尼乐园、常州恐龙园、宁波方特东方神画、上海欢乐谷和芜湖方特这五个主题公园已经形成规模，成为长三角地区主题公园集聚地。香港迪士尼乐园度假区、广州和珠海长隆旅游度假区，以及深圳华侨城旅游度假区则成为粤港澳大湾区主题公园集聚地。2020年的研究借鉴奥兰多主题公园的模式，审视我国两大主题公园产业集聚区的成长路径、态势和格局，尤其是透过研发创意、规划设计、生产制造、施工建设、运营管理、二次消费、关联消费、主题服务、品牌经营的产业链分析，展示粤港澳大湾区主题公园产业链从价值最小的运营管理起步，30多年一步步向前后端业态延伸的产业集聚进程，指出这一进程的特色、优势和短板，提出构建主题公园集聚体系、打造主题公园配套产业链的整体构想。

具有中国特色的主题公园崛起的另一道风景线，是主题公园演艺模式的兴起和成功。这一模式的典型是以大型主题演艺作为主题公园发展起步的重要方式，在主题演艺享誉全国后，围绕主题演艺主体进行扩展创作，针对不同地区和历史文化背景延伸定制不同类型的系列舞台剧，将演艺主题作为核心IP，以各地的主题公园和剧院为载体，实现向规模化、专业化的演艺公司的华丽转型。2020年的研究叙述了中国主题公园演艺概念经历从无到有的脱胎换骨，从而走出了一片中国特色演艺新天地的历程，深入、全面讨论了本土旅游演艺的特点、功能、要素、实现手段、市场绩效的演变，并以文学艺术和市场营销的视角，深入剖析中国主题公园演艺经典案例的观赏性、通俗性、创新性、艺术性、技术性、思想性以及看点、亮点、特点、热点、卖点、爆点，探讨旅游演艺作为主题公园提质增效强劲引擎的实现途径。主题公园演艺的发展，成为文旅经济和夜间经济的新热点，是文旅融合在主题公园产业的新探索，也是推动文化创新的重要产业实践。主题公园的创意和发展模式可为文旅融合提供方法论的借鉴。

2020年新冠肺炎疫情笼罩下的全球主题公园产业面临巨大压力，疫后恢复需要时间，更需要智慧。2020年的研究力求捕捉中国主题公园发展演变的新趋势，因应疫后恢复的迫切需求，在新的全球产业格局之下探寻新的制高点。作为主题公园理论和实践两个领域的交叉研究，我们在得到理论与实践碰撞火花启迪的同时，也受理论和实践水平的双重制约。虽有第一线的心得和切实的感受，但所呈现的研究结果难免顾此失彼，挂一漏万。错误不足之处，敬请读者不吝指正。

最后，特别感谢北京大学吴必虎教授再次为《主题公园创新前沿》文集作序，并对在本书筹备、编辑和出版过程中给予关心、指导和支持的专家学者、企业家、行业专家表示衷心的感谢！

林焕杰

2020年12月12日

Contents | 目录

附录

主题公园品牌扩张实践探索

林焕杰*

中国主题公园经过30年的发展，已经逐渐向品牌化、国际化靠拢，华侨城、华强方特、长隆这些品牌化程度高、科技含量高、品牌识别度高的主题公园已连续几年进入全球前十的行列。迪士尼乐园和环球影城等世界知名主题公园品牌已高调进军中国市场，中国本土的主题公园品牌面临着前所未有的竞争压力。中国主题公园如何能够突破“洋品牌”的“包围圈”从而实现品牌价值的最大化，成为业界的一个难题。目前，我国主题公园企业的品牌发展阶段仍处在相对较为初级的、粗放型的阶段，距离国际一流的主题公园品牌还有不小的差距。此外，理论界目前对于主题公园的品牌研究大多停留在主题公园品牌的建设上，对于大量已建立起来的主题公园的品牌扩张研究较少，存在研究的滞后性，很难对现有的本土主题公园企业的发展提供建设性的指导意见。为此，本文在整理、搜集国内外与主题公园品牌相关的文献的基础之上，运用品牌定位、品牌文化、品牌扩张等品牌管理理论对国内外知名主题公园的品牌扩张历程进行梳理和分析。从而为中国主题公园品牌发展、品牌扩张提出具有普遍意义的战略，为中国主题公园未来品牌管理提供借鉴。

从20世纪50年代，华特·迪士尼在美国加州洛杉矶安纳海姆市开设了第一个主题公园——迪士尼乐园以来，主题公园的发展已经经过半个多世纪。学界一般认为，中国的主题公园产业起步的标志是1989年在深圳开园的以微缩景观为主题的“锦绣中华”。中国经历了40多年的改革开放，经济水平得到了较大地提高，同时，人们的日常生活水平也在不断提高，科技水平的不断进步，产业结构的不断更新迭代，人们对于主题公园游乐需求的不断变化，在主题公园品牌化的

* 林焕杰，博士、教授、博士生导师，中国主题公园研究院院长，上海交通大学海外教育学院客座教授、主题公园研究所所长，北京师范大学政治学与国际关系学院兼职教授、博士生导师，新西兰奥塔哥大学商学院工商管理博士（DBA）导师，菲律宾雷省科技大学兼职教授、博士生导师，中山大学旅游管理学院旅游管理硕士专业学位（MTA）兼职导师，主题公园理论与实践探索者。主要研究领域：旅游地产、主题公园与区域经济、主题公园设计与施工等。主持或参与过国内外若干主题公园和旅游景区项目的策划、规划设计、工程建设管理及经营管理工作，出版（发表）过多部（篇）学术成果。

大背景大趋势下，中国主题公园的基本形态也由最初的简单模仿、无主题、无品牌的运营方式逐渐转变为现在的品牌化运营模式。目前，中国的主题公园已经建立起了一系列具有竞争力的品牌。随着中国经济水平的不断发展，人们对于主题公园的需求也越来越高，在迪士尼乐园进入中国上海并且成为全球最快盈利的迪士尼乐园后，中国本土的主题公园品牌面临着前所未有的竞争压力。因此，中国主题公园如何通过科学的品牌管理战略获取竞争中优势，显得极为关键。目前中国的部分大型主题公园虽然已建立起了自己的品牌，但是在品牌发展方面和迪士尼相比，仍处在品牌发展的初级阶段，有些主题公园企业为了尽快发展壮大，盲目地进行扩张，结果适得其反。本文将以品牌定位、品牌扩张等相关品牌方面的理论为基础，综合分析国内外成功的主题公园企业的发展历程、品牌战略、扩张方式，对中国主题公园品牌扩张进行实践探索。

一、综述与概念

（一）品牌的概念

“品牌”（brand）这一词汇可以追溯到19世纪以前，现代社会中，品牌第一次作为一个概念被提出是在20世纪50年代，美国奥美广告公司创始人，传奇广告业大师大卫·奥格威于1950年首次提出了品牌概念，到了1955年，第一篇关于品牌的专业论文《产品与品牌》发表，首次将品牌作为一个学术问题进行研究，并提出了情感性品牌和品牌个性的理论。

美国品牌学者菲利普·科特勒（2003）在其著作《营销管理》中将品牌定义为名称、名词、标记、符号、设计或者他们组合的运用，其目的是介意辨别某个销售或者某群销售者的产品或服务，并使之与竞争对手的产品和服务区别开来。

《现代经济学词典》也将品牌定义为“企业给自己的产品规定的商业名称。它是加在商品上的标志，用以识别一种产品，使之与其他竞争者的产品相区别”（刘树成，2005）。

艾丰先生（2004）指出，品牌可以分成五个类型，分别是商标、商号、公用品牌、公共品牌、载体品牌五个类型。商标和商号指的是传统的品牌，一般就是简单意义上的产品名称或企业的名号；公用品牌并不是由企业单独占有的品牌，而是符合一些特定的行业组织、行业协会制定的标准，并且由这些专业的协会颁发的证书，证明其符合这些标准；公共品牌指的是企业可以通过这些名称来提升自己产品或者品牌的知名度的。例如，李宁公司是羽毛球世锦赛指定赞助商，而361度是中国男子篮球联赛的合作伙伴等。而载体品牌指的是一些公用品牌，往往特指一些耳熟能详的地理位置或地标，例如陆家嘴、金融街等。

白长虹（2012）教授认为，随着社会经济的不断发展，品牌的定义不应仅仅局限在对于名称、词语、标志、符号或图案等组合的简单论述，品牌应该分为“有形—无形”和“静态—动态”两个维度来理解，并提出了“服务品牌”的概念。上述对于品牌概念的不同理解不同定义，可以主要归纳为以下三种类型：第一，品牌载体导向型。此类定义主要将品牌定义为产品的载体，将品牌定义为销售的一种手段。第二，品牌功能导向型。此类定义的主要特点是将品牌的类型按照不同的功能进行划分，从品牌应用的角度进行定义。第三，品牌发展导向型。此类定义主要是针对现代体验经济的兴起，品牌发展的不同阶段做的定义。

综上所述，随着经济形态的不断变化，产业标的的逐渐升级，新的经济形式不断涌现，品牌的相关定义也在不断发生着变化。主题公园企业应与时俱进，不仅仅强调对传统品牌要素的管理，还要对新出现的品牌要素给予足够重视，提出更为具有时代性和竞争性的品牌管理战略。

（二）品牌文化的概念

丁瑛和张红霞（2010）认为，品牌文化是经济发展到一定程度，各个品牌之间的竞争已经从原来的产品质量、企业服务等领域逐渐渗透到了文化内涵，品牌文化已经成为考量企业竞争力如何的重要指标之一。企业对于企业文化的提升，有助于赢得消费者的品牌美誉度和品牌忠诚度，进而为企业赢得利润上的效益。

张红霞、马桦和李佳嘉（2009）认为，品牌文化是由四个方面的维度组成的，即：企业文化、产品和服务、品牌个性和理念，以及品牌归属。这其中，企业文化是构建品牌文化的基础，产品和服务是品牌文化的载体，品牌的理念和个性是品牌文化的塑造手段，用户的品牌归属感是品牌文化最终的实现形式。

李彦亮（2006）认为，品牌文化的内涵主要由三个方面的因素构成的：一是文化层面的特征在产品品牌上的体现；二是文化层面的现象在产品品牌上的映射；三是文化层面的价值观在品牌上的凝结。

布利·B. 加德纳（Buleigh B. Gardner），西德尼·杰列维（Sidney Jievy，1955）认为，品牌对于消费者而言，除了具有辨识性功能外，同时还有精神性价值。打造一个品牌，不应该仅仅停留在对其产品本身功能的定位，而是应该实现其对消费者的精神价值，打造出一个与众不同的品牌文化。

结合以上学者对于品牌文化理论的研究，可以将品牌文化的内涵概括为以下三个方面：

第一，品牌文化是企业品牌价值的重要组成部分，其主要是文化现象和文化行为在品牌上的具体体现。

第二，品牌文化对于赢得消费者的品牌忠诚度具有至关重要的作用，是衡量企业品牌战略成功与否的重要标志之一。

第三，品牌文化是构建企业文化、塑造品牌理念的重要手段之一。

（三）主题公园的概念

主题公园作为现代旅游业的一种娱乐形式，正在全球范围内被越来越多的人所喜爱，对于主题公园的定义也各不相同。

保继刚（2015）认为主题公园是具有特定的主题，由人创造而成的舞台化的休闲娱乐活动空间，属于休闲娱乐产业。

董观志（2000）认为，主题公园是为了满足旅游者多样化休闲娱乐需求和选择而建造的一种具有创意性游园线索和策划性活动方式的现代旅游目的地形态。

柴寿升和王树德（2001）将主题公园定义为，主题公园的经营者为了满足游客游玩儿的精神需求，同时还要达到经营者本身的盈利目的，通过营造出非真实的游玩环境、将特定的内容加以主题化，并对其进行开发建设，而设计出来的特殊旅游吸引物。

林焕杰（2013）指出主题公园是为了满足旅游者的娱乐休闲需求，围绕既定的主题，利用科技、文化等表现手法，通过人工建造的吸引物以营造一系列有特别的环境和气氛的大型现代娱乐场所。

综上所述，对于主题公园的定义，学界目前尚未形成一个通识性的，被广泛认可的概念，总结不同学者的定义，我们可以简单的将其概括为以下三个要素：

第一，娱乐性。娱乐性是主题公园的一个基本属性，也是主题公园的基本出发点，游客来到主题公园，游客感知的基本内容就是主题公园的娱乐性，因此娱乐性是主题公园必备的基本要素之一。

第二，场景性。现代主题公园不同于过去的传统游乐场，主题公园往往会设定某个主题，主题公园内所有的游乐设施都是围绕着这个主题进行设计的，这样的主体必须依附在一个特定的场景之中。

第三，商业性。主题公园的主要经营模式为售卖门票招徕顾客，公园内的游乐设施基本上没有二次消费，二次消费主要依靠售卖主题周边产品和餐饮等获得。因此主题公园的商业性是构成主题公园的另外一个重要的基本要素。

（四）品牌扩张和主题公园品牌扩张的概念

品牌对于企业的重要性自然不需赘述，随着品牌理念的不断发展，产品、服务的不断升级，品牌扩张对于企业的发展、对于企业拓展新的市场来说越来越重要。纵观国内外主要主题公园的发展过程，品牌扩张已成为主题公园发展的一个重要途径。在主题公园的品牌扩张活动中，原有主题公园的品牌是品牌扩张的基础，正确的品牌扩张战略是品牌扩张成功的保障。然而，对于品牌扩张概念的准确内涵和定义，目前学界还没有达成一个广泛的共识。韩丽红（2016）认为，品牌扩张的内涵主要包括两个方面：一是企业借助品牌效应实现地域市场范围的扩展，即依靠已有的成功品牌，通过授权许可、管理合同等方式或通过与知名品牌进行合作的策略在其他地域开设新的企业方面的扩展；二是企业运用品牌及其资本价值进行业务范围内的扩展，即凭借企业原有品牌通过品牌延伸、多品牌策略等进入其他业务市场，为其他具有不同喜好的消费者提供与原有产品均有明显差异性的新产品。

林木熊和郑芳（1998）认为，品牌扩张是指企业实现其扩展新市场以及实现企业利润最大化的快捷方式。它强调的是企业对以实现的某个品牌资源的充分开发和利用，使品牌生命不断得以延长，品牌价值得以增值，品牌的市场份额不断扩大，从而促进企业产品销售利润的提高。

王庆江（2015）认为，企业品牌的扩张是企业品牌的纵深发展，认为品牌扩张应包括品牌的延伸、品牌规模化和品牌多样化。

综上所述，可以将品牌扩张的要素归纳为以下三个方面：

第一，品牌扩张的主体一般是成熟的品牌。品牌扩张指的是已建立的且成熟运营的品牌，经过一段时间的发展，已形成了较为成熟的品牌运营体系，品牌持有者对于品牌的发展有了更高的要求。

第二，品牌扩张的目的一般是为了获得更大利润。品牌扩张的主要目的一般是企业为了开拓更大的市场，这个市场一般是在产品品牌的本领域，也可以是产品品牌以外的领域。

第三，品牌扩张的方式一般是区域外的扩张。品牌扩张的方式一般指的是离开品牌原来得到广泛认同的区域，向品牌惯有地域以外的地区进行扩张的行为。

结合当前主题公园经营的现实状况，笔者构建了主题公园的品牌扩张的清晰界定：主题公园的品牌扩张是指成熟的主题公园为了实现获得更高的利润的目标，对其主营业务在其他区域或在其他市场领域进行的一系列主题公园建设、运营、宣传等拓展活动，品牌扩张是主题公园品牌化建设的一个重要组成部分。

二、品牌扩张理论

李明利（2013）认为，企业要实现品牌扩张，必须要做到以下五个方面：一是了解准备扩张领域消费者的基本情况；二是选择适合的销售模式；三是加强团队的管理；四是抓好产品质量；五是将品牌从产品上提炼出来。

韩丽红（2011）将企业的品牌扩张策略总结为三种形式：一是以授权和许可为主的单一品牌扩张方式，主要表现形式为连锁特许经营和经常用于酒店行业的委托管理合同，例如酒店品牌希尔顿、万豪等；二是两种品牌进行合作的战略，主要表现形式为多个品牌的叠加，例如汽车行业经常使用的“东风本田”“广汽三菱”“上海大众”“一汽丰田”等；三是通过品牌延伸的手段，主要是将已有的、在某一产品领域获得广泛的社会认可的品牌，直接延伸到另外一个领域的产品或服务上，以期降低市场风险，例如，以冰箱制造起家的海尔集团，后来通过品牌延伸的手段在空调、洗衣机、电视机等多个家电领域都有所涉足。

对于主题公园品牌的相关研究主要集中在主题公园的品牌化和品牌营销上，对于品牌扩张的相关研究还较少。占骏（2014）通过对迪士尼乐园和方特欢乐世界在品牌经营上的研究，提炼出了迪士尼乐园品牌得以成功在全球范围内扩张的关键因素：加深主体文化符号和品牌关联度，并提出了品牌化的基本策略。刘小同和赵雅静（2016）通过对比欧洲、美国、韩国以及国内诸多类型的主题公园的品牌定位以及国外主题公园的全球化扩张之路，总结出了主题公园的品牌化应更加融入本地特色，同时要丰富产品的营销手段，并且在品牌定位上突出其文化价值和文化内涵。

张冉（2014）认为，企业要想实现品牌扩张，可以根据其自身资金实力、品牌认可度、企业管理能力等选择资本并购的形式来以控股的方式实现品牌扩张。例如，光明食品收购英国第二大谷物类食品生产企业维他麦，前者通过并购的方式获得了英国将近60%的市场份额，实现了品牌扩张。

李磊（2018）认为，打造高质量标准的品牌，建立良好的品牌认可度，是品牌得以顺利扩张的基础，而品牌战略的本土化是做好品牌扩张的关键所在。

综合以上学者的研究，可以对品牌扩张做出如下总结：第一，品牌扩张行为是企业品牌战略发展到一定程度的高级品牌战略阶段，是企业品牌延伸和品牌输出发展到一定程度的企业扩张形式；第二，品牌扩张行为是一个复合的扩张形式，除了基本的企业主体扩张，还涵盖了企业的投资、并购等多种形式；第三，主题公园的品牌扩张行为中，其品牌文化和品牌内涵以及目的市场的品牌本土化改造是主题公园品牌扩张的关键因素。

三、国外主题公园品牌扩张案例分析

（一）迪士尼乐园品牌扩张分析

由于美国主题公园市场起步早，发达程度高，市场成熟，市场份额较为稳定，因此呈现出了增长缓慢的趋势，其主要的收益增长来源于对外的品牌扩张。

1. 迪士尼乐园的海外扩张

1983 年在日本东京建造的迪士尼乐园，总投资约为 10 亿美元，是迪士尼目前在美国以外投资建设的主题公园中盈利能力最强的项目。东京迪士尼度假区包括两大主题公园，分别是东京迪士尼乐园和东京迪士尼海洋乐园。东京迪士尼度假区的合作模式是：日本东方乐园株式会社向迪士尼购买主题授权，持有度假区的资产，并负责具体的运营，因此，严格意义上来讲，东京迪士尼度假区实际上并不是归美国迪士尼所有的；1992 年在法国开业的巴黎迪士尼乐园由欧洲迪士尼和 SCA 集团共同持有并负责运营，在开业之初，迪士尼持有该公司 39.78% 的股权，不过在 SCA 集团最新的财报中，迪士尼已经收回了该公司 97% 的股权；2005 年 9 月，香港迪士尼乐园开业。该主题公园是由中国香港特别行政区政府（以下简称“特区政府”）和迪士尼合作成立的香港国际主题公园有限公司投资和运营管理。香港迪士尼乐园度假区建设费用在 1999 年的预算为 141 亿港元，其中特区政府注资 57 亿港元，借款 61 亿港元，迪士尼则负担 23 亿港元商业借款。此外，特区政府还需要投资 136 亿港元建设费用，主要包括外联道路、两个公众码头、公共交通接驳港、港铁迪士尼专线、警察局、消防局、渠务和排污设施，以及平整一块面积为 3 平方公里的土地。特区政府没有向迪士尼提供免费土地和现金补贴。香港迪士尼乐园度假区用地的年限为 50 年，到期后有 50 年续约权；2009 年，上海迪士尼乐园项目获得国家批准建设，总投资 244.8 亿元人民币（实际总投资 340 亿元人民币），其中迪士尼公司一期项目投资 124.72 亿元人民币，2013 年增加投资 21 亿元人民币。上海申迪集团与华特迪士尼公司共同出资成立了三家合资公司，分别是：上海国际主题乐园有限公司、上海国际主题乐园配套设施有限公司、上海国际主题乐园和度假区管理有限公司。其中前两家为业主公司，上海申迪集团持有 57% 的股份，迪士尼持有 43% 的股份；第三家公司为管理公司，上海管理公司持有迪士尼 70% 的股份，上海申迪集团持有 30% 的股份。① 双方合作成立的管理公司受业主公司委托，负责项目的创意、设计、开发和运营管理工作。全球四大迪士尼乐园的合作模式和投资额对比，如表 1 所示。

表 1　　全球四大迪士尼乐园的合作模式和投资额对比

名称	投资额（亿元人民币）	合作模式
东京迪士尼乐园	10.12	迪士尼输出品牌进行授权，日方企业投资运营
巴黎迪士尼乐园	68	迪士尼持有少部分股权，后全部收回
香港迪士尼乐园	122.74	迪士尼和香港特区政府共同投资开发共同经营
上海迪士尼乐园	340	迪士尼和上海企业成立合资公司共同开发经营

资料来源：根据迪士尼网站及公司财报等信息整理所得。

2. 迪士尼品牌在主题公园的延伸

迪士尼作为全球主题公园的巨头，掌握着全球主题公园市场份额的半壁江山，迪士尼这一品牌也通过主题公园，成功地延伸到了多个领域之中。迪士尼利用其强大的知识产权（IP），促进了主题公园的二次消费，进而促进了迪士尼品牌在主题公园内的延伸。迪士尼乐园的衍生品销售成功地将迪士尼品牌延伸到了服装、玩具、日用品、礼品等多个领域；同时，还通过在其乐园内经营的酒店、餐饮等将品牌延伸到了主题公园的配套服务之中。根据迪士尼乐园的官方数据显示，迪士尼乐园的营业收入构成比例中，门票占总收入比例的 34%，园内餐饮占 13%，住宿占 23%，购物占 25%。由此可见，迪士尼乐园已经成为迪士尼品牌延伸的一个重要途径。

3. 迪士尼乐园的品牌输出战略

迪士尼乐园的品牌输出战略主要体现在三个方面：一是根据品牌输出目的市场

---

① 笔者根据迪士尼网站信息整理所得。

的文化特性对主题公园进行文化元素的改造，迪士尼在日本东京的主题公园中就注重融入日本元素，其公园内的整体规划布局是以迪士尼的文化背景为主线的，同时又将日本文化均匀的散布在主题公园的各个角落，实现了美国文化符号与基本文化符号的完美结合，例如“梦幻乐园”项目设计的形象是穿着日本传统和服，梳着日式丸子头的日本儿童，同时还设计了一个专门的区域集中展示日本的历史和未来。二是根据品牌输出目的市场的市场特征制定有针对性的品牌营销方式。例如，在香港迪士尼乐园的营销中，由于中国香港的地理位置的特殊性，很大一部分游客都来自中国内地，受到当时中国内地经济发展水平和消费能力的局限，香港迪士尼乐园的门票定价是全球迪士尼中最低的。三是根据品牌输出目的市场的文化特点和法律法规制定合理的经营方式。例如，上海迪士尼允许游客携带密封包装的食品入园，这主要是为了适应中国的消费者权益保护法制定的不同于其他地区主题公园的政策。

（二）默林娱乐集团的品牌扩张之路

英国默林娱乐集团（Merlin Entertainments Group）是全球第二大主题公园集团公司，其母公司为英国私募基金巨头黑石集团（The Blackstone Group）。不同于拥有全球性 IP 和强大品牌产业链的迪士尼，默林娱乐集团的品牌扩张之路呈现出了浓烈的资本运作特性。

1. 进行主题公园的资本并购和产业布局

2005 年，默林娱乐集团相继收购在英国、德国、美国加利福尼亚州以及丹麦的 4 个乐高乐园，随后成立了新的默林娱乐集团。2006 年，默林娱乐集团又收购了意大利加达云霄乐园，2007 年收购了杜莎集团，之后又陆续收购了艾顿塔、切斯顿探险世界、黑池欢乐海滩、索普公园等一系列欧洲知名的主题公园。新的默林娱乐集团用了三年时间，将其业务规模扩大了 10 倍。2018 年旗下景点数量达 127 处，覆盖全球四大洲的 25 个国家和地区。2018 年默林娱乐集团共接待游客 6700 万人次，位列全球第二。① 目前默林娱乐集团正在积极向亚太地区扩张，其在亚洲、北美等多地布局有多个主题公园，同时还积极在亚洲布局。截至 2017 年底，默林娱乐集团在亚洲共经营有 12 家旅游景点，其中包括：曼谷、东京、香港、新加坡、上海、北京和武汉的 7 家杜莎夫人蜡像馆；釜山、曼谷、上海的

---

① 泰先普．乐高：数字时代下，乐园营销要有新玩法——访默林娱乐集团亚洲新开业市场总监李浩宁［J］．中国广告，2016（7）：49－54.

海洋水族馆，以及东京、大阪、伊斯坦布尔的乐高探索中心和位于日本和韩国的乐高乐园。目前已经在上海建立了全球第 17 个，中国第一家乐高探索中心。

2. 打造专业化、多样化的主题公园

与精耕旅游产业链深度，进行主题公园标准化、模式化运营管理的迪士尼模式不同，默林娱乐集团旗下的主题公园品牌都保持独立运营。许多主题公园都是基于一个景点（如伦敦眼）或者一个 IP（如乐高乐园）进行设计布局的，而不是将旗下所有 IP 形象都集合在一个乐园中。默林娱乐集团通过资产并购的形式，打造出了乐高乐园、海洋生物馆等全球知名的连锁主题公园品牌。

3. 通过品牌合作，利用成熟 IP 形象打造主题公园

乐高乐园凭借乐高玩具品牌的知名度和认可度，打造出了乐高主题公园这一品牌形象。默林娱乐集团是丹麦乐高集团的度假授权开发者。默林娱乐集团还通过购买风靡全球的“小猪佩奇”形象版权，打造出了“小猪佩奇”主题公园。

四、中国主题公园产业发展现状

1989～2019 年，中国主题公园的发展已经走过了 30 个年头，经过一次次的市场自然淘汰，以及中国经济的不断发展，目前中国的主题公园企业已经在全球主题公园行业占有了非常重要的地位。

在 AECOM 联合主题娱乐协会（TEA）2019 年发布的全球十大主题公园品牌中，来自中国的主题公园品牌华侨城集团有限公司（以下简称“华侨城集团”）、华强方特文化科技集团（以下简称“华强方特集团”）、广东长隆集团有限公司（以下简称“长隆集团”）入围（见表 2），其中华强方特集团以 19.8% 的游客增长率居全球第一，华侨城集团和长隆集团分别以 9.4% 和 8.9% 紧随其后，华侨城集团更是超过环球影城位居全球十大主题公园第三名。由此也彰显出中国主题公园市场的强大体量以及中国主题公园产业的发展速度。

表 2　全球十大主题公园品牌排名

名次	公司名称	游客增长率（%）	2019 年客流量（人次）	2018 年客流量（人次）
1	迪士尼公司（美国）	−0.8	155991000	157311000
2	默林娱乐集团（英国）	0.9	67000000	66400000

续表

名次	公司名称	游客增长率（%）	2019 年客流量（人次）	2018 年客流量（人次）
3	华侨城集团（中国）	9.4	53970000	49350000
4	环球影城度假区（美国）	2.3	51243000	50068000
5	华强方特集团（中国）	19.8	50393000	50068000
6	长隆集团（中国）	8.9	37018000	34007000
7	六旗娱乐集团（美国）	2.5	32811000	32024000
8	雪松会集团（美国）	7.8	27938000	25912000
9	海洋世界集团（美国）	0.2	22624000	22582000
10	团聚公园集团（西班牙）	6.2	22195000	20900000

资料来源：根据 AECOM 和 TEA 联合发布的《2019 主题公园报告和博物馆报告》整理所得。

中国主题公园发展速度迅猛主要得益于以下四个因素：

第一，中国的高速铁路网络持续扩大，将多个旅游目的地串联起来，实现了旅游目的地互联互通。根据央视网 2019 年 12 月 30 日的报道，我国已经有 10 多条新的高铁线开通运营，全年新增高铁里程超过 4000 千米，总里程突破 3.5 万千米，稳居世界第一。①

第二，华侨城集团在已有的主题公园上加大了投资进行提升改造，同时开始输出管理运营模式，华侨城旅投集团相继托管了国内多个著名旅游景区贡献了大量的客流量，如云南大理古城、山西平遥古城、天津蓟州区盘山景区、河南省三门峡市天鹅湖景区、山海关景区等。

第三，华强方特集团利用其自有的 IP 形象进行扩张，通过一系列动漫形象和电影的制作传播，提升了知名度。家喻户晓的“熊出没”形象已经成了深入中国儿童内心的动漫形象，通过每年一部的主题电影和动画片，使得方特的品牌知名度得到了广泛的传播和提升。其主题公园中融入的传统文化因素，也使其获得了更多不同年龄阶段的游客的青睐。

第四，珠海长隆海洋王国由于其独特的地理位置和气候优势，客流量连年上涨。2019 年珠海长隆海洋王国的游客增长率达 8.4%，并且以其优秀的业绩表现以及高标准的酒店入住率和反季旅游目的地获得了主题公园大奖。

但是在快速增长的背后，我们还必须认识到，我国的本土主题公园品牌距离世界先进主题公园品牌还有不小的差距。在 2019 年亚太地区单体主题公园客流量前 10 位的排名中，中国本土主题公园仅有珠海长隆海洋王国和香港海洋公园入围，如表 3 所示。

---

① 稳居世界第一！2019 年全国新增高铁里程超 4000 公里 总里程突破 3.5 万公里［EB/OL］.（2019－12－30）［2020－12－30］. http：//news. cctv. com/2019/12/30/ARTILFFYqq2XF9K7bTGY36vA191230. shtml.

表3　　2019年亚太地区客流量排名前10位的单体主题公园

排名	主题公园	2019年客流量（人次）	2018年客流量（人次）	增长率（%）
1	东京迪士尼乐园	17910000	17907000	0.0
2	东京迪士尼海洋乐园	14650000	14651000	0.0
3	大阪环球影城	14500000	14300000	1.4
4	长隆海洋王国	11736000	10830000	8.4
5	上海迪士尼乐园	11210000	11800000	-5.0
6	爱宝乐园	6606000	5850000	12.9
7	乐天世界	5953000	5960000	-0.1
8	长岛温泉公园	5950000	5920000	0.5
9	香港海洋公园	5700000	5800000	-1.7
10	香港迪士尼乐园	5695000	6700000	-15.0

资料来源：根据AECOM和TEA联合发布的《2019主题公园报告和博物馆报告》整理所得。

根据表3可以看出，在单体主题公园规模上，我国本土主题公园品牌的竞争力逐渐显现，2019年亚太地区游客量排名，长隆海洋王国呈现出了强势的增长态势。在亚太地区单体主题公园客流量排名11～20位的排名中，中国本土主题公园品牌呈现出了强大的增长势头，从11～20位，共有9家中国本土主题公园入选。如表4所示。

表4　　亚太地区客流量排名第11～20位的单体主题公园

排名	主题公园	2019年客流量（人次）	2018年客流量（人次）	增长率（%）
11	北京华侨城欢乐谷	5160000	3980000	29.6
12	广州长隆度假区	4905000	4680000	4.8
13	新加坡环球影城	4500000	4400000	2.3
14	常州中华恐龙园	4434000	4106000	8.0
15	深圳东部华侨城	3990000	3990000	0
16	深圳华侨城欢乐谷	3980000	3910000	1.8
17	郑州方特欢乐世界	3840000	3800000	1.1
18	成都华侨城欢乐谷	3580000	3100000	15.5
19	宁波方特东方神画	3575000	3740000	-4.4
20	上海华侨城欢乐谷	3390000	2800000	21.1

资料来源：根据AECOM和TEA联合发布的《2019主题公园报告和博物馆报告》整理所得。

根据表4可以看出，除新加坡环球影城外，其余入围的主题公园均为中国本土品牌，根据AECOM和TEA的预测，在2021年北京环球影城开业的时候，中国将成为世界上最大的主题公园消费市场。

综合以上数据，中国主题公园市场的发展特点总结为以下三点：

第一，在经济发达的东部沿海一线城市，仍然是高规格的世界级主题公园落户的首选之地。因为这些城市人口密集、交通便利、基础设施建设完善、城市化程度高，拥有庞大的中产阶级和较高的人均可支配收入。

第二，国家对于文化旅游产业的扶持持续推动主题公园产业的发展。目前，国家层面已经出台了一系列政策，旨在加速主题公园产业与房地产脱钩，早在2011年，国家发改委、国土资源部、住建部曾联合发出了《关于暂停新开工建设主题公园项目的通知》，叫停国内大型主题公园建设热潮。直到2013年4月，国家发改委、国土资源部、环境保护部等12部委联合下发《关于规范主题公园发展的若干意见》，主题公园的发展才从“叫停”变为“规范发展”。2018年4月9日，由国家发展和改革委员会、国土资源部、环境保护部、住房和城乡建设部、国家旅游局等5部门联合印发了《关于规范主题公园建设发展的指导意见》，从长远来看，此项政策必将促进中国主题公园产业的发展，加速行业整合，淘汰一批以主题公园开发为名，以房地产开发为实际目的的企业。

第三，中国主题公园市场的构成呈现出了多元化的格局。由于中国地缘广袤，城市之间经济发展不平衡，城市化程度不平衡，导致了主题公园数量大、种类多的特点，在不同级别的城市主题公园的规模和水平参差不齐，同时随着经济的快速发展，这种不平衡体现在了二三线城市主题公园产业的蓬勃发展。

五、中国主题公园品牌扩张现状

与迪士尼和环球影城以国家和地区为单位扩张的路径不同的是，中国的主题公园企业呈现出了以城市为中心的较强扩张态势。在入围全球十大主题公园品牌的三家中国企业中，都呈现出了较强的扩张态势。目前华侨城旗下的欢乐谷在深圳、北京、上海、成都、武汉、天津、重庆七个城市共有7家主题公园，包括“欢乐海岸”“锦绣中华”“东部华侨城”“欢乐谷”“世界之窗”“麦鲁小城”等多个主题公园品牌；华强方特集团旗下的“方特欢乐世界”“方特梦幻王国”“方特东方神画”“方特水上乐园”“方特东盟神画”等30家主题公园已在汕头、芜湖、青岛、株洲、沈阳、郑州、厦门、天津、宁波、南宁等多地投入运营；长隆在珠海横琴和广州两地共有 5 家主题公园。如表 5 所示。

表 5　三大主题公园品牌全国公园数量

主题公园品牌	城市	总数
华强方特	芜湖、郑州、泰安、株洲、汕头、天津、沈阳、嘉峪关、大同、厦门、青岛、济南、宁波、南宁、荆州等	30
欢乐谷	深圳、北京、上海、成都、武汉、天津、重庆	7
长隆	广州、珠海	5

资料来源：根据各主题公园品牌网站数据信息整理所得。

三大主题公园品牌的区域战略布局呈现出了明显不同的分布形态：华强方特主要分布在二三线城市，重点布局省会城市、交通枢纽、人口密集城市；华侨城的欢乐谷在经济较发达的几个城市都有布局；长隆偏居东南地区，深耕广东一地，在广州和珠海布局。

（一）华强方特品牌扩张的主要特点

（1）高度重视品牌价值链，通过打造价值的品牌形象，实现品牌扩张。方特主题公园品牌的核心价值是其强大的 IP 形象，而打造 IP 的关键要素是“创意设计”。动漫产品、文化衍生品、主题演绎、特种电影、影视制作 5 个产业板块构成整个华强方特集团的品牌价值链，这个品牌价值链既将旅游以及文化创意产业的上下游产业串联起来，又将文化创意与高科技完美地结合在了一起，再将其所有的项目、产品和技术应用到主题公园中，使得主题公园成了文化科技产业上下游全产业链的集大成之作。打造了高价值、高品牌识别度的主题公园品牌。华强方特的品牌价值链在华强方特系列主题公园中得到了全面的延伸。

（2）制定差异化的品牌扩张战略，通过产业链的品牌战略实现品牌扩张。具体包括以下三种差异化战略：

第一，主题公园扩张的地域差异化。华强方特集团在其扩张的地域选择上选择了避开一线城市，立足于省会、交通枢纽、人口密集的二三线城市，实现多点布局，打开了中国主题公园市场的新路径。在经济欠发达的二三线城市，由于其经济发展水平的限制，传统强势的动漫 IP 形象尚未在消费者心中占据重要的位置，因此华强方特品牌的 IP 形象更容易在这些地区深入人心。同时，华强方特由于省会城市的区域聚集效应明显，人口聚集程度高，交通便利，因此更容易吸引区域级的客流量。

第二，品牌扩张模式的差异化。在扩张模式上，华强方特的品牌扩张始于为其他景区设计高科技展厅，而后独立运营主题公园。可以说，华强方特集团走的是从重资产到轻资产的道路。这样的品牌扩张形式有几个优点：一是主题公园的自我造血能力强，掌握核心技术，对于外部第三方公司的依赖程度低；二是在主题公园行业竞争日益激烈的今天，强大的研发能力可以保证其项目更新周期更短，让游客保持新鲜感。

第三，品牌扩张领域的差异化。华强方特的品牌扩张呈现出了对于文化科技娱乐这一产业链的“链条式”品牌扩张。在华强方特集团的业务结构中，从上游的创意研发，到中间的影视制作，再到最后的主题公园，其“创、研、产、销”的经营模式已经完整的控制了这一条产业链，实现了品牌在一条产业链上的扩张。

（3）构建独特的品牌文化，实现品牌文化在品牌扩张中的渗透。华强方特集团通过三部曲实现了品牌文化的塑造。

第一，构建品牌辨识度文化。华强方特主题公园打造了统一的商标（logo）和动漫形象，以吸引游客进入到华强方特主题公园中。同时，华强方特还紧抓娱乐热点，通过事件营销提升品牌辨识度。例如在热播网络剧中植入华强方特主题公园的广告，在华强方特度假区内录制《极限挑战》《奔跑吧兄弟》等热门综艺节目。

第二，构建品牌质量文化。华强方特集团利用其技术优势，在主题公园内通过大量的高科技影音技术、VR 技术等打造特种电影，将其与动漫主题、中国传统文化等有机融合，形成了独特的品牌质量文化。

第三，构建品牌服务文化。华强方特主题公园制定了一整套景区服务标准，主要包括环境卫生、卫生间设施、无障碍设施、应急处置等方面的内容，并将其应用在华强方特集团旗下的所有主题公园中，构建了品牌服务文化。通过打造整体的品牌文化，并在其品牌扩张的过程中加以应用，实现了品牌文化在品牌扩张中的渗透。

（二）华侨城品牌扩张的主要特点

华侨城集团作为国内主题公园行业起步较早，资金实力较为雄厚的央企，其品牌扩张主要呈现出以下三个特点：

第一，以旅游产业为品牌发展的核心业务领域，在旅游产业链周边领域进行品牌延伸。

第二，以重资产主题公园和房地产开发为依托，逐渐进行以管理输出为特征的轻资产品牌输出转型。

第三，与目的地级的地方政府进行合作，通过品牌输出打造全域旅游的旅游综合体。

（三）宋城集团品牌扩张的主要特点

第一，以演艺为依托，与景区合作，进行演艺表演品牌输出。主题演艺是宋城主题公园发展起步的重要方式，在其《宋城千古情》享誉全国后，宋城集团适时地调整战略，针对不同地区量身定制不同类型的“千古情”系列舞台剧，通过高水平的舞台剧表演，起了弘扬中国传统文化的作用，也得到了市场的认可。

第二，运用资本运作手段，通过资本并购的方式进行其他行业的品牌延伸。

宋城集团于 2015 年 3 月，斥资 26 亿元人民币收购了知名互联网直播平台“六间房”，形成了文化演艺线上线下结合的战略布局模式。根据宋城演艺集团 2017 年财报披露的信息，六间房拥有 29 万名签约主播，活跃用户超过 5600 万人，与其超过 3300 万人次的旅游演艺平台形成了共同发展的态势。线上的艺人、IP，内容为线下的旅游演艺平台提供了资源和品牌口碑。

第三，将主题演艺作为核心 IP，以主题公园作为载体，通过科技手段不断提升主题演艺的水平。依托“千古情”这一强大的主题 IP，宋城演艺集团以各地的主题公园和剧院为载体，成功地向规模化、专业化的演艺公司转型。根据数据统计，《宋城千古情》推出 10 多年来已累计演出 16000 余场，接待观众 4800 余万人次，是目前世界上年演出场次和观众最多的剧场演出节目。随着科技的不断进步，景区硬件水平的不断提升，《宋城千古情》表演的内容也在不断升级。如表 6 所示。

表 6　宋城主题公园及其表演项目发展阶段

发展阶段	宋城主题公园	《宋城千古情》	文化表演类型
初创期	建造和完善仿宋建筑群，打造宋朝风情街，建造宋城大剧院	作为主题公园项目的一部分，进行露天表演	《风雪山神庙》《杨志卖刀》等民俗表演项目
发展期	对景区进行升级改造，舞台升级换代	推出剧场版《宋城千古情》，加入了武术、杂技等中国传统文化元素，增加《西域》《采茶舞》等舞蹈	在传统节日推出“泼水节”“火把节”；策划举办南北民间绝技大赛，选拔演艺人才

续表

发展阶段	宋城主题公园	《宋城千古情》	文化表演类型
融合期	建设精细化宋词文化长廊，设计消费者体验专区	利用专业的影视特效，通过电子设备构建4D效果，将舞蹈与声光电结合	推出精细化程度更高的节目，按时进行节目更新，推出御林军骑马巡城、济公走街等民俗表演项目

资料来源：根据宋城集团官网数据整理所得。

由于主题公园市场的不同特征以及其不同的发展阶段，综合以上对迪士尼、默林娱乐集团、华侨城集团、华强方特集团、宋城集团主题公园品牌扩张路径的分析，我们可以简单地将中外主题公园品牌扩张总结为以下四个类型：

第一，以产业链发展为内生动力的品牌扩张模式，如，迪士尼、华强方特集团。

第二，以资本扩张为主要外部推动力的品牌扩张模式，如，默林娱乐集团。

第三，以轻资产输出为主要载体的品牌扩张模式，如，宋城集团。

第四，以多元化产业布局为主要形式的品牌扩张模式，如，华侨城集团。

六、构建主题公园的核心 IP 体系

（一）构建主题公园核心 IP 体系的重要性

核心 IP 的开发是主题公园本土化发展的生命线。纵观全球知名的主题公园，都是依托其强大的 IP 获得核心竞争力，具有竞争对手不可复制的体验价值。如环球影城的哈利·波特体验项目；迪士尼打造的阿凡达等 IP，赋予了主题公园强大的生命力。可以说未来主题公园的竞争，成败在于核心 IP 体系的开发和完善。

第一，核心 IP 是游客识别主题公园的关键影响因素。游客通过 IP 来形成对该主题公园的初步感知，并在 IP 体验项目中衍生出独特的情感。而这些情感则是游客体验满意度的形成基础，也是游客对该主题公园品牌忠诚度的形成基础。以方特欢乐世界的“熊出没”为例，华强方特集团历时 10 多年打造了“熊出没”这一品牌形象，并影响了整整一代的少年儿童。方特欢乐世界将“熊出没”的 IP 运用到游乐项目中，开发出熊出没剧场等体验项目。并将动漫 IP 与电影特技、动感仿真等娱乐文化元素融合在一起，使得游客获得独特的体验感知，极大

限度地增加了主题公园的竞争力。

第二，IP 核心体系是主题公园品牌辨识度的基础。品牌辨识度是游客对该主题公园的整体形象识别和认知程度。品牌辨识度越高，品牌价值就越高。对于主题公园的投资而言，打造本品牌的 IP 核心体系有助于形成主题公园的品牌辨识度。例如提到迪士尼，游客就会自然而然地联想到米老鼠大大的耳朵；提到环球影城，小黄人、哈利·波特、变形金刚等耳熟能详的动画人物就会浮现在游客的脑海中。这些 IP 形象极大限度地提高了主题公园的辨识度。而构建 IP 核心体系，具有三个特点：首先是具有易识别特性，好的 IP 形象容易使得该项目从众多的同质化产品中脱颖而出，被游客识别。其次是易链接，将深入人心的 IP 形象运用到主题公园的游乐项目中，可以与游客建立深度的链接。使得他们将主题公园游乐体验与过往的经验结合在一起，故而产生归属感和品牌忠诚度。最后是易传播。当主题公园形成了自己的 IP 独特的 IP 形象中，就会成为特定领域的领头羊，并占据了营销优势。

第三，IP 是推动主题公园形成二次消费的基础。二次消费在国际知名的主题公园利润中占据很大的份额。当游客的动线从园区大门开始，整个园区在游乐项目的路线中使用全区域全包覆式的景观设计，其中大到大型的购物区陈设，小到气球设计（如迪士尼米老鼠大耳朵造型的气球）。通过一步一景，吸引游客走向主题商店进行消费。可见，IP 形象赋予了主题公园体验活动外的额外收益。

（二）主题公园核心 IP 体系构建的路径分析

不同发展时期的主题公园应采用相应的核心 IP 体系构建方式：

第一，扩张初期或者尚不具备大规模扩张的主题公园，因其影响力较弱，辐射范围较小，只能在有限的区域内获得市场认可。在此阶段，主题公园应当将重点放在 IP 的研发中，通过自主研发 IP，并通过影视、游戏和商品等方式，将 IP 深植到潜在顾客心中。当其创造的 IP 已经具有一定的辨识度后，再逐步进行品牌扩张。例如，华强方特集团的“熊出没”，可以称得上国民大 IP。截至 2019 年 12 月，“熊出没”系列作品出口全球 100 个国家和地区，并在美国迪士尼频道播出。《熊出没》6 部系列大电影获得 27 亿总票房，原定 2020 年还要上映第 7 部大电影《狂野大陆》。根据中国 5 大门户网站统计，《熊出没》动画的点击量达到 2000 亿，平均每个中国人点击 100 次。“熊出没”的 IP 打造成功后，华强方特集团才将该 IP 植入主题公园园区。

第二，对于初具规模且资金雄厚的企业，需要在短时间内进行品牌的扩张，并提升主题公园的知名度的企业，可以通过收购、并购等方式将具有成熟的IP形象的企业纳入旗下。例如，环球影城就是通过与其他企业的IP合作来形成其独特的品牌竞争力。环球影城作为世界上最为著名的电影类型主题公园，擅长与特定的产业绑定而形成较为鲜明的体验主题。目前环球影城的主要特色游乐项目包括哈利·波特的魔法世界、侏罗纪公园、小黄人乐园等游乐园区。而这些辨识度高的IP体验项目并非环球影城自创，而是与华纳兄弟，漫威等拥有知名IP的企业合作而形成的。

第三，对于具有一定规模，并具有自主研发的IP形象的企业，应当将IP培育成具有互动性、体验性、科技化和沉浸化的游乐项目。通过对现有IP形象的系列策划，并根据IP形象的生命周期，创造出更强的IP影响力。

（三）完善主题公园的产业链

首先，将IP形象贯穿于主题公园产业链。在中国市场中，具有中华传统元素的主题公园，容易引发游客的文化认同。通过对中国传统文化IP的运用，可以培育出世界级的文化类型主题公园。如华强方特集团将《孟姜女哭长城》《女娲补天》等故事融入主题公园的场景体验中，获得了很大的成功。其次，主题公园产业链应当形成内部和外部的大闭环。内部产业链包括由主题公园自身所衍生出的餐饮、商业、酒店以及其他消费领域和内容。而外部产业链则包括从主题公园策划设计、设备制造、建设施工以及后期的维护等支撑体系。

（四）生命周期的发展模式

主题公园具有高投资，高风险，运用高科技手段，产品精致化，及生命周期需要不断创新等特点。在不同的生命周期，企业应采用相应的发展模式。此外，生命周期的发展与企业的产业链打造息息相关。主题公园最为基础的三大模块产业链为：影视制作产业—主题公园产业—衍生品产业。企业应当根据其自身的竞争优势采用不同的产业链发展战略。

第一，主题公园发展的初期阶段，企业应当注重产业链发展的后段两大模块，即主题公园运营和衍生品销售。对于发展初期的主题公园而言，品牌效应较弱，知名度不高。该类型的企业不具备有迅速扩张的能力。因此，企业应当提高其软实力。通过优越的服务，有趣的主题活动等来提高游客的体验满意度，从而吸引游客再次消费，并进行口碑营销。此外，对于衍生品应该加大投入，丰富衍生品的种类、数量、形式等，以促进二次消费，来提高企业的利润。

第二，资金雄厚，且正在进行快速扩张的主题公园企业应当加大对产业链上游的投资，即进行IP创作。随着经济的快速发展，主题公园的生命周期正在缩短，游客对游乐产品的内容和项目要求增高。这迫使成熟的主题公园需要不断地进行产品创新。而主题公园的投资额巨大，IP的培育和创新，可以柔性的运用在主题公园的各个环节中，延长主题公园的生命线。因此，成熟的主题公园企业应当注重对IP的研发，即影视制作加大投入，深耕“内容”这一核心，扩大品牌影响力。

（五）产业链打造的战略选择

对于主题公园企业增加产业链长度的途径可以根据企业所擅长的领域，以及资金实力选择不同的战略形式：

第一，主题公园企业可自主研发IP。中国文化元素近年来得到很好的开发，本土的主题公园可以结合当地的文化风俗，创作培育新IP，并将其制作成电影，在节假日播放。并以IP为核心进行各类衍生品（如手游、玩具、服装等）的贩卖，多渠道扩大IP的品牌影响力。当IP培育较为成熟后，可将其应用到主题公园的设施中，这种应用可以是简单地将器械游乐设施IP化，例如在过山车上加入IP形象的图片；也可以是利用高科技技术制作以IP为主题的特种电影。

第二，主题公园企业可以通过购买成熟的IP，以IP为中心打造主题公园全产业链，开发出多元化的娱乐产品和IP衍生产品。例如环球影城购买哈利·波特、变形金刚等IP，来增加主题公园的吸引力。

第三，主题公园企业可以扩大旅游产业链的外延，例如在主题公园的外围投资主题酒店以及旅游地产等。

七、轻资产的扩张模式

传统的主题公园运营以重资产的方式为主，前期投入大，运营成本高，尤其是在快速扩张时期，资金需求量大。主题公园的研发不足，衍生品销售不成规模，盈利模式大多依赖门票收入。因此，在经济下行的形势下，主题公园出现了亏损乃至倒闭的现象。因此，重资产的运作方式显然不太适应于现代主题公园的发展。当代主题公园可以选择轻资产的管理模式，以降低经营成本，提供投资回报率。主要可以选择以下几种经营模式：

（一）品牌运营管理输出模式

品牌运营管理输出模式是指主题公园可以通过战略合作，向合作方提供品牌使用权、品牌塑造、品牌运营，并传输管理经营和人力资源等轻资产运营模式。这种模式可以达到降低成本，扩大市场份额，规避风险，并提高核心竞争力等经营优势，避免主题公园在快速扩张的过程中承担过大的资金压力。品牌输出已经在酒店管理行业中广泛的运用，主题公园企业也应该依据自身的情况有针对性地进行轻资产化的运营。

华侨城集团充分利用其品牌优势和管理经验，依靠委托经营的方式，通过品牌输出持续推出新产品，优化产品组合，提高园区服务，打造品牌形象。轻资产的运作使得其成为全国的主题公园市场的领头羊。

宋城集团依托其传统优势项目——主题演艺，依靠授权开发的形式，签约了西樵镇听音湖片区旅游演艺项目、宜春明月情景区项目、郑州竹桂园旅游景区项目等多个轻资产项目。宋朝凭借品牌优势，管理和创意的输出强化了演艺事业网络，进一步提升了行业地位和品牌知名度。

因此，主题公园企业应当根据本身具备的核心竞争力，发挥比较优势，选择适合自己的品牌扩张模式。

（二）品牌授权运营模式

主题公园品牌授权运营模式指的是主题公园品牌拥有者将自己所拥有的商标或者品牌以合同的形式授予被授权者使用，通过向其他主题公园运营者授权品牌的运营权并收取运营费用的形式。主题公园投资额巨大，企业在扩张阶段如果都运用自由资金，则面临着巨大的资金压力和管理风险。品牌授权应该是包括主题公园的规划、设计、施工、项目运营、营销、核心 IP 等主题公园全环节全要素的授权，以保证其品牌运营的一致性和连贯性。这样的优势主要有三个：

第一，降低主题公园授权方的运营成本和资金压力，保证企业拥有充足的现金流和低资产负债率。

第二，降低被授权主题公园企业的运营管理风险，通过整体品牌手段的方式，可以规避主题公园运营中可能发生的事故、纠纷等法律风险。而结合著名品牌可带来较高的销售额，为企业带来更多的利润。

第三，有利于主题公园品牌迅速扩张。通过授权模式，可以帮助企业拜托现金流的限制，快速的占领市场，可使得该品牌在短期内被客户接受。

八、结论

品牌作为主题公园的核心价值之一，是主题公园企业最具竞争力的企业资产，主题公园企业在不断地扩张中，只有对品牌进行不断地扩张，才可以真正实现可持续发展。而全球排名前十的主题公园集团在品牌培养、品牌扩张等方面的做法都是值得借鉴和学习的。本文通过对主题公园品牌相关理论分析的综述，对美国迪士尼、英国默林娱乐集团、华强方特集团及其旗下主题公园品牌的案例分析得出以下结论：

第一，主题公园企业要想发展壮大，实现可持续发展，必须进行对外扩张，品牌扩张已经成为其对外扩张的关键要素和战略手段。

第二，主题公园在对外进行品牌扩张时，要针对目的地的经济发展水平、文化背景、风俗习惯等，量身定制出符合目的地主题公园发展的品牌扩张的战略付诸实施。

第三，主题公园的品牌扩张策略主要包括：通过打造高价值的品牌形象、构建独特品牌文化来打造品牌核心 IP；根据企业优势及发展阶段采取不同的产业链战略模式和差异化品牌扩张战略；通过管理输出和授权经营等多种方式进行品牌扩张。

第四，主题公园企业对于主题公园产业链上下游产业的控制程度决定了主题公园品牌扩张的阶段。

第五，主题公园企业对于品牌定位、品牌文化、品牌扩张战略的选择决定着品牌未来的发展前景。

第六，中国主题公园品牌要想在全世界范围内进行更大规模的品牌扩张，应该依据自身现金流、资产负债等情况及时调整相应的战略，促进品牌的发展。

随着中国经济的不断发展，人们生活水平的日益提高，人们对于主题公园的需求也越来越高；同时，旅游市场日臻成熟，经过主题公园产业的几轮洗牌，主题公园的开发者和经营者们经验也日趋丰富，相信针对主题公园品牌的理论研究也会有更新的发展，同时在发展的过程中一定也会出现新的问题需要解决。就主题公园品牌扩张相关的选题而言，笔者认为未来可以研究的内容有以下两个方面：

第一，基于游客满意度调查、主题公园生命周期数据、客流量季节性变化、游客重游率等数据，构建主题公园品牌扩张的科学模型。更加有针对性地为主题公园企业的品牌扩张行为提供技术支撑，选取更加适合的品牌扩张模式。

第二，随着主题公园产业的不断发展，未来必将面临行业整合的大趋势，主题公园企业要想实现长久的可持续的发展，其“重资产+轻资产”的发展模式必不可少。未来的研究可以围绕主题公园轻资产运营模式中的品牌管理、品牌输出展开。

综上所述，随着主题公园产业发展的不断深化，旅游市场的不断成熟，主题公园的品牌扩张必将需要更多的科学理论作为指导。笔者希望通过本文为我国主题公园的经营者提供关于品牌扩张策略有价值的启示，从而帮助我国企业在于国外主题公园的竞争中获得竞争优势。

参考文献

[1] 安俐. 艾丰纵论品牌新认识 [J]. 中国质量与品牌，2004 (3).

[2] 保继刚等. 主题公园研究 [M]. 北京：科学出版社，2015.

[3] 林焕杰. 中国主题公园与区域经济 [M]. 北京：经济科学出版社，2013.

[4] 保继刚等. 主题公园研究 [M]. 北京：科学出版社，2015.

[5] 刘树成. 现代经济学词典 [M]. 江苏：凤凰出版社，2005.

[6] 柴寿升，王树德. 青岛大型主题公园之主体刍议 [J]. 中国海洋大学学报，2001 (3).

[7] 陈勇星，秦秋英. 正确处理品牌眼神中品牌内涵与外延的关系 [J]. 江苏论坛，2006 (4).

[8] 董观志. 中国主题公园管理原理与实务 [M]. 广州：广东旅游出版社，2000.

[9] 董观志. 中国主题公园发展的战略性趋势研究 [J]. 人文地理，2005 (20).

[10] 董观志，李立志. 近十年来国内主题公园研究综述 [J]. 商业研究，2006 (4).

[11] 董昊达. 主题公园文化资本运作模式绩效分析 [D]. 上海：东华大学，2017.

[12] 方政，鲁皓. 始终被模仿，从未被超越——基于品牌价值链的迪士尼差异化战略分析 [J]. 中国商贸，2009 (12).

[13] 菲利普·科特勒．营销管理——分析、计划与控制［M］．北京：清华大学出版社，2003.

[14] 韩丽红．企业品牌扩张策略探讨［J］．太原城市职业技术学院学报，2011（12）.

[15] 郝美田，李静．国外主题公园发展研究动态［J］．西部林业科学，2012（41）.

[16] 贾平，樊传果．品牌价值链活动与品牌管理策略研究［J］．商业经济研究，2016（18）.

[17] 姜向阳．品牌延伸应遵循的原则［J］．企业研究，2006（1）.

[18] 李磊．天福茗茶：中国星巴克的品牌扩张［J］．中国质量万里行，2008（1）.

[19] 李明利．品牌扩张五要素［J］．市场观察，2003（2）.

[20] 李彦亮．品牌文化营销探析［J］．经营管理，2006（4）.

[21] 林木雄，郑芳．企业品牌扩张：失误与规避［J］．宁德师专学报，1998（3）.

[22] 刘小同，赵雅静．中外主题公园品牌化比较［J］．太原城市职业技术学院学报，2016（10）.

[23] 卢慧芳．我国陶瓷企业应对反倾销与“品牌输出”发展战略［J］．中国商界，2010（4）.

[24] 覃峭，张林，李丹枫．利用品牌延伸整合率还有产业链的模式研究［J］．人文地理，2009（1）.

[25] 人民网舆情监测室旅游大数据中心．2017 年度中国主题公园品牌影响力排行榜［EB/OL］．http：//yuqing. people. com. cn/GB/394872/.

[26] 孙淑红，何家蓉．日本东京迪士尼乐园盈利模式探索［J］．前沿，2014（Z9）.

[27] 陶金．上海迪士尼融资模式问题分析及创新研究［J］．财会月刊，2017（13）.

[28] 王庆江等．战略性经营［M］．北京：改革出版社，1999.

[29] 吴晓梅．华侨城创新发展模式助云南旅游产业升级［N］．中国旅游报，2017－05－04（1）.

[30] 香港特别行政区经济旅游事务署．有关香港迪士尼乐园计划的介绍文件［C］．香港：香港特别行政区经济旅游事务署，1999.

[31] 香港特别行政区库务局．香港迪士尼乐园的融资及财政收益［C］．香

港：香港特别行政区库务局，1999.

[32] 严伟. 论发展民营百货的品牌输出战略 [J]. 沈阳农业大学学报（社会科学版），2007 (8).

[33] 占骏. 方特欢乐世界与迪斯尼主题公园品牌经营的比较研究 [J]. 管理与营销，2014 (12).

[34] 张辉，白长虹，牛振邦. 服务企业内部品牌化研究评述 [J]. 外国经济与管理，2012 (7).

[35] 张冉. 论企业品牌扩张与公司并购 [J]. 现代商业，2014 (39).

[36] 赵彦凤，陈佳，何珍茗. 浅探“方特”主题乐园产品创新经营模式 [J]. 城市旅游规划，2016 (7).

[37] 郑文坚. 让品牌输出企业文化 [J]. 营销策略，2013 (9).

[38] 郑智溢. 中外主题公园品牌营销传播对比研究 [J]. 现代商业，2013 (24).

[39] 中华人民共和国中央人民政府. 关于规范主题公园建设发展的指导意见 [EB/OL]. (2018-04-09)[2020-11-23]. http://www.gov.cn/xinwen/2018-04/09/content_5281149.htm.

[40] Aaker D. A., Keller K. L. Consumer evaluations of brand extensions [J]. Journal of Marketing, 1990, 54 (1): 27-41.

[41] Aviad E. Raz. Domesticating Disney: Onstage Strategies of Adaptation in Tokyo Disneyland [J]. The Journal of Popular Culture, 2004 (4).

[42] Burleigh B. Gardner, Sidney J. Levy. The Product and Brand [J]. Harvard Business Review, 1955 (3): 33-39.

[43] TEA/AECOM. Theme Index Museum Index 2019: report for Global Attractions Attendance Report [R]. US: TEA, 2019: 55, 139.

基于网络文本分析的全球乐高乐园度假区形象感知研究

陈彦婷　楼嘉军　万凡钰*

一、引言

主题公园是为了满足游客多样化休闲娱乐需求和选择而建造的一种具有创意性游园线索和策划性活动方式的现代旅游目的地形态①。顾名思义，主题公园有特定的主题，是由人创造而成的舞台化的休闲娱乐活动空间，也是一种休闲娱乐产业②。1995 年，美国动画大师华特・迪士尼（Walt Disney）深受荷兰的“小人国马都洛丹”启发，创建了世界上第一座现代化主题公园——迪士尼乐园（Disneyland）。主题公园作为一种新兴游乐形式，正以其独特的文化内核、高超的科技含量和强大的娱乐功能，吸引着越来越多的大众游客，在世界各地普及开来。1989 年，深圳锦绣中华的成功开业，标志着首座中国主题公园的诞生。近年来，随着华侨城、华强方特等品牌在中国各地的不断扩张，以及迪士尼乐园在上海的顺利落户，主题公园的相关研究也逐渐成为学者们关注的热点。冯维波（2000）提出了大众文化内涵是灵魂，商业价值是目标，区位条件是支撑，本体建构是核心，应从这四方面对主题公园进行综合分析论证和规划设计。藾迪岸（2000）作为华侨城主题公园的高层管理人员，利用多年的运营管理经验，对主题公园项目选择原则、产品与经营理念和创新发展进行了归纳分析。熊元斌（2001）从我国

---

* 陈彦婷，上海师范大学旅游学院硕士研究生。研究方向：都市旅游发展与管理、城市休闲。

楼嘉军，博士，华东师范大学工商管理学院旅游系教授、博士生导师，上海师范大学特聘教授，中国主题公园研究院学术委员会主任。主要研究领域：旅游产业与企业战略、城市休闲化比较、主题公园与节事活动。

万凡钰，华东师范大学工商管理学院旅游会展系硕士研究生。研究方向：旅游经济与管理。

① 董观志．旅游主题公园管理原理与实务［M］．广州：广州旅游出版社，2000：15.

② 保继刚．主题公园发展的影响因素系统分析［J］．地理学报，1997（3）：47－55.

主题公园的现状及趋势出发，重点探讨了主题公园客源市场开发及营销策略问题。金波（2001）和李鸾莉（2003）运用可持续发展理论分别对世博园和华侨城进行了分析，提出了可持续发展的基本策略。廉同辉（2012）等采用德尔菲法构建了包含景区服务、旅游资源、旅游体验、旅游设施、旅游消费5个一级测评指标和24个二级测评指标的主题公园游客满意度评价逻辑层次体系，再结合模糊综合评价理论对主题公园游客满意度状况进行测度，对提升主题公园游客满意度具有一定指导意义。可以看出，近20年来，国内对主题公园的研究取得了不少成果，为后续研究奠定了一定基础。但目前仍然存在一些可被填补的空白，比如绝大多数的研究论文局限于定性描述，缺少定量分析或定量定性结合的分析方法；学科背景主要是地理学和规划学，过于单一的学科背景会导致研究成果的局限性，制约了相关学科的渗透和国外理论的引入；研究热点相当集中和研究范畴过于狭窄，现有的研究内容大多集中在主题公园的理论研究、开发规划、游客满意度、营销策略、行业分析等方面，而对主题公园旅游目的地形象感知的研究相对较少。

旅游目的地形象，是旅游吸引物、旅游服务、旅游环境、旅游设施等的外部表征①②。旅游形象感知是对旅游目的地各种特质的综合感知③。因此，良好的感知形象，是旅游目的地吸引旅游者的基础条件，也是旅游者做出选择决策的判定要素。主题公园作为一种特殊的旅游目的地形态，以特色的主题及参与式体验吸引着广大旅游者，其旅游形象感知将直接影响旅游者的满意度，进而影响旅游者的推荐意愿和重游意愿，制约主题公园的可持续发展，同时也关系到其今后的发展方向和营销方向。随着互联网技术的发展与普及，许多学者尝试将网络数据用于旅游研究，其中网络文本分析成为主要研究手段④。王永明（2015）以凤凰古城为案例地，综合利用内容分析方法中词频分析、语义网络分析和情感分析等技术，分析了凤凰古城游客旅游地意象感知特征和意象结构，最后提出旅游地意象管理的相关策略。滕茜（2015）以上海市3A级以上景区（点）为研究对象，基于有关旅游网站和新浪博客的网络游记及官方旅游部门发布的要闻动态文本，研究游客感知角度和政府旅游部门宣传角度上海旅游景区（点）冷热差异，并运用

① Tasci A. D. A., Gartner W. C. Destination image and its functional relationships [J]. Journal of Travel Research, 2007, 45 (4): 413-425.

② 李玺，叶升，王东. 旅游目的地感知形象非结构化测量应用研究——以访澳商务游客形象感知特征为例 [J]. 旅游学刊，2011，26（12）：57-63.

③ 姚长宏，陈田，刘家明. 旅游地形象感知偏差测评模型研究 [J]. 旅游学刊，2009，24（1）：29-32.

④ 赵振斌，党娇. 基于网络文本内容分析的太白山背包旅游行为研究 [J]. 人文地理，2011，26（1）：134-139.

社会网络分析方法研究游客感知下上海旅游景区（点）间的互动过程，以及官方部门宣传过程中上海旅游景区（点）间联动机制。李萍（2017）聚焦城市旅游社区这一特殊的空间载体，运用文本挖掘法对旅游者发表在网络平台上有关北京市典型城市旅游社区的点评进行质性研究，进而提出社区旅游可持续发展的对策与建议。

因此，本文以 8 个分布全球的已开业的乐高乐园度假区为例，基于网络文本分析法，从游客感知的角度对旅游目的地形象进行实证分析。研究结果为乐高乐园落户中国后的设计规划提供了参考依据，有助于主题公园的可持续发展。

二、研究区域及数据来源

1. 研究区域

（1）乐高乐园的全球扩张。

英国默林娱乐集团是乐高乐园背后的运营方，其运营方向主要是主题公园和室内主题馆。通过主题公园的形式，默林娱乐集团旨在为顾客带来高质量、高品质、高标准的娱乐体验，同时为游客提供餐饮、经营相关的主题公园度假村，一条龙的交通运输服务以及纪念旅游产品。

默林娱乐集团选择在全球推广乐高乐园品牌的原因：一是乐高乐园业务增长迅速，利润及运营盈利均居三大业务之首，并为默林娱乐集团贡献很大比例营收。二是乐高乐园属于国际化属性较为明显的品牌，全球仅两座在英国本土。默林娱乐集团将其拓展至英国之外的其他地区，尤其是拓展亚洲市场都在情理之中。

尽管与欧美市场相比，乐高玩具在中国家庭的普及度和认可度相对较低，但多年的稳健发展，中国市场已经培育出了一批数量可观的优质忠粉，即便近年来，乐高玩具处于在全球面临整体销售放缓的尴尬局面，但在中国，乐高玩具的销售额始终保持着两位数的增长率上涨。随着中国市场潜力凸显，乐高玩具在中国的发展步伐开始加快，投入也不断加大，预计到 2020 年底，乐高玩具将在中国 54 个城市拥有超过 220 家品牌零售店。

（2）乐高及乐高乐园简介。

乐高旗下除了乐高玩具之外还有乐高教育、乐高乐园（户外）、乐高探索中心（室内）、乐高酒店等游乐场所均由默林娱乐集团运营。目前全球建成的乐高乐园现有8座，如表1所示。乐高乐园的受众定位非常明确，主要面向2~12岁的儿童及家庭。“Lego”一词来自丹麦语“LEg GOdt”，意为“play well”（玩得快乐），在其明确定位目标的基础上所搭建出来的乐高乐园，不仅能够吸引国外的游客们前来体验，更是本地游客反复游玩的好地方，同时，乐高品牌也将会变成这些孩子们童年的重要记忆，同时乐高品牌也在不断地将其消费目标扩展到成人群体。

表1　　全球乐高乐园度假区

名称	地理位置	开放时间	特色
丹麦比隆乐高乐园度假区（LEGOLAND Billund Resort）	丹麦 比隆	1968年	• 占地面积14万平方米 • 分为迷你世界、Duplo世界、异想空间、Legoredo小镇、冒险乐园、乐高城市、骑士王国、海盗领土和极圈大地9大园区，乐园里有用4450万块乐高积木搭建而成的微缩世界建筑和漂流等游乐项目
英国温莎乐高乐园度假区（LEGOLAND Windsor Resort）	伦敦 温莎	1996年	• 占地60多万平方米，是丹麦比隆乐高乐园的5倍之大
美国加利福尼亚州乐高乐园度假区（LEGOLAND California Resort）	美国 加利福尼亚	1999年	• 50多项路线、节目和景点，包括恐龙岛、海盗岸、探险村、快乐镇、城堡山、迷你美国和幻想地带等，超过60处景点和商店 • 除了常规的乐高乐园外，还有海洋生物水族馆以及世界上首座乐高水上乐园
德国金茨堡乐高乐园度假区（LEGOLAND Deutschland Resort）	德国 金茨堡	2002年	• 有8个冒险乐园和5500万块乐高积木组成了上千件模型和50多个景点及游玩项目 • 位于乐园旁的乐高度假村，是全球第一家乐高度假村，主题房间包括赛车、海盗、骑士等经典风格
美国佛罗里达乐高乐园度假区（LEGOLAND Florida Resort）	美国 佛罗里达	2011年	• 占地面积为60多万平方米，所用乐高积木数量达5000万块。乐园分为11个不同的区域，如乐高王国、德宝村、快乐城、想象城、冒险乐园、乐高城、迷你美国、历险公园、乐高水上乐园等。超过50处景点、餐厅、商店等，还有充满热带风情的植物园以及乐高水上乐园 • 乐高乐园酒店：拥有152间客房都有不同的主题选择，比如海盗、王国、冒险或是乐高朋友 • 乐高乐园海滩寓所（LEGOLAND Beach Retreat）：拥有别墅风格的住所有83间受乐高启发的房间，同时带有海滩主题。此外，以海盗冒险为主题的全新乐高乐园海盗岛酒店（Pirate Island Hotel）于2020年春季开业

续表

名称	地理位置	开放时间	特色
马来西亚乐高乐园度假区（LEGOLAND Malaysia Resort）	马来西亚新山	2012 年	• 亚洲第一座乐高乐园 • 占地 9 万 3 千多平方米，超过 3000 万块乐高积木呈现了 17 个亚洲国家的知名景点 • 由水上乐园和乐高主题公园组成。共有迷你乐园、起点站、幻想乐园、乐高技术、乐高王国、探险之地、乐高城 7 大主题景点，超过 40 种游乐设施、表演与景点
迪拜乐高乐园度假区（LEGOLAND Dubai）	阿联酋迪拜	2016 年	• 中东地区目前唯一一座乐高乐园 • 特色在于很多项目都是在室内空间中 • 拥有 6 个主题园区和超过 40 个互动游乐设施，共使用超过 6000 万块乐高积木拼装了约 15000 个建筑造型，其中包含迷你迪拜地标景点建筑物。超过 40 个游乐设施和景点
名古屋乐高乐园度假区（LEGOLAND Japan Resort）	日本名古屋	2017 年	• 占地约 9.3 万平方米 • 使用约 1000 万片乐高拼装出的“迷你乐园”再现了名古屋城、东京塔等日本著名景点与建筑。园区共分为 7 个区域，包括乐高工厂、乐高 City、冒险乐园、迷你乐园、乐高王国、Bricktopia 及海盗海岸，设置云霄飞车、剧场等 40 座以上的游乐设施和巨型装置 • 提供乐高元素主题酒店
乐高乐园水上乐园（LEGOLAND Water Park Gardaland）	意大利加德兰	2020 年	• 欧洲第一个乐高水上公园 • 在意大利最著名的度假主题公园 Gardaland 主题公园内开放
纽约乐高乐园（LEGOLAND New York Resort）	美国纽约	预计 2021 年	• 纽约戈森开业
韩国乐高乐园	韩国	预计 2022 年	• 韩国乐高乐园早在 2011 年就已经启动，默林娱乐集团 2014 年宣布该乐园于 2017 年开业，但后来因施工中发掘到考古遗址而暂停工程 • 韩国乐高乐园占地面积接近 130 万平方米，是日本乐高乐园的两倍，也是全球最大的乐高乐园项目
成都乐高乐园	中国成都天府新区	预计 2023 年	• 中国首个、亚洲第三个、全球第十一个乐高乐园 • 将有主题景区 + 乐高模型 + 酒店群落 + 旅游小镇，单是主题公园建筑面积达 121700 平方米；乐园占地达 243333 平方米 • 乐高工厂、积木世界、海盗岸、迷你世界、乐高城堡、恐龙岛、乐高市、乐高朋友、乐高幻影忍者、乐高水乐园 10 个板块

续表

名称	地理位置	开放时间	特色
上海乐高乐园	中国上海金山	预计2023年	• 除了风格独特的乐高乐园外，还将拥有与之配套的全场景式主题酒店
北京乐高乐园	中国北京房山区青龙湖镇	（暂定）	

资料来源：笔者根据默林娱乐集团官网信息整理所得。

（3）全球乐高乐园营收情况。

乐高乐园财务报告显示，2017 年乐高乐园业务营收以实际汇率计算增长25%（恒定汇率计算增长 4.7%）至 6.09 亿英镑，且 70% 的利润都来自除英国之外的其他地区，是默林娱乐集团全球营收及游客量增长的最主要推动因素。2018 年公司的收入增长了 6.4%，因为新酒店的推出抵消了基本持平的业绩。2018 年，共有 644 间新客房投入使用，包括德国乐高酒店的 142 间海盗岛酒店、日本乐高酒店的 252 间客房和加州城堡酒店的 250 间客房。再加上 2017 年新开的客房，酒店客房收入按固定汇率计算增长了 39.7%。日本乐高乐园（LEGOLAND Japan）于 2017 年 4 月开业，该度假村的 2018 年的收入较 2017 年有所增长，盈利能力有所改善。这是由于开业前的费用没有再出现，其影响远远抵消了新主题公园开业后通常出现的出席率轻微下降的影响；同时，因为新酒店和海洋生物的收益为度假村平衡收益。①

2018 年，全球乐高乐园接待游客 1560 万人次，平均每个乐高乐园游客量大约是 160 万人次，营收为 6.37 亿英镑，其中门票收入为 4.69 亿英镑，住宿收入为 1.42 亿英镑，占比 22%；平均每位游客消费为 35.88 英镑。主题公园中最大的温莎和比隆乐高乐园游客量为 220 万人次和 212 万人次，其他乐园游客量平均在 140 万人次左右；其中 2017 年开业、预计首年接待 200 万人次游客的日本乐高乐园和业绩不太理想的迪拜乐高乐园（迪拜主题公园度假区三大乐园总游客量为 280 万人次）的实际游客量可能也不甚理想；加州乐高乐园 2004 年曾公布游客量 140 万人次；2002 年开业的德国乐高乐园在开业后首年接待游客 135 万人次，预计在经历数年发展后游客量与此前基本保持一致。从长期发展看，或许投资规模更大的纽约乐高乐园（3.5 亿美元）、韩国乐高乐园（2.8 亿美元），甚至

① 笔者根据默林娱乐集团年报数据整理所得。

中国乐高乐园未来开业后的游客量能够为乐高乐园带来突破。①

2. 数据来源

游客在线评论是游客在旅游结束后，针对旅游过程中所使用的产品或服务的体验，在线发表的有针对性的相关评价，其对后续的游客选择旅游目的地具有较高的参考价值，对促进旅游目的地的景区、酒店和公务服务等建设也具有重要的指导意义。

基于此，在综合考虑旅游网站的排名、网站的域名年龄、网站的百度权重、网站的日均流量、网站游客评论数据的可获取性等因素后，本文最终选取猫途鹰（TriAdvisor）平台作为获取游客评论数据的研究样本网站。在猫途鹰（TriAdvisor）网站依次搜索“丹麦比隆乐高乐园”“英国温莎乐高乐园”“美国加利福尼亚乐高乐园”“德国金茨堡乐高乐园”“美国佛罗里达乐高乐园”“马来西亚新山乐高乐园”“迪拜乐高乐园”“日本东京乐高乐园”，可在目标网页的打分点评区域可获得评价文本。并利用八爪鱼爬虫软件分别从样本网站共采集自全球 8 家乐高乐园开业以来至 2020 年 5 月的中国游客评论内容。

首先，将数据结构化处理，按照用户名、网站评分、评价时间、评价内容和有用度导入 Excel 中，成为本地原始评价数据库。其次，对数据进行内容清洗，删除系统自动评价、重复出现的内容，剔除掉宣传、广告方面的数据，将繁体字、中英文进行转换，对网络用语、表情符号进行调整等一系列工作。最后，共抓取网络评价 3434 条，其中有效数据 3261 条。

三、全球乐高乐园形象感知分析

1. 词频分析

进行初始整理后，使用图悦热词分析工具生成标签云图，探寻游客对全球乐高乐园的认知情况，如图 1 所示。图悦热词分析工具中的 Score 指标是指一个词在文章中重要性，主要由 TF 热词词频，IDF 倒转文档频率，Other 其他三个指标共同决定。图中的词语字体越大代表该词汇出现的频率越高，在游客体验中的重要性越高。

---

① 笔者根据默林娱乐集团年报数据整理所得。

图 1　游客评价文本词云

从图 1 可以发现，字体较大前 5 位分别是“乐园”“乐高”“小朋友”“孩子”“排队”，其中，“乐高”和“乐园”它们均为本次研究中的目的地名称，因此被游客提及次数最多。其次，“小朋友”和“孩子”可以初步反映出乐高乐园的主要客源群体为学龄前儿童，符合乐高乐园的客群目标设定。此外，“项目”“积木”“好玩”“水上”“过山车”“开心”“门票”等词也是游客认知过程中的热点词汇，突显出游客眼中乐高乐园的主要吸引物。

最终形成了全球乐高乐园网络评价大数据的热词权重统计表，其中，出现频率最高的关键词是“乐园”，为便于分析，将其权重设置为 1，出现频率最低的关键词是“感受”和“满意”，权重为 0.6429。经计算，所有关键词权重的均值为 0.7331，因此选取均值以上的 62 个关键词进行分析，如表 2 所示。

表 2　游客评价文本词频（前 62 个）

排名	关键词	词频	权重	排名	关键词	词频	权重
1	乐园	1828	1	3	小朋友	687	0.9236
2	乐高	2142	0.9986	4	孩子	960	0.9129

续表

排名	关键词	词频	权重	排名	关键词	词频	权重
5	排队	577	0.9113	34	买票	97	0.7802
6	乐高乐园	669	0.9041	35	世界	203	0.7797
7	携程	254	0.8816	36	价格	199	0.7782
8	项目	757	0.8814	37	主题公园	83	0.7755
9	积木	244	0.8733	38	日本	167	0.7753
10	好玩	394	0.8717	39	门口	135	0.774
11	新山	150	0.8546	40	刺激	142	0.7697
12	游玩	261	0.8497	41	迪士尼	76	0.7696
13	名古屋	158	0.8486	42	游戏	158	0.7687
14	水上	260	0.8442	43	主题公园	121	0.7655
15	过山车	151	0.8426	44	游乐设施	121	0.7655
16	开心	342	0.8423	45	游乐园	73	0.7647
17	游乐	205	0.8423	46	儿童	127	0.763
18	门票	241	0.8305	47	乐高迷	116	0.7621
19	酒店	309	0.8304	48	园内	86	0.7621
20	便宜	238	0.8154	49	二维码	114	0.7604
21	水上乐园	219	0.8135	50	景点	112	0.759
22	大人	194	0.8107	51	低龄	50	0.7533
23	小孩	199	0.8066	52	水族馆	56	0.7518
24	亲子	142	0.8065	53	建筑	118	0.7476
25	设施	250	0.8062	54	公园	98	0.7468
26	小孩子	169	0.8057	55	迷你	79	0.746
27	换票	197	0.8049	56	天堂	93	0.7458
28	马来西亚	165	0.804	57	搭建	89	0.7457
29	园区	162	0.7999	58	影城	52	0.7378
30	孩子玩	173	0.7944	59	儿子	88	0.7371
31	乐高积木	163	0.7896	60	新加坡	80	0.7352
32	体验	171	0.7834	61	套票	47	0.7339
33	迪拜	102	0.7816	62	玩乐	55	0.7332

在此基础上，再将数据文本进行分类，根据词的特征分为旅游资源、特色要素、旅游设施及服务、旅游体验及评价四大类，进一步分析游客对乐高乐园的感知，如表3所示。将上述已经进行分类的评价性、描述性的词语分类进一步细化，构建二级分类模式，最终形成简化分类的文本资料内容。

表 3　　游客评价文本高频词汇分类

分类	词汇
旅游资源	乐园、乐高、乐高乐园、新山、名古屋、过山车、水上乐园、马来西亚、园区、迪拜、世界、主题公园、日本、主题公园、游乐园、景点、水族馆、公园、影城、新加坡
特色要素	项目、积木、水上、乐高积木、游戏、建筑、迷你、搭建
旅游设施及服务	携程、门票、酒店、设施、换票、买票、价格、门口、游乐设施、园内、二维码、套票
旅游体验及评价	小朋友、孩子、排队、好玩、游玩、开心、游乐、便宜、大人、小孩、亲子、小孩子、孩子玩、体验、刺激、迪士尼、儿童、乐高迷、低龄、天堂、儿子、玩乐

表 3 中，就旅游资源而言，“乐园”“乐高”“乐高乐园”“新山”“名古屋”“过山车”等均为高频词汇，表明乐高这一品牌效应是吸引中国游客前往旅游目的地的首要因素，同时乐园内的游乐设施、水上场馆、优美景色等也是游客非常看重的旅游吸引物，以及相较于欧美国家，坐落在亚洲区域内的乐高乐园具有一定的地理优势，跨境路程短，因此更受中国游客的青睐。在特色要素中，“项目”“积木”“游戏”“迷你”“建筑”等是高频词汇，从中可以看出，游客在乐高乐园内进行的活动主要为体验游乐项目、拼搭乐高积木、参观各大园区、完成各个游戏等，而购物和用餐的比例较低。其中，乐高乐园内的水上世界和迷你乐园被游客们口口相传，水陆的双重体验以及用乐高积木创造出微缩版的场景、地标，吸引了大批量的慕名前来的游客。在旅游设施及服务方面，“携程”“门票”“酒店”“设施”“二维码”“套票”等是高频词汇。其主要原因：一是大多数中国游客会选择在旅游平台上购买门票，以获取较为优惠的价格；二是游客只需出示购票时的二维码便可换取乐高乐园的门票，使得大量游客可以迅速进入乐园，减少排队等候的情况；三是旅游平台推出一系列套票，在为乐高乐园获取利润的同时拉动其他产业的发展，也能方便外来游客更好地体验目的地；四是乐高乐园周围的住宿和交通配套设施比较完善，给市民游客的可进入和可滞留性提供了便利性。在旅游体验及评价方面，“小朋友”“孩子”“好玩”“开心”“便宜”“亲子游”“乐高迷”等是高频词汇，这主要体现出乐高乐园的主要客群是低龄儿童和热衷于乐高积木的成年人，同时，乐高乐园也是游客在选择亲子游时的最佳目的地，以及他们在乐园的感知体验普遍是愉悦的、开心的。

2. 语义分析

为了进一步探析高频特征词之间的语义结构及相互关系，借助 ROST 工具利用语义网络分析方法将高频特征词在游客评论文本中两两共同出现的次数进行语义网络图绘制，实现对游客评论文本数据的概念化处理。根据高频特征词在同一文本中同时出现的次数形成语义网络图进行节点中心性分析，可以直观地反映出高频特征词之间的语义结构和相互关系。从图 2 可见，首先，“乐高”“乐园”两个高频特征词处在网络图的中间位置，成为重要的中心节点，说明乐高品牌和主题公园的整体质量是游客体验过程中关注度较高且感受最深的两个对象。其次，“大人”“孩子”“游乐”“项目”“适合”等构成周边词，表示游乐项目是游客看重的旅游吸引物，以及再次表明乐高乐园的受众群为儿童及家长，适合开展亲子游。最后，以“开心”“便宜”“好玩”“刺激”“门票”等特征词为子节点反映出游客对乐园门票价格及游玩体验的关注倾向。

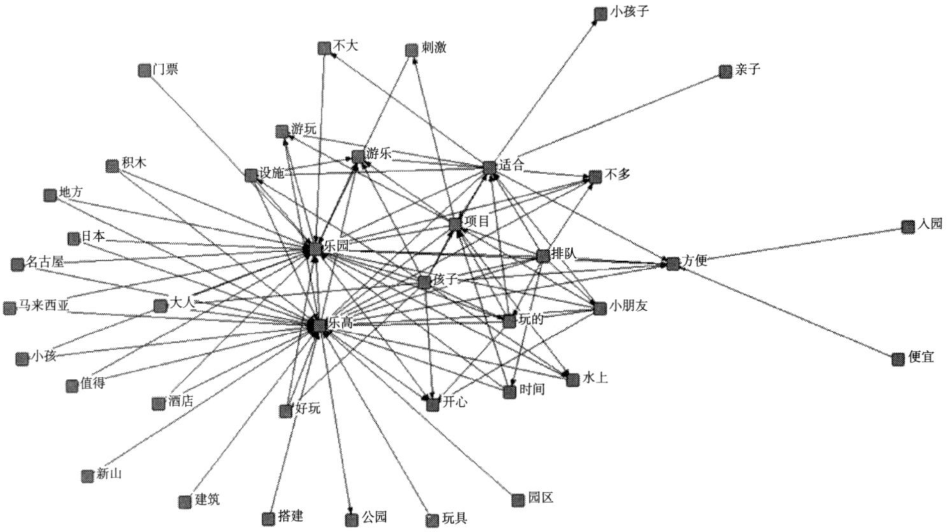

图 3　游客评论的网络语义分析

四、结论、建议与不足

1. 结论

第一，从品牌影响力来看，尽管与欧美市场相比，乐高玩具在中国家庭的普及度和认可度相对较低，但多年的稳健发展，中国市场已经培育出了一批数量可观的优质忠粉，近年来，乐高在中国的销售额始终保持着两位数的增长率上涨，市场潜力凸显。

第二，2018 年，全球乐高乐园接待游客 1560 万人次，平均每个乐高乐园游客量大约是 160 万人次，平均每游客消费为 35.88 英镑。同时，全球乐高乐园的业务营收逐年增长，2017 年增长 4.7% 至 6.09 亿英镑，2018 年在此基础上又增长了 6.4%。其主要收入来源以游客收入（门票 + 消费）和住宿收入为主，通过建造新主题公园和推出新酒店来平衡度假村收益。

第三，乐高乐园的主要客源群体为低龄儿童及其家长，以及“乐高迷”的成年人，并且大多数游客都选择将乐高乐园作为适宜亲子游的旅游目的地。而乐高的 IP 效应是吸引游客前来的首要因素，同时乐园内的游乐项目、优美景色等也是游客非常看重的旅游吸引物，其中，最受欢迎的是水上世界和迷你乐园。其次，游客在乐高乐园内进行的活动主要为体验游乐项目、拼搭乐高积木、参观各大园区、完成各个游戏等，而购物和用餐的比例较低。从此，对于中国游客而言，坐落在亚洲区域内的乐高乐园具有一定的地理优势，更能受到他们的青睐。最后，在旅游设施及服务方面，简便的门票换取服务、完善的住宿和交通配套设施，均给游客的可进入和可滞留性提供了便利性。

2. 建议

第一，加强市场营销及设施服务。目前，旅游者比较容易忽视“度假区”这一空间概念，将认知目光仅停留在“乐园”层面，因此需要通过传统媒体和新媒体平台对乐高乐园的“度假区”形象进行推广和宣传，以吸引更多高消费水平的游客进行深度旅游。乐高乐园的目标受众群体为 2 ~ 12 岁的儿童及家庭，所以这类旅游产品的消费者很大比例上是以家庭为单位，此时需要充分考虑母婴室、童车租赁、停放点等需求，完善配套基础设施，建设无障碍设施，如轮椅通道、盲文地图、专用卫生间等，以便各类人群均可顺利参与活动，体现人文关怀。最后，要将乐高乐园主题与服务精神紧密相连，通过设计周到的服务细节、增加深度互动体验等方式来营造宾至如归的氛围，从而提升旅游者对乐高品牌的情感认知。

第二，构建 IP 王国。IP 驱动指的是以卡通动漫人物、影视人物等 IP 形象和故事内容为主题，将主题公园的各项服务设施、商店与之融合，形成主题鲜明，特色突出的游乐体验。比如对于乐高度假区而言，乐高积木就是 IP 的落脚点，可以利用乐高积木在不同的场景、不同的形态、不同的表现形式，扮演多种多样的角色。此外，运用多样化营销手段，加大宣传力度。充分利用网络大数据，分析游客的基本特征、旅游喜好、旅游消费习惯及行为模式等信息，进行精准营销。多方面展示旅游产品与旅游信息，使游客对于主题公园形象有初步感知。打造亮点，使游客产生好奇、新鲜刺激与冲动的决策感知原动力。通过以上方式，吸引游客初次游玩和提高游客重游兴趣。

第三，推动旅游产品升级。在纵向维度上，向上研发延伸，往下向应用、营销、管理和服务延伸；在横向上，与旅游、教育与会议等泛旅游产业广泛融合，实现全产业链集聚。如乐高乐园的开发，立足于主导产业，在纵向维度上，可以引进 3D 打印新技术等，提升乐高积木的定制性。在横向上可以定期更新并增加园区内体验项目，与乐高文化产品相结合，从以往的“以旅为主”到“文旅结合”的转变。其次是加强节事活动的开展。一场好的节事活动，不仅仅丰富了旅游体验内容，更加大了游客的重游愿望，如在乐高乐园内可增加万圣节专场、圣诞节专场等以吸引大批游客。

第四，凸显中国文化特色。在文化旅游融合的大背景下，“以文塑旅、以旅彰文”成了核心的发展要义，而以文化题材的主题公园也将会越来越吸引游客。对于即将落户中国的乐高乐园，也需要适当开创以中国文化为主题的演出活动、体验活动，如设计带有中国元素的乐高小人、在中国传统节日之际举办主题游园活动、推出有关中国传统文化的剧场演出等，将中国文化以乐高元素的形式，以寓教于乐的方式展现给游客，将其发展为中国乐高乐园的特色、亮点。同时，与其他产业联合，形成一个文旅商业区进行发展，还可以扩大主题公园“休闲娱乐”的单一功能，将度假、娱乐、学习结合为一体，将其价值发挥到最大，成为一个功能聚集区。

3. 不足

本文运用网络文本分析法对全球乐高乐园度假区的形象感知进行了一些探索，为乐高乐园落户中国后的设计规划提供了参考建议，但仍旧存在一些不足。一是样本选取主要来自猫途鹰（TriAdvisor）这一个网络平台，涵盖面不全，所以对旅游目的地形象认知可能存在偏差，今后的研究可另增加一些渠道；二是内容分析法仅限于对游记中文字的解读，没有对游记中的照片、视频进行挖掘，变相剥夺了那些只发照片不写文字的游客的感知权，日后的研究会引入旅游图像学的理论和方法来进一步完善；三是仅从网络游记中分析游客对全球乐高乐园的形象感知，忽略了不会使用网络或不习惯分享游记到网络的游客群体，以及女性要比男性更愿意在网络上分享游记的现象，所以对旅游目的地的感知不全面。

参考文献

[1] 董观志. 旅游主题公园管理原理与实务 [M]. 广州: 广州旅游出版社, 2000.

[2] 保继刚. 主题公园发展的影响因素系统分析 [J]. 地理学报, 1997 (3).

[3] 冯维波. 关于主题公园规划设计的策略思考 [J]. 中国园林, 2000 (3).

[4] 翦迪岸. 试论人造旅游景区的建设经营与创新发展——写在深圳世界之窗开业六周年之际 [J]. 旅游学刊, 2000 (4).

[5] 熊元斌, 李艳. 城市主题公园客源市场开发与营销策略 [J]. 重庆商学院学报, 2001 (6).

[6] 金波, 张茵, 王如渊. 试论世博会后昆明世博园的可持续发展 [J]. 地域研究与开发, 2001 (3).

[7] 李莺莉, 朱峰. 华侨城可持续发展主题形象理论研究 [J]. 人文地理, 2003 (1).

[8] 廉同辉, 余菜花, 包先建, 卢松. 基于模糊综合评价的主题公园游客满意度研究——以芜湖方特欢乐世界为例 [J]. 资源科学, 2012, 34 (5).

[9] Tasci A. D. A., Gartner W. C. Destination image and its functional relationships [J]. Journal of Travel Research, 2007, 45 (4).

[10] 李玺, 叶升, 王东. 旅游目的地感知形象非结构化测量应用研究——以访澳商务游客形象感知特征为例 [J]. 旅游学刊, 2011, 26 (12).

[11] 姚长宏, 陈田, 刘家明. 旅游地形象感知偏差测评模型研究 [J]. 旅游学刊, 2009, 24 (1).

[12] 赵振斌, 党娇. 基于网络文本内容分析的太白山背包旅游行为研究 [J]. 人文地理, 2011, 26 (1).

[13] 王永明, 王美霞, 李瑞, 吴殿廷. 基于网络文本内容分析的凤凰古城旅游地意象感知研究 [J]. 地理与地理信息科学, 2015, 31 (1).

[14] 滕茜, 杨勇, 布倩楠, 许鑫. 基于网络文本的景区感知及互动研究——以上海为例 [J]. 旅游学刊, 2015, 30 (2).

[15] 李萍, 陈田, 王甫园, 王新歌. 基于文本挖掘的城市旅游社区形象感知研究——以北京市为例 [J]. 地理研究, 2017, 36 (6).

[16] 康鑫莹. 基于网络文本分析的主题公园形象感知研究——以上海迪士尼为例 [J]. 平顶山学院学报, 2018, 33 (5).

［17］刘苏华. 基于网络文本分析的主题公园形象感知研究——以郑州方特欢乐世界为例［J］. 旅游纵览（下半月），2020（4）.

［18］程世超，侯永明，王倩，于东明. 基于网络文本分析的主题公园旅游形象感知研究——以泰安方特欢乐世界为例［J］. 山东农业大学学报（社会科学版），2020，22（1）.

粤港澳大湾区主题公园产业的创新发展

梁增贤*

一、引言

粤港澳大湾区由我国香港、澳门两个特别行政区和广东省广州、深圳、珠海、佛山、惠州、东莞、中山、江门、肇庆九个珠三角城市组成，总面积5.6万平方千米，2018年末总人口已达7000万人，是中国开放程度最高、经济活力最强的区域之一，在国家发展大局中具有重要战略地位。粤港澳大湾区也是中国主题公园产业发展起步较早，产业体系最齐全，品牌与总部基地最集中的地区，是当前中国主题公园产业发展最成熟的地区。香港在第二次世界大战前就已经有游乐场，而第二次世界大战后建成的香港月神乐园和荔园游乐场也曾风靡一时。1977年开幕的香港海洋公园一直引领着粤港澳大湾区产业的发展，至今仍然吸引众多海内游客。20世纪80年代，内地开始发展游乐园。1983年中山市长江乐园开业取得良好的经济、社会效益后，短时间内在粤港澳大湾区内地各市兴建了多个游乐园，包括深圳湾游乐场、广州东方乐园，珠海珍珠乐园等19个大型游乐园（保继刚，2000）。经过近30年的发展，粤港澳大湾区逐步培育出中国旅游集团（以下简称“中旅集团”）（原港中旅集团）、华侨城集团、华强方特集团、长隆集团等一批能够跻身全球前列的主题公园企业集团，同时香港引进了迪士尼乐园，形成了国内外品牌主题公园竞合发展的新格局。根据2019年度的《全球主题景点游客报告》（*The Global Attractions Attendance Report*），总部位于粤港澳大湾区的华侨城集团、华强方特集团和长隆集团2019年接待游客量分别为5397万人次、5039.3万人次、3701.8万人次，位列全球第3、第5和第6。其中，珠海的

---

* 梁增贤，博士，中山大学旅游学院会展经济与管理系副教授、系主任、博士生导师，中山大学旅游发展与规划研究中心和旅游休闲与社会发展研究中心成员。研究方向：旅游地理学、主题公园、城市旅游、休闲与生活质量。

长隆海洋王国、香港的海洋公园和迪士尼乐园分别以1173.6万人次、570万人次和569.5万人次位列亚太地区主题公园的前10名，此外广州的长隆欢乐世界、深圳的欢乐谷和世界之窗游客量均超过390万人次，跻身亚太地区的前20名，而长隆欢乐世界的水上世界则一直是全球游客量最大的水公园。因此，无论是从规模还是从质量来看，粤港澳大湾区都是中国主题公园发展最成熟、最密集的地区。

然而，粤港澳大湾区主题公园产业发展也面临诸多挑战。第一，我国其他地区的主题公园产业正在加快集聚。长三角地区现有的上海迪士尼乐园、常州中华恐龙园、宁波方特东方神画、上海欢乐谷、苏州乐园以及芜湖方特的四个乐园已经形成规模集聚，粤港澳大湾区主题公园企业和人才纷纷北上。长三角地区和粤港澳大湾区将成为中国最重要的两个主题公园目的地。此外，各个中心城市，甚至二三线城市陆续新建的主题公园客观上也会对粤港澳大湾区主题公园形成一定的市场竞争。第二，与全球主要的主题公园目的地，如美国奥兰多相比，粤港澳大湾区主题公园产业仍存在诸多短板，如产业链不完整，中高端业态和产品较少，品牌培育不足，附加值不高等。在2020年新冠肺炎疫情影响下，粤港澳大湾区主题公园恢复面临诸多困难，完全恢复仍需时日。粤港澳大湾区主题产业要进一步引力中国主题公园发展，就必须实现创新发展。因此，本文将研究在粤港澳大湾区建设的背景下，回顾和反思粤港澳大湾区主题公园产业的历程，分析区域主题公园产业所面临的重大发展机遇，重新审视当前和未来的格局，以发展的眼光看待未来。

二、主题公园产业价值链

产业链在本质上是以知识分工协作为基础的功能网链（芮明杰等，2006），IP含量的多寡在很大程度上决定了价值的大小。旅游产业链并不是简单的“食、住、行、游、购、娱”。事实上，所谓旅游六要素仅仅是旅游产业链中的某些环节（主要是运营管理、二次消费和关联消费环节）而已。如果按照知识产权含量看，旅游六要素其实含量不高，总体价值不是最大的。主题公园产业链是指主题公园依据前、后向的关联关系组成的一种网络结构。主题公园的产业链从研发创意开始，一直到品牌经营，其价值因知识产权含量大小由高低，再升高，形成“微笑曲线”，具体如图1所示。

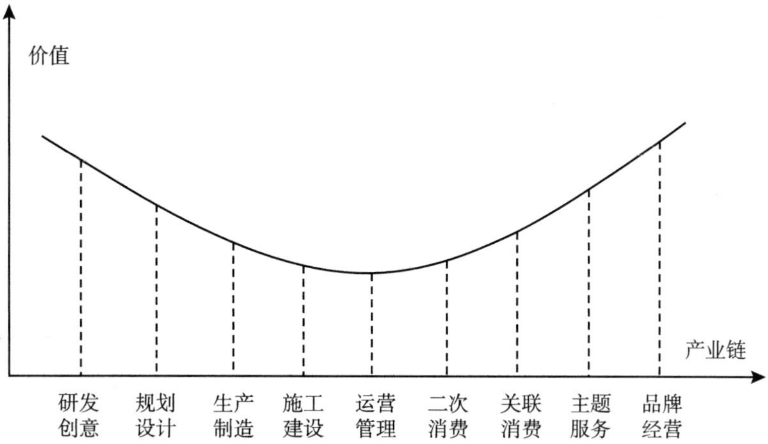

图1　主题公园产业价值链的“微笑曲线”

研发创意是产业链的开端，也是价值最高的环节之一。这个环节主要涉及文化主题创意、主题体验的研发、形象概念的设计，往往与影视动漫制作、音乐创造紧密相关，是幻想工程师的主要工作。由于这个环节研发创意失败率较高，整体投入的成本大、时间长、结果不稳定，因而目前只有少数主题公园企业集团掌握，例如，迪士尼、环球影城等。

规划设计主要涉及公园策划、规划、设计，尤其是场地规划和体验设计环节，简而言之就是完整修建性详细规划和场地设计。这个环节不应由主题公园企业集团完成，也可以聘请专业的国际规划设计单位来做。目前，我国大多数主题公园企业集团都有相关部门，而业界也有相关咨询机构。近年来整体水平有了很大的发展。

生产制造主要涉及游乐设备的设计、制造和生产，公园的相关设施、设备的供应等。例如，大型过山车的设计和制造，特殊建筑材料的生产和加工等。这些特型装备、设备的研发和制造是以发达工业为基础的。目前我国在高端先进的大型游乐设备的设计和制造商仍主要依赖于国外，每年需要大量进口，而在中低端产品的自给率比较高。

施工建设就是主题公园的落地建设。由于主题公园内有大量的特型建筑和非常规景观，加之要考虑环境设计和景观小品的嵌入，主题公园的施工建设比其他景区具有较高的技术要求。作为“基建狂魔”的中国，在施工建设方面已经不逊色于任何国外企业，但是相关景观建筑材料的供给和施工工艺仍具有一定的短板。

运营管理就是主题公园的经营管理与日常维护。事实上，目前我国所谓的主题公园企业集团主要业务就是运营管理，在其他相关产业链上的能力是不足的。主题公园的运营管理当然有一定的特点，但并不具有特别高的知识产权含量和技术门槛，容易模仿、借鉴和改进。

二次消费是指游客在主题公园内的消费，包括餐饮、购物、娱乐、园内服务等。中国主题公园的园内二次消费比例较欧美主题公园低，主要于社会经济发展水平和消费习惯有关。事实上，如果二次消费做得好，其收益不会低于门票收益。由于二次消费涉及一系列衍生品的开发和生产，其知识产权含量也很高。

关联消费指的是主题公园周边的配套消费以及游客在整个行程中园区以外的整体消费，例如，主题酒店、主题餐厅、主题购物街区、主题剧院等。我国除了华侨城集团和长隆集团以外，大多数主题公园都是单体公园，对关联业态的重视程度不够。迪士尼旗下拥有数十个主题酒店品牌，可想而知其关联消费收益是非常可观的。

主题服务是指由主题公园及其关联消费业态组合起来，针对顾客需求定制化的，具有明显主题的专属服务。随着需求的个性化程度越来越高，定制化的主题服务将越来越受欢迎。例如，主题婚礼、主题年会、主题生日派对（Party）等。

品牌经营就是利用主题公园成熟的 IP 进行延伸经营，通过授权使用、特许经营等方式让渡品牌使用权给其他企业经营，从而获得品牌收益。例如，今天的迪士尼早已不是主题公园的概念，它的授权已经进入教育领域，产生了迪士尼英语、迪士尼夏令营等产品。由于企业几乎不需要参与生产和经营，零成本，因而品牌收益的知识产权含量是很高的。

粤港澳大湾区的主题公园产业链是从价值最小的运营管理做起的，经过 30 多年的发展，一步步向前后端较高价值的产业业态延伸。直至今日，粤港澳大湾区的主题公园产业链仍存在较大的短板，尤其是在研发创意和品牌经营上。尽管如此，粤港澳大湾区的主题公园产业演化和创新发展历程，对其他地区乃至其他国家的发展具有广泛的借鉴意义。

三、产业奠基：粤港澳大湾区游乐园的兴衰

粤港澳大湾区主题公园的发展是从游乐园做起的。游乐园发展最典型的是美国的科尼岛（Coney Island）。20 世纪初期发展到鼎盛阶段，而当时最著名的品牌就是月神乐园（Luna park），这个能够夜间运营的游乐园在那个电灯还不是很普及时代，备受城市人欢迎。今天，全球最著名的游乐园是六旗娱乐集团（Six

Flags）旗下的六旗乐园，以游乐设备著称，其中六旗大冒险乐园（Six Flags Great Adventure）一个园子就有13个大型过山车。这种主要以乘骑器械、游戏设备、电子娱乐为主要吸引物的游乐园并不需要鲜明的主题，也缺乏包装和景观营造，但仍有较大的市场吸引力。

中国香港是粤港澳大湾区最早发展游乐园的。第二次世界大战前，香港已经有了多个中小型的游乐园，例如跑马地愉园游乐场、西环太白楼游乐场、北角英皇道名园游乐场和南唐酒家天台游乐场等，这些游乐园兼具赌场、歌舞剧院等功能，成为当时香港富人阶层娱乐消费的场所。这些游乐园规模不大，设备也不多，很多都还是室内项目，并不是普通人消费的场所，也就形不成规模。1949年，香港模仿美国，也建起了自己的月神公园。这个月神公园位于今天北角的月圆街（Yuet Yuen Street）附近，但很快在1954年就倒闭了，只有老香港人才有记忆。20世纪50年代后，香港还建设了荔园游乐场，并从美国购入了一批新型机动游戏，如摩天轮、过山车、腾空飞艇、碰碰车、哈哈镜、旋转木马等，逐渐面向普通民众经营。

香港游乐园在粤港澳大湾区的率先发展与香港的社会经济发展紧密相关。粤港澳大湾区的内地城市游乐园的发展要到20世纪80年代改革开放之后。粤港澳大湾区积极引进“三来一补”等合资经济，轻工业首先在粤港澳大湾区“先试先行”，伴随而来的是人口的快速集聚和大刀阔斧的城市化进程。粤港澳大湾区的一些内地城市逐渐进入工业社会，城市休闲娱乐供不应求，而市政公园建设滞后，这就为游乐园的发展提供了市场机遇。国家当时允许民间资本投资城市休闲娱乐等民生产业，游乐园自然是要自负盈亏的。这就要求新建的游乐园应该有一套自主盈利的模式，而不是像过去一样高度依赖于财政投入。

1983年7月15日，规模巨大、设施先进的中山市长江乐园开业，并取得良好的效益。长江乐园由中山和香港合资建设，占地4万平方米，有18个新型游乐项目，成为国内首个引进外资修建的大型综合游乐场。① 当年的中山市交通条件相对较差，每年接待超过100万游客得益于长江乐园是中国大陆第一的口号。随后几年，广东全省各地争相效仿，或新建、或改建、或在原有市政公园基础上增加游乐设施，一时间珠三角地区主要城市都拥有各种类型的游乐园，例如，广州的东方乐园（1985年开业）、珠海的珍珠乐园（1985年开业）、深圳的深圳湾游乐场（1984年开业）、深圳的香蜜湖中国娱乐城（1985年开业）等（保继刚，1994b）。

---

① 1983年_《中山市志1979～2005》[EB/OL].（2017－12－17）[2020－12－30]. http://lishi.zhuixue.net/2017/1217/243061.html.

尽管这一时期的许多游乐园最后都面临倒闭或破产，所剩寥寥无几（梁增贤，2018），但粤港澳大湾区内地城市的游乐园发展奠定了主题公园的产业基础，主要表现在3个方面：第一，验证了市场需求。游乐园毕竟是“舶来品”，对于刚刚改革开放的中国人而言，游乐园这种城市休闲娱乐形式是否受欢迎，这是需要验证。事实证明，游乐园的娱乐形式是有市场的，但各个地方的反应略有差别，主要取决于门票价格和设备选型。第二，培养了产业人才。改革开放初期的中国，游乐园管理和技术人才是高度缺乏的。即使开业的游乐园，管理水平和技术人员储备是不足的，导致一系列管理问题和事故。这一时期我国逐渐培养了一批游乐园，乃至后来的主题公园管理者。其中的一些人，已经成为中国目前主题公园实践的元老级人物。第三，积累了开发管理经验。游乐园选址在哪里？交通要求怎么样？周围配套如何？内部提供多少餐饮和购物？运营成本和更新改造成本是多少？上述问题是没有现成答案的。这一时期的成功和失败经验，都为后来的主题公园发展奠定了知识基础。

四、产业崛起：粤港澳大湾区微缩景观风潮

1989年9月，深圳锦绣中华的开业，掀起了全国新一轮主题公园产业浪潮。这次浪潮规模空前，涉及的城市更多，投资更大，主题化程度更高，主要以微缩景观主题公园为主。微缩景观主题公园单纯以微缩景观和文化舞台化作为吸引物，并不依赖于乘骑器械和游戏设备等互动体验项目。随着城市化的深化，经济发达城市的居民不再满足于冰冷的器械娱乐，而要求主题公园具有更多的文化体验。在那个对外来文化还相对保守的年代，挖掘中国传统文化元素进行微缩景观打造成为一种思潮。这股思潮恰逢改革开放以来一系列政治文化因素引起了民族文化的自觉和社会心理的变迁，掀起了中国主题公园产业对民族文化挖掘和对外展示的风潮。更为重要的是，深圳锦绣中华开业仅9个月便收回投资，刺激了微缩景观的投资（保继刚，1994a）。随后，各地以中国古典名著和民俗文化为主题的微缩景观迅速发展，全国各地大力兴建“西游记宫”“大观园”“三国城”“民族园”之类的微缩景观，而深圳华侨城也进一步建成了中国民俗文化村（1991年开业）和世界之窗（1994年开业）。仅深圳上报给市旅游局待批的主题公园项目就多达62个。深圳华侨城的3个主题公园在当时无疑是成功的，短时期内就收回了投资，不仅受到中国大陆市场的广泛欢迎，更吸引了较大规模的境外游客（保继刚，1996）。

同样作为经济特区的珠海毫不示弱，也重金打造了一个巨大的微缩景观——

圆明新园。珠海的圆明新园实际投资可能是同一时期所有微缩景观中最大的。圆明新园由清华大学专家负责总体设计，经过各地文史专家、雕塑家、园林专家精心策划及多方论证，最终确立方案。全国2000多名能工巧匠日夜奋战，终于使一代名园得以重现。圆明新园占地面积为1.39平方千米，投资6亿元人民币，1997年2月2日建成开放。园内所有建筑景观均按原尺寸仿建，集中再现当年北京圆明园皇家园林的宏伟气势。圆明新园开园第一年便产生轰动效应，接待游客180多万人次，实现净利润5000余万元，曾经创下最高峰单日接待5.8万人次，年接待200万人次，年收入1.5亿元的辉煌成绩。然而到2012年，圆明新园年均接待量仅为70万人次，年收入不足4200万元，盈利不断下降，已经处于亏损状态，最后不得不通过政府补贴的形式，成为免费景区。①

这一时期，广州也开展了轰轰烈烈的“造月工程”。广州旅游资源丰富、多样，在近代历史上的特殊地位又造就了一批历史遗迹，例如黄花岗七十二烈士墓、黄埔军校、农民运动讲习所、陈家祠、白云山、沙面等都是广州重要的旅游景点。然而，随着广州周边区域旅游的快速发展，20世纪80年代开始，不少政府领导和学者认为，广州旅游“满天星斗、没有月亮”（即小景点多、但能够留住游客的大景点不多）。由于粤港澳大湾区其他城市大规模建设主题公园，而深圳华侨城集团的三个公园的成功也刺激了广州城市旅游的发展。作为省会的广州，传统旅游优势在粤港澳大湾区其他城市快速发展的时期似乎相对下降了。面对着深圳主题公园成功令广州尴尬的压力，面对着国际旅游者在广州停留时间缩短的严峻形势，面对着广州原有旅游景点规模小，特色不明显、知名度相对低、点少而分散的“满天星斗”现状，广州旅游的“造月工程”拉开了序幕。随后，广州大量建设各种主题公园，例如世界大观、飞龙世界、航天奇观、森美反斗乐园（原飞图梦幻影城）、东方乐园（1993年始从游乐园向主题游乐园转变）、香江野生动物世界、长隆夜间动物园等（保继刚，2005）。

广州、深圳、珠海都落地大型主题公园，粤港澳大湾区崛起为中国最重要的主题公园产业集聚区。尽管这一时期建设的19个游乐园或微缩景观有18个亏本，只有1个勉强经营（保继刚，1994a），但这一阶段的微缩景观风潮，却为后来粤港澳大湾区主题公园的进一步品牌化发展提供了经验和基础，主要表现在3个方面：第一，重新审视了文化元素和微缩景观在主题公园中应用。一个主题公园完全依赖于微缩景观而缺乏互动体验，生搬硬套地方文化元素，简单粗暴进行主题化是缺乏持续吸引力的，重游率很低（梁增贤，2019）。第二，重新认识城

① 陈熠瑶，蔡微．文化旅游扬帆　开启圆明新园转型新航程［N］．中国旅游报，2012-10-22.

市潜在市场规模对主题公园布局开发的影响。一个城市的潜在市场规模是有限的，如果同质化的主题公园越多，相互之间又缺乏联系和差异化，那么每个公园都“吃不饱”。深圳华侨城在同一个区域布局三个微缩景观（即锦绣中华、中国民俗文化村和世界之窗），之间还是存在相互竞争，游客分流的。因此，后来的锦绣中华与中国民俗文化村的合并也就成为理所当然的选择。粤港澳大湾区的地方政府和企业对微缩景观的反思是很深刻的，至今也没有再轻易上马类似项目。第三，逐渐积累了人才，形成支撑产业。粤港澳大湾区短时期内众多的主题公园开发吸引了全国各地的管理人才。这一阶段粤港澳大湾区培养起来的主题公园管理人才是目前中国主题公园产业的中坚力量。与此同时，由于大规模主题公园的建设，对景观建设、乘骑器械、游乐设备的需求广泛，粤港澳大湾区的一些民营企业开始尝试提供上述设施设备，逐渐形成产业基础。例如，1993 年 4 月成立的深圳远望城多媒体电脑有限公司也就是深圳华强智能技术有限公司的前身，专门提供电子游戏设备设计和生产，并逐步拓展到数码影视娱乐和乘骑设备研制生产。

五、产业集聚：粤港澳大湾区主题公园品牌

20 世纪 90 年代，粤港澳大湾区的广州、深圳等城市相继进入后工业社会，第三产业占比很高，城市白领逐渐成为社会消费主流，后工业的城市消费方式逐步备受推崇，而主题公园便是这种消费方式的代表。真正意义上的主题公园，是后工业社会的产物。我国香港和澳门特别行政区是粤港澳大湾区最早进入后工业社会的城市。20 世纪 70 年代，香港逐步进入后工业社会，随着香港工厂搬迁到内地，第三产业逐渐主导香港经济，城市白领成为消费主流，休闲娱乐需求也随之变化。在这样的背景下，香港海洋公园于 1977 年 1 月 10 日开幕，最初由香港赛马会捐款兴建，耗资 1.5 亿港元，并由马会管理。开业前半年，海洋公园游客量高达 131 万人次。1980 年代开始，香港赛马会再次拨款 2.4 亿港元进行公园第二期发展工程，增加许多大型乘骑器械项目，先后建成水上乐园、鲨鱼馆、百鸟居、登山电梯及集古村等项目。香港海洋公园至今仍是亚太地区最重要的主题公园，2019 年接待 570 万人次游客，超过香港迪士尼乐园。[①]

而在内地，后工业化转型最为明显的是深圳，而深圳也成为粤港澳大湾区内

① TEA/AECOM. The Global Attractions Attendance Report for 2019 [R]. Themed Entertainment Association (TEA), 2020.

地城市中最早开发主题公园的城市。到1997年，深圳第二产业和第三产业占比持平，均为49.3%。考虑到深圳“关内”和“关外”的经济发展水平和产业结构差异，深圳“关内”实际上已经逐步形成了后工业社会。1998年10月1日，深圳欢乐谷一期工程建成对外开放，以时尚、动感、欢乐、梦幻为主题特色，包含欢乐广场、卡通城、冒险山、欢乐岛、玛雅水公园这五个主题区，成为我国当时最新一代的主题公园，标志着中国首个参与型、体验型的新一代主题公园的诞生。2019年，深圳欢乐谷接待游客398万人次①，是最受欢迎的中国品牌主题公园之一。广州也不示弱。2006年，广州长隆集团斥资10亿元，占地1000多亩，游乐项目超过60项的长隆欢乐世界一期开业。广州长隆欢乐世界拥有近百项世界顶尖的游乐设施以及全球顶尖的特技表演和四维影院，成为当时中国设备最先进、科技含量最高、游乐设备最多的超级游乐园。其中，造价2亿元的垂直过山车是其标志性项目。2019年，广州长隆欢乐世界接待游客490.5万人次②。珠海经济发展相对慢于深圳和广州，后工业转型缓慢，城市休闲娱乐消费市场规模和消费力不足。2009年国务院批准实施《横琴总体发展规划》，决定将横琴岛纳入珠海经济特区范围。2009年12月16日，继天津滨海新区和上海浦东新区之后，中国第三个国家级新区在珠海市横琴挂牌成立，同时该区投资总额逾726亿元人民币的首批四大工程也宣布启动。在这样的背景下，长隆集团进驻珠海横琴。珠海横琴长隆国际海洋度假区一期项目总投入约200亿元，包含国际马戏城、横琴湾酒店、海洋王国三大项目。2014年，珠海长隆海洋王国接待游客550.4万人次，创下了开门红，首期效应非常显著。到2019年，珠海长隆海洋王国接待游客1173.6万人次，位列亚太前四③。香港迪士尼度假区、珠海长隆旅游度假区和华侨城旅游度假区是粤港澳大湾区最重要的3大主题公园旅游目的地，而配套主题公园发展的相关产业也形成了粤港奥大湾区主题公园产业集聚区，如表1所示。

表1　2014~2019年粤港澳大湾区主要主题公园的游客量　单位：人次

主题公园	2014年	2015年	2016年	2017年	2018年	2019年
香港迪士尼乐园	7500000	6800000	6100000	6200000	6700000	5695000
香港海洋公园	7792000	7387000	5996000	5800000	5800000	5700000
珠海长隆海洋王国	5504000	7486000	8474000	9788000	10830000	11736000
深圳欢乐谷	3300000	3250000	3860000	3900000	3910000	3980000
广州长隆欢乐世界	3351000	3619000	3836000	4181000	4680000	4905000

①②③　TEA/AECOM. The Global Attractions Attendance Report for 2019 [R]. Themed Entertainment Association (TEA), 2020.

续表

主题公园	2014 年	2015 年	2016 年	2017 年	2018 年	2019 年
东部华侨城	3780000	3940000	3960000	3960000	3680000	缺乏
世界之窗	3600000	3440000	3910000	3980000	3990000	3990000
广州长隆水上乐园	2259000	2352000	2538000	2690000	2740000	3014000

资料来源：TEA/AECOM. The Global Attractions Attendance Report for 2019 [R]. Themed Entertainment Association (TEA), 2020.

这一时期的粤港澳大湾区主题公园发展进入产业集聚阶段，逐步形成产业链和品牌主题公园，具体包括三个特征：

第一，主题公园的品牌化、连锁化发展。与一般乘骑器械拼凑的游乐园不同，主题公园需要深度的主题设计和主题化包装，前期研发、规划设计周期比较长，投入大。如果一套设计只做一个园子，成本过大。为发挥规模效益，最有效的办法就是连锁扩大，选择一二线城市布局。这就需要有品牌。欢乐谷是最早最品牌化连锁的，2000 年后逐渐走出深圳，布局全国，成为主题公园的连锁品牌。北京欢乐谷于 2006 年 7 月 29 日正式营业，成都欢乐谷于 2009 年 1 月 18 日开业，上海欢乐谷于 2009 年 7 月 28 日开业，武汉欢乐谷于 2012 年 4 月 29 日开园迎宾，天津欢乐谷于 2013 年 7 月 27 日开业，重庆欢乐谷于 2017 年 7 月 8 日开业，南京欢乐谷于 2020 年 11 月 11 日开业。

第二，主题公园配套产业链的形成。粤港澳大湾区这一阶段主题公园的发展得到了地方政府的支持和企业的广泛参与。粤港澳大湾区的主题公园相关产业链逐步形成，配套设施和服务也相应发展。由于这一时期的主题公园开发理念新、投资规模大、技术含量高、主题化程度高，所需要的设备更多元，技术要求更高，数量也更多。由于粤港澳大湾区主题公园产业集聚所形成的地方产业形象，粤港澳大湾区也就成为全国乘骑器械、电子设备、水上设备的供应地，培育出诸如华强方特集团、广州大浪集团、中山金马游乐集团等一批地方研发和生产企业。其中的华强方特集团成为佼佼者，也从最初的卖设备，发展到卖乐园。迪士尼乐园有一个非常著名的项目叫作“飞跃地平线”，在美国加州迪士尼乐园，叫作“翱翔，飞跃加州”（Soarin' Over California），而在上海迪士尼乐园叫作“翱翔，飞跃地平线”（Soarin' Over the Horizon）。这个项目就是利用立体视觉系统和 4D 场景仿真技术，结合乘骑设备做成的虚拟现实体验。华强方特集团借鉴迪士尼，利用自己的主题文化场景，开发出了“飞跃极限”游乐项目。国内许多主题公园、游乐园都购买了“飞跃极限”，华强方特集团自己的主题公园里也都使用了类似的产品。如今，粤港澳大湾区的许多设备设施供应商不仅是模仿，而是开始原创设计、制造和生产，逐步形成自己的产业优势。

第三，国际一流管理模式的引进和专业化管理队伍的形成。如果说前两个阶段的主题公园管理还处在自我培养、自我成长阶段。这一阶段的主题公园管理模式因为迪士尼进入香港，而逐渐具有国际化管理模式的特点。迪士尼进入香港不可避免地对内地的主题公园发展，造成较大的冲击，但同时，更多的先进经验和管理模式也通过管理人才的流动而被传播。目前，粤港澳大湾区各个主题公园之间的人才流动是比较频繁的，几个主题公园甚至可能同时使用相同的规划和管理咨询结构在做相似的项目。这种紧密的联系使得经验的传播更加及时，管理模式之间的学习和借鉴更加频繁。粤港澳大湾区内地城市的主题公园在很多方面的管理上已经不逊色于任何国际品牌，甚至在某些方面都超过他们。与此同时，更加专业化、职业化的管理人才队伍逐步形成。粤港澳大湾区的院校逐渐重视主题公园管理人才的培养，具有较高学历和国际经历的人进入主题公园领域，无形中推动着产业的进步和品质的提升。

六、产业创新：机遇与挑战并存

粤港澳大湾区已经成为中国目前最重要的主题公园产业集聚区。然而，粤港澳大湾区主题公园产业要进一步发展，巩固其在中国乃至全球产业中的地位，就必须实施产业创新，抓住主题公园产业的制高点。粤港澳大湾区主题公园产业创新发展的方向主要有两个，一是构建主题公园目的地体系所需要的关联业态和主题品牌；二是打造支撑主题公园产业发展的配套产业链。

（一）构建主题公园目的地体系

全球著名的主题公园目的地是美国奥兰多。奥兰多除了有迪士尼世界之外，还有众多品牌的主题公园集聚，形成十几个大型主题公园，配套十几个小型游乐园、水公园，布局数十个品牌酒店、高尔夫球场、郊野公园、购物中心、商业街区和旅游地产的综合型度假区。全球各地的旅游者可以一站式体验所有世界一流的主题公园，停留数天乃至数月。当前，粤港澳大湾区多种品牌的主题公园相继落地，形成了主题公园集群和旅游目的地体系，国内外游客可以一站式体验多个主题公园。主题公园集群加上相关休闲娱乐配套设施，初步形成了完整的度假目的地体系。粤港澳大湾区主题公园的开发目前正逐步从单一景区建设走向主题公园目的地的整体开发，配套主题酒店、主题餐厅、主题购物街、主题剧院等，并与城市功能区连接，形成一站式休闲度假区，例如，珠海横琴的长隆度假区。

然而，粤港澳大湾区主题公园的开发建设，仍然缺乏目的地体系所需要的整体规划和配套业态。一方面，老旧的主题公园由于历史局限性和开发用地的限制，很难拓展周边区域，建设整体配套，发展成为主题公园度假区，而依赖周边现有配套很难形成统一的主题体验，这将在某种程度上限制主题公园的目的地化发展。另一方面，目前正在建设或已经部分建设的主题公园目的地，如珠海横琴的长隆度假区等，由于缺乏主题酒店、主题餐厅、主题购物店和其他业态的品牌和体验深度，尽管短时期内可以基本配齐，但体系成熟尚需时日。目的地体系的整体建设，需要产业的长期发育和深度发展。

与此同时，目前粤港澳大湾区的主题公园主要集中在大型主题公园上，对其他层次和规模的主题公园发展刚刚开始。主题公园有多个层次，包括目的地级（如迪士尼乐园度假区）、区域级（如深圳欢乐谷）、城市级（如广州方特欢乐世界）和社区级（如麦鲁小城）。粤港澳大湾区在过去十几年主要集中发展目的地级和区域级主题公园，而稍微小一点的中小型主题公园的发展相对缓慢。事实上，不同层次的主题公园品牌针对不同的市场，相互之间可以形成互补。纵观全球主题公园目的地区域，如美国奥兰多和澳大利亚黄金海岸等，在大型主题公园之外，需要一系列中小型主题公园配套形成完整度假体验。这些中小型主题公园不仅面向外来旅游者，更主要的是面向本地居民。由于较小的投资、较为灵活的管理和较针对性的市场开发，中小型主题公园未来会有较大的发展。然而，目前粤港澳大湾区在这方面尽管已经有不少产品生成，但仍缺乏品牌培育。华侨城集团目前也在尝试做一些新的调整，陆续推出了投资规模较小，适用于二三线城市的主题公园品牌。例如适用于二三线的城市级主题公园——卡乐星球，广泛适用于各个城市的社区级主题公园——麦鲁小城，以及新一代都市主题娱乐综合体——佛山顺德欢乐海岸。

主题公园目的地体系的建设和主题公园品牌的拓展是一个长期而持续的过程。许多关联业态的发展和品牌塑造都需要时间，急功近利的临时打造和收购虽然在短时期内能够迅速见到效果，但是可持续经营能力堪忧。

（二）打造主题公园配套产业链

主题公园产业并不仅仅是接待游客的景区，其背后涉及一系列公园主题文化创意、乘骑设备的设计和制造、主题公园和相关配套设施的规划和设计、主题商品的设计和生产、酒店和餐厅的设计、建设和运营管理等，分为直接配套产业、现代服务业和创意产业以及技术和服务支撑产业（见图2），并具有明显的关联性（见图3）。

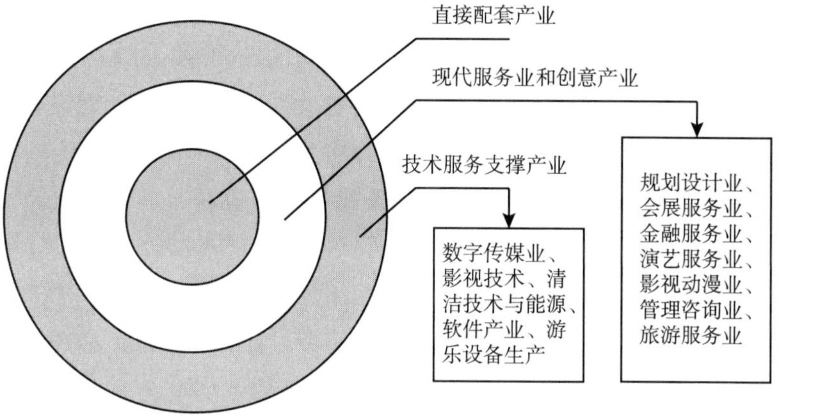

图2　主题公园为产业层次

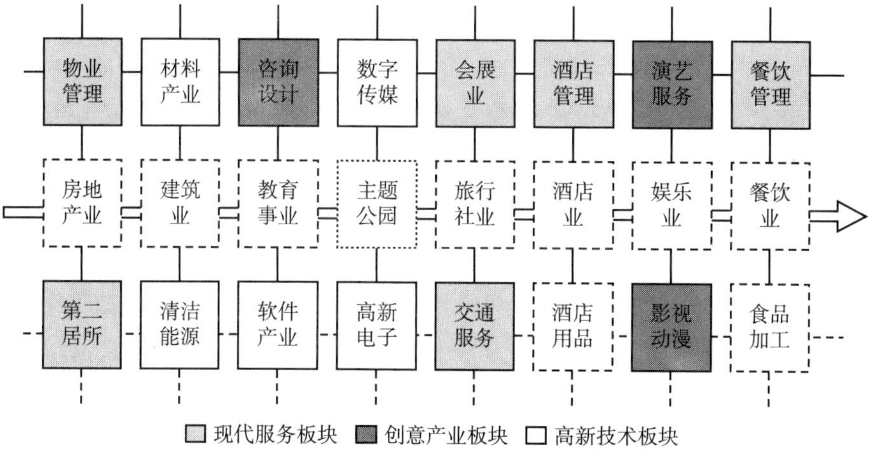

图3　主题公园产业链

主题公园的直接配套产业包括酒店业、房地产业、餐饮业、娱乐业、零售业、教育事业、旅行社业和建筑业，形成完整的主题公园产业链条。粤港澳大湾区经济基础雄厚，第三产业发达，形象咨询顾问、动漫设计、新闻媒体等创意产业已经初具规模；房地产、酒店、工程建造、旅行社、演艺等产业比较发达。然而，目前粤港澳大湾区的主题公园企业主要是景区企业，对相关产业链的掌控比较弱。粤港澳大湾区的乘骑设备设计和制造目前主要集中在中低端的乘骑设备，在高端装备，尤其是大型过山车设计和制造上仍是短板。中国每年需要从国外进口上百台过山车和其他平台乘骑设备。例如，广州长隆欢乐世界 2017 年新引进的大型过程车“火箭过山车”是从美国 Premier Rides 公司引进；长隆海洋王国的企鹅过山车和丛林过山车均引进自德国的 Zierer 公司，而其最受欢迎的超级激流和冰山过山车则引自德国的 Mack Rides GmbH & Co KG 公司；深圳欢乐谷总投资数亿元的雪域雄鹰项目的设备也是引进自美国的 S&S Sansei Technologies 公司。显然，尽管我国主题公园发展迅速，逐渐跻身世界一流，但在大型设备研发和生产上仍滞后于国际一流水平，受制于人，许多大型设备都需要从欧美国家进口。

深圳的华强方特集团算是从游乐设备设计和制造起家，做主题公园的。目前，该企业也只是在影视动画、虚拟现实技术、影视互动技术方面具有一定优势，但在主题公园装备的其他领域仍难以与国外同行竞争。长隆集团在动物的繁育和表演训练方面已经是国内首屈一指，在诸多方面领先全球。动物表演和展示已经成为长隆的核心竞争力，但长隆其他的乘骑器械、水上设施仍需要进口，一些核心技术还依靠国外，自主化仍任重道远。相比之下，其他主题公园企业更不具备这样的实力。粤港澳大湾区主题公园产业目前只掌握了运营成本极高，收益较低，附加值较低的景区运营管理层面，而在产业链的上下游，仍缺乏整体发展。

粤港澳大湾区主题公园的产业链发展应该利用各自优势，差异化发展，互通有无，形成整体产业价值链，从而提升粤港澳大湾区主题公园的整体竞争力。粤港澳大湾区主题公园产业应该培育粤港澳三地利益共享的产业价值链，协调三地之间的主题公园具体业态和配套产业的分工，加快向全球价值链高端迈进，打造具有国际竞争力的中高端产业链。粤港澳大湾区应该重点加快推动主题公园装备制造业的转型升级，重点培育发展新一代应用信息技术、智能科技、高端装备、新材料、新能源的主题公园装备制造业集群，通过合作打造全球科技创新平台，构建开放型创新体系，完善创新合作体制机制，建设粤港澳大湾区主题公园创新共同体，逐步发展成为全球主题公园产业的创新中心，能够与目前全球主要的主题公园及相关娱乐产业区域在科技创新领域竞争。

当前，粤港澳大湾区的发展也迎来了历史机遇。2016 年 3 月，国家发改委将“推动粤港澳大湾区和跨省区重大合作平台建设”列入国家“十三五”规划，强调要“携手港澳共同打造粤港澳大湾区，建设世界级城市群”。广东省 2016 年政府工作报告，也包括“开展珠三角城市升级行动，联手港澳打造粤港澳大湾区”等内容。2017 年 3 月 5 日召开的十二届全国人大五次会议上，国务院总理李克强在政府工作报告中提出，要推动内地与港澳深化合作，研究制定粤港澳大湾区城市群发展规划，发挥港澳独特优势，提升在国家经济发展和对外开放中的地位与功能。① 由此，粤港澳大湾区从地方概念逐渐得到了中央的认可，成为新时期推动中国经济最发达地区整合发展的构建大战略。粤港澳大湾区的整合、协调发展，将给粤港澳大湾区主题公园产业带来两大机遇：一是粤港澳大湾区互联互通的优质生活和旅游圈将促进主题公园的市场整合；二是粤港澳三地利益共享的产业价值链将提升主题公园竞争力。

展望未来，粤港澳大湾区应大力构建主题公园目的地体系，打造主题公园配套产业链，进一步引领中国主题公园的创新发展，并逐步走出中国，进军世界，与国际一流企业集团竞争。

参考文献

[1] 保继刚. 大型主题公园布局初步研究 [J]. 地理研究, 1994a, 13 (3).

[2] 保继刚. 深圳、珠海大型主题公园布局研究 [J]. 热带地理, 1994b, 14 (3).

[3] 保继刚. 深圳市主题公园的发展、客源市场及旅游者行为研究 [J]. 建筑师, 1996 (70).

[4] 保继刚. 珠江三角洲主题公园发展回顾 [J]. 桂林旅游高等专科学校学报, 2000 (2).

[5] 保继刚. 广州主题公园何以纷纷倒闭? 风景园林, 2005 (3).

[6] 保继刚. 主题公园研究 [M]. 北京: 科学出版社, 2015.

[7] 梁增贤. 主题公园开发与管理 [M]. 重庆: 重庆大学出版社, 2018.

[8] 梁增贤. 主题公园与城市发展 [M]. 北京: 科学出版社, 2019.

[9] 芮明杰, 刘明宇, 任江波. 论产业链整合 [M]. 上海: 复旦大学出版社, 2006.

① 政府工作报告（全文）[EB/OL].（2017 - 03 - 16）[2020 - 11 - 23]. http: www. gov. cn/premier/2017 - 03/16/content_5177940. htm.

旅游演艺

——主题公园提质增效的强劲引擎

郭洪钧*

一、引言

毋庸置疑，中国主题公园产业经过近40年的探索发展与实践集成，业已具备了集团化、国际化、连锁化、品牌化、集群化、多元化、差异化等战略特征和竞合特质，并且在综合能力、资源配置、市场拓展、业态衍生等方面优势集聚。但随着主题公园的中国市场化进程日益加快、竞争态势将更加激烈，不管是国内主题公园各大品牌互相角逐互不示弱，还是国外主题公园著名品牌相继进场捉对厮杀，行业形势无疑将更加复杂多变，特别是一场突如其来的新冠肺炎疫情彻底打乱甚至颠覆了"人"固有的生活格局，同时也彻底打乱甚至颠覆了"国"的固有生态格局。人们的户外活动空间被无情地挤压至相对狭小的范围内，喜欢旅游生活的人们不再敢随意任性地说走就走，不再是无所顾忌地想上哪儿就去哪儿，后疫情时代"非游不可"情况下的"绝对安全游""无忧无虑游""轻松舒心游""目的地明确游"等新的旅游休闲方式已然活灵活现地摆在中国人面前，摆在了旅游产业面前，也摆在了中国主题公园面前。对新冠肺炎疫情而言，人们或许只知道它什么时候开始，却没有人清楚它什么时候结束，但有一点可以肯定，那就是从前固有的所有格局已经被几乎完全打破，生活、工作也好，学习、休闲也罢，所有循规蹈矩的人、事、物统统需要重新洗牌、重新定位，换句通俗的话说，就是"过去的日子已然一去不复返了"。的确，就产业可持续发展而言，

---

* 郭洪钧，国家一级作曲，教授，多元文化人，资深文旅产业专家；历任国家文化产业发展战略专委会秘书长，文化和旅游部文化艺术发展中心艺术总监，亚洲艺术家联盟执行主席，中国音乐产业联盟副主席，中国旅游演艺联盟副主席，悉尼大学丝绸之路国际音乐中心联席主席，中国主题公园研究院名誉院长等。

方方面面遇到的问题几乎一样，其中文化旅游产业遇到的问题甚至更多，困局甚或危局更甚，许多企业已经倒闭或面临倒闭，许多企业苦苦挣扎或几乎撑不下去，许多景区既就是重新开放了，但也是游客寥寥无几，生意只能惨淡维持，主题公园也无一例外地“深受其害”，如何化危为机，如何破局突围，同样是摆在主题公园面前既严峻又现实且刻不容缓亟待解决的问题。借用一句略带有些许危言耸听意味的时髦话：主题公园又一次站在了生死攸关的十字路口，化危为机是必需的，提质增效是必需的，实现质的飞跃是必需的，但能否实现化危为机，能否达成提质增效，能否完成质的飞跃，关键在于找到破局之良策，想方设法重启主题公园提质增效的强劲引擎。

说实在的，如何应对人们后疫情时代“非游不可”情况下的“绝对安全游”“无忧无虑游”“轻松舒心游”“目的地明确游”等新的旅游休闲需求，无疑是旅游从业者必须严肃面对、必须认真思考的一个全新的重大课题。按道理讲，每一个主题公园都有属于自己独一无二的文化，所不同的只是文化的品高低不同罢了。品，即品位、品格、品行和品德，文化有品，游客才能品味其文化的品高或品低，主题公园的文化也是一样，无论是游艺娱乐项目，还是惊险刺激项目，或是旅游演艺项目，都有一个文化的品高或品低的恒定标准，好玩好乐好刺激，无疑就是文化的品高，因为好玩好乐好刺激来自主题公园娱乐产品设计者的创意打造，具体说就是来自幻想工程师们的匠心独具。既然文化旅游有文化旅游所特有的文化，主题公园有主题公园所特有的文化，那么抓住这个文化的关键所在，无疑就能把控住游客的文化品位喜好，就能以其喜好为标定，投以足以满足且足以引领其喜好的旅游消费产品，以期实现主题公园多元效益的最大化，就能以并非一味地投其所好的方式，从投其所好入手引其在不知不觉中越玩越想玩、越玩越起劲。但是，如何从投其所好入手引其在不知不觉中越玩越想玩、越玩越起劲？这不仅仅是一个技术性难题，也是一个艺术性难题，更是一个智慧性难题。说白了，就是要想方设法将高质量的游客文化品位转化为高质量的文化旅游产品供给，以期实现增强人民群众的文化获得感、生活幸福感和游乐优越感。毫无疑问，主题公园必须加大产品研发、品牌培育、业态创新，而要实现提质增效、实现高质量发展就离不开文化、艺术、科技的综合发力，只有综合发力才能重启中国主题公园的强劲引擎，实现新冠肺炎疫情结束后中国主题公园综合效益的逆势上扬。笔者认为，后疫情时代中国主题公园要想继续保有可持续健康发展的良好态势，就必须以提质增效为引领让强劲引擎开足马力，就必须从中国主题公园文化旅游产品供给“有没有”的一般级别向“好不好”的更高级别大步流星疾速奔驰。笔者始终坚信，旅游演艺无疑是主题公园实现提质增效的强劲引擎，旅游演艺产品无疑是主题公园实现效益逆势上扬的有效抓手，主题公园旅游演艺产品的变革与创新无疑是成就中国主题公园的有为举措和有力保障！

二、旅游演艺的定义

（一）旅游演艺的概念性定义

毫无疑问，旅游演艺脱胎于演艺。从形式上讲，旅游演艺是因演艺活动的环境变化、市场变化而派生和扩展出的新的形式。

演艺，简言之，是指通过人的演唱、演奏或人的肢体动作、面部表情等来塑造形象、传达情感，从而表现生活的一门艺术。

演艺，也被公认为是戏剧（包括戏曲、木偶）、歌舞（包括音乐表演）、杂技（包括魔术、马戏）、曲艺（包括故事讲述、诗歌朗诵）以及影视（主要指综艺表演）等表演艺术形式的总的称谓。

演艺，其实就是演的行为，这里的演，是特指表演、扮演、演出、演戏等方面，是带有动作表现的行为活动，而非别的演。而艺，则是在演的基础上的艺术呈现和艺能表达方式，包括技艺、技术、技巧、技法等方面，是以演技为特性的表现行为，也非别的艺。演艺是一种带有主观性、主体性、主题性以及故事性、情节性、事件性的艺术表演形式，可以说，只要是具有演的动作表现的行为活动，从艺术表演形式上讲基本都可以列入演艺的范畴。比如前面提到的戏剧（包括戏曲、木偶）、歌舞（包括音乐表演）、杂技（包括魔术、马戏）、曲艺（包括故事讲述、诗歌朗诵）以及影视（主要指综艺表演）等。一句话，演艺是专业性的艺术表演形式而非一般性娱乐。

随着演艺活动的日趋频繁，演艺种类的不断扩展，演艺市场的持续发展，演艺产业的体系形成已越来越规范有序。演艺产业是以演艺产品的创作、设计、生产、表演、销售、消费以及教学培训、经纪代理、艺术表演场所经营等配套服务业态共同构成的产业体系。

尽管旅游演艺脱胎于演艺，但旅游演艺已不同于演艺，旅游演艺产业也不同于演艺产业。旅游演艺是在旅游市场形成之后派生出来的新的旅游文化载体和演艺创新业态。旅游演艺是伴随游客日趋浓烈的情感需求和日趋多元的观赏需求应运而生的。依托著名旅游目的地和热络景区景点，触景生情之后，便能产生怡情悦性的心理感受；情景交融之际，更会激发寓情于景的心血冲动，这个时候就需要有能够直观体悟山水人文精神、深度表现地域文化内涵、注重体验性、强化参与性且内容丰富、形式多样的旅游文化主题性表演活动出现。将演艺融入旅游，仿佛是为旅游市场注入了人文精神的催化剂，既促进了旅游市场的快速发展与持续繁荣，又拓宽了旅游文化的效益空间和消费渠道。旅游演艺，犹如旅游市场喷涌而出的汩汩清泉，流淌出美不胜收的音舞诗画，滋润着情不自禁的观众。

（二）旅游演艺的渐进式定义

人类进入21世纪以后，旅游演艺是在旅游市场经济大潮的推波助澜进程中得以名正言顺地推行的，在中国旅游演艺的垦荒者的辛勤耕耘下，得以率先在世界范围内亮出了“旅游演艺”这块鲜亮的招牌，使旅游演艺的名称得以正式确立，进而使旅游演艺的内容和形式得到了游客的普遍认可，旅游演艺这一行业得以名正言顺。尽管在最初的一段时间里，国内旅游业界对于到底叫“旅游表演”还是“旅游演出”还无法确认。比如20世纪90年代，“旅游表演”的叫法还普遍流行，对于主题公园和旅游景区的文娱演出，当时使用较多的是“主题公园文娱表演”“主题公园文艺表演”“景区景点文艺演出”“旅游景点文化表演”乃至景区“舞台表演”“旅游舞蹈”等五花八门的不同名称。可以理解，当一个新生事物突然出现的时候，人们的认知滞后是必然的。初期阶段的名称认知交织不清实属正常，这也就是旅游演艺的渐进式定义的由来与产生的原因所在。

随着旅游演艺名称的规范化与明朗化，业界对于旅游演艺的认知和认可逐渐趋同，理论与实践各方也不再纠结于旅游演艺名称的科学性与合法性。近年来，随着旅游演艺家族队伍的不断发展壮大，尽管又陆续出现了类似“山水实景演出”“原生态实景演出”“风情歌舞表演”“多媒体梦幻剧”“乐舞景观剧”“情景体验剧”“沉浸演艺秀”等时髦的旅游演艺名称。但对国内旅游演艺相关专业界、学术界和产业界而言，旅游演艺不单单只是一个新鲜名词了，她已由新生、陌生的行业领域发展为热络、成熟的产业形态，中国旅游演艺将近40年的实践足以证明，旅游演艺业态以及旅游演艺产业的应运而生既是旅游消费倒逼的市场产物，也是与时俱进的时代产物。

总之，尽管旅游演艺的概念性定义经历了从无到有的脱胎换骨，但结果是走出了一片中国特色旅游演艺的新天地；尽管旅游演艺的渐进式定义充满了不确定性，但最终也还是走向九九归一的大道通衢。旅游演艺突然出现在旅游市场上，无疑是新生事物，但随着市场渐行渐近产品就会越来越成熟；旅游演艺与传统演艺相比，通俗性不言而喻，但随着观众审美的不断提升其通俗性也变得越来越广义。

三、旅游演艺的特点

（一）雅俗共赏是旅游演艺的最高追求

旅游演艺不同于传统演艺，其观演对象不再是普通的观众而是旅游的游客，这就要求旅游演艺产品必须大众化，必须具有雅俗共赏的特点。大众化是针对旅游市场的消费者构成而言，来自不同地方的游客自然有着各不相同的文化口味和欣赏习惯，旅游演艺的大众化是最基本的普遍要求。而在满足游客大众化口味和习惯的基础上，又要想方设法地提高而非一味地迎合游客的大众化口味和习惯，这就要求旅游演艺必须具有雅俗共赏特点，尽其所能地满足各类人群各不相同的文化口味和欣赏习惯。让口味俗的能够品尝出高雅的唯美滋味，使习惯雅的也能体会到通俗的洒脱率性。因此，作为合格、称职、有责任感、有事业心的旅游演艺产品供给方，无论是创作者、表演者，还是经营者、投资者，必须清醒地认识到旅游演艺的特点所在，必须在满足旅游演艺大众化基础上实现旅游演艺雅俗共赏的最高追求。

雅俗共赏的字面意思几乎人尽皆知，这句成语是形容某些文艺作品既优美，又通俗，各种文化程度和艺术品位的人都能够欣赏的意思。此成语的出处有多种说法，比如白行简的《天地阴阳交欢大乐赋》中有："唯迎笑于一时，惟雅俗之共赏。"孙仁孺的《东郭记·绵驹》：中有"闻得有绵驹善歌；雅俗共赏。"曹雪芹的《红楼梦》第五十回中有："些虽好，不合老太太的意；不如做些浅近的物儿，大家雅俗共赏才好。"等等。此外，现代散文家、诗人、学者朱自清在《论雅俗共赏》中也有对"雅俗共赏"的另一番解读："然而又出现了'雅俗共赏'这一个成语，'共赏'显然是'共欣赏'的简化，可是这是雅人和俗人或俗人跟雅人一同在欣赏，那欣赏的大概不会还是'奇文'罢"。由此可见，雅俗共赏不仅具有"唯迎笑于一时，惟雅俗之共赏。"的意味，而且还有"闻得有绵驹善歌；雅俗共赏。"的品位，当然也有"不如做些浅近的物儿，大家雅俗共赏才好"的玩味，最后还有"可是这是雅人和俗人或俗人跟雅人一同在欣赏，那欣赏的大概不会还是'奇文'罢"的回味。尽管这些对雅俗共赏字面之外意思的不尽相同形容各有味道，但不难看出雅俗共赏作为一句几乎人尽皆知的成语，无论其意还是其味都是富于正面表达且带有溢美之情的，就旅游演艺的最高追求而言，雅俗共赏唯善也。

追求雅俗共赏的旅游演艺，并非一件容易做好的事情，毕竟雅俗共赏的最高追求是要体现在旅游演艺节目或剧目的产品成果上，市场是试金石，游客是裁判员，要想真正实现旅游演艺的雅俗共赏进而取得旅游演艺市场上的骄人业绩，不仅旅游演艺产品的创作者要匠心独具、精心打造；表演者要用心表达、醉心表现；而且经营者要悉心管理、尽心服务；投资者要真心投入、问心无愧。这其中牢牢把握旅游演艺的特点是实现市场好口碑的关键环节，紧紧抓住旅游演艺的特点是赢得效益最大化的制胜所在。就旅游演艺的特点而言，主要特征和具体表现有以下几个方面：游客是观众的主要来源；长期驻场演出是市场的主导形态；演出的内容大多以雅俗共赏、老少咸宜的故事传奇、历史传说、地域风情、人文风貌为主；演出的地点大多都在旅游目的地的户外或旅游景区内的剧场以及旅游城市里的专业剧院；演出的时间大多都安排在晚间游客休闲时段或在旺季游客多的时候适当白天加演；演出的时长大多都特意设计在既满足游客尽兴观演又不影响游客休息耽搁第二天行程的 60 分钟左右；演出的周期基于不同的地域环境气候和不同的旅游淡旺季分常态化与季节性两种。

（二）不同凡响是旅游演艺的制胜秘籍

由于旅游演艺的属性、特点以及市场形态、观众构成的独特性，决定了旅游演艺与传统演艺有着许多不同。比如观众已不再是城里专业剧院里习惯或爱好欣赏舞台艺术演出的观众，而是旅游过程中暂时逗留在旅游目的地的游客；观看演出的地方也不再只是在城里专业剧院里，而更多的是在旅游目的地户外或旅游景区室内各式各样的演出场地；演出的形式也不再拘泥于传统演艺的惯常艺术表现形式，而是采用因地制宜、就地取材的创意打造方式推出各不相同、各具特色的旅游演艺节目或剧目等。与此同时，在旅游演艺体裁的选择与运用上，也不同程度体现出创作者的别出心裁和别具匠心，毕竟绝大多数旅游演艺的创作者都是久经艺术创作和演出创意的行家里手。

尽管初次接触旅游演艺产品创作的时候也有不知所云的时候，甚至也有面对旅游演艺市场一筹莫展、创作过程一无所获的尴尬际遇。但随着对旅游演艺市场规律的不断实践与探索、对旅游观众欣赏习惯的不断了解和熟悉，创作者们逐渐地找到了一条旅游演艺节目或剧目如何吸引游客的眼球、如何打动观演的人心方面的可行路径，比如在旅游演艺体裁的选择和运用上，大多数创作者都会刻意避开一些不大适应旅游观众观看的传统演艺体裁，而是从必须创作出雅俗共赏和不同凡响的旅游演艺基本原则出发，选择和运用比如乐舞、综艺晚会、音舞诗画、舞剧、歌舞剧、实景剧、情景剧、音乐剧、京剧、话剧、功夫剧、杂技剧、沉浸体验剧、餐宴乐舞以及马戏、马术、演艺秀、光影秀、水秀、火秀、夜游秀等旅游观众较为喜闻乐见的旅游演艺体裁，以期实现旅游演艺产品的大众化和不同观演人群均可达成雅俗共赏的理想目标。体裁，是指一切艺术作品的种类和样式，其艺术结构在历史上具有某种稳定的形式，这种形式是随着艺术反映现实的多样性以及艺术家在作品中所提出的审美任务而产生发展起来的。旅游演艺的体裁也是一样，选择和运用体裁得当，也是旅游演艺能够获得成功的重要因素之一。通过中国旅游演艺近 40 年的实践历程来看，选择和运用最多的体裁就是乐舞、综艺晚会、音舞诗画、舞剧、歌舞剧、实景剧、情景剧以及沉浸体验剧和各种演艺秀，而较少使用或刻意避开了传统歌剧、话剧、各种戏曲以及芭蕾舞、音乐会、曲艺等不大容易让游客在短时间内引发兴趣和产生共鸣的演艺体裁形式。尽管现如今中国旅游演艺市场上各种体裁可谓五花八门、花样繁多，但无论各不相同的旅游演艺如何尽显体裁选择和运用的别具一格，不管各具特色的旅游演艺如何展示产品创意打造和艺术呈现的匠心独运，万变不离其宗的既定目标都是希望实现不同凡响的观演效果，获得因不同凡响的旅游演艺而引燃和激发的经济效益与社会效益的最大化。

四、旅游演艺的功能

（一）单一功能向多元功能的循序渐进

随着国内旅游市场消费结构的进一步趋向科学合理，在旅游市场的不断成熟与规范中，将旅游演艺作为一种在旅游过程中加入娱乐且行之有效的辅助形式，适时适度地加入旅游本体中来的趋势和优势也越来越变得十分突出。因为旅游演艺的加入，不仅使旅游文化的传统习惯从单一的寻访名山大川，拜谒名胜古迹，艺术的演变成为一种从欣喜游玩到心灵感悟的精神升华过程，观赏一部旅游演艺作品胜过一天的走马观花，往往只需静静地观赏一小时，便能让一个普通游客的身心瞬间升华到一种超然忘我的精神境界；旅游演艺有的放矢的进入旅游活动本体，并与名山大川、名胜古迹的文化蕴藏浑然一体，还极大地丰富和拓宽了旅游产品打捆式的常态化营销方式，激活和衍生出更多地与之配套的新型旅游产品，从而大大拓展了旅游文化的发展空间；与此同时，旅游演艺产品也能随着正能量传播效益的不断叠加和增量，轻而易举地获取了形成品牌的集聚能量，使得原本单一的、静态的旅游活动变得更加有模有样、有滋有味。

旅游演艺正是在日益休闲化的旅游活动遇上人们对精神文化享受的强烈渴望时相知相近的，旅游与文化彼此碰撞、相互融合便派生出“旅游演艺”这个创新型的旅游产品。作为旅游与文化融合发展的新兴产物，旅游演艺既有丰富的文化内涵、理想的精神境界，又有活跃的旅游生态、亲和的沉浸体验，无疑是从游历收获最优质、游客利益最大化出发的最理想安排。从市场角度看，游客需要多一些观光游览的深层次感受和体验；从人文角度看，人性需要多一些精神文化的高品位熏陶和滋养。毕竟旅游者的旅游消费需求并非只是花钱买开心快乐那么简单直白，何况花了钱能不能买到开心快乐，也是仁者见仁智者见智的事情。那么要想真正达成或满足旅游者的旅游消费心理，旅游从业者要做的文章、要动的心思、要下的功夫就有很多很多了，旅游演艺便是其中很直观、很有温度、很有艺术性、也很有人情味的达成或满足方式。游客对于旅游演艺的好恶取决于旅游演艺的产品质量，好的旅游演艺产品能够收到寓游于乐、寓乐于休、寓休于情、寓情于感、寓感于赏心悦目、匠心独运、明心见性、惊心动魄的特殊观演效果，好的旅游演艺产品让人觉得物有所值甚至物超所值。其实，旅游演艺产品不断从单一功能向多元功能的循序渐进也正是受惠于游客的心之所想、心之所向、心之所愿、心之所求，没有游客的认可、接受、热衷和喜爱，旅游演艺产品的创新发展也就无从谈起。

（二）消费观念向精神理念的突飞猛进

在国内旅游市场文化消费观念从量变到质变的过程中，旅游演艺已从单一功能性的演艺形态和文化秀场，向集聚中国文化特色和艺术神采的表演空间和表现领域实现着创新性的跨越式迈进，不仅践行着文化和旅游的有效结合与有机融合，而且推动着文化旅游消费观念从感性自持到理性自愿的人文精神理念突飞猛进，人们文化旅游消费观念的不断成熟不断提高，正是伴随着旅游演艺的产品质量和观演效果的不断成熟不断提高，旅游演艺产品的知名度和旅游演艺品牌的美誉度关乎每一个旅游产品消费者的切身利益。一台优秀的旅游演艺剧目之所以能够吸引观众的注意力、形成品牌的影响力、引发市场的热效应，进而在日复一日、月复一月、年复一年的场场爆满、阵阵掌声、口口相传中知名度不断扩大、美誉度不断提高。究其原因，人们文化旅游消费观念变化的外在原因只是一方面，而真正变被动消费为主动消费的内生原因恰恰就是旅游演艺所独具的人文精神理念起了决定性的催化作用，有了精神需求，人们不再只是自由自在地游山玩水和随心所欲地东游西转；有了文化追求，游客不再满足“白天逛庙，晚上睡觉”的传统陈规陋习和粗鄙旅游行程，希望领略和观赏到以前从未或一直都想见识的好节目、好享受以及文化滋养和精神慰藉。

然而，要想真正实现一台优秀的旅游演艺剧目具有足以吸引观众的注意力、形成品牌的影响力、引发市场的热效应，进而在日复一日、月复一月、年复一年的场场爆满、阵阵掌声、口口相传、人人赞誉中知名度不断扩大、美誉度不断提高的理想化效果，并非一件轻而易举就能如愿以偿的事情。景区保证旅游演艺的产品质量是必需的，这里所指的产品质量是集合旅游演艺节目或剧目的创作质量、制作质量、表演质量和呈现质量。其中，创作质量是第一位，没有高质量的创作就谈不上高质量的制作、高质量的表演和高质量的呈现。而高质量的创作则取决于高质量的策划和高质量的创意，策划是旅游演艺产品缘起和形成的基因原点，没有高起点、高标准、高水平的策划，高质量策划无从谈起；而创意是旅游演艺产品存在和发展的基本元素，正是因为创意的创造性和创新性摆脱了传统旅游演出的一般化束缚，使得游客为满足猎奇心态、享受心理、礼遇心情而心甘情愿地争相观演。有了高起点、高标准、高水平的策划，加上极具创造性和创新性的创意，高质量的制作、表演、呈现也就自然而然水到渠成。因此，旅游演艺产品要想获得卓有成效的可持续发展，就必须在实践过程中不断创新、不断成熟、不断完善，不仅内容形式要不断花样翻新，而且宣传推广也要不断新颖别致，还要适时再投入进行改版改进改扩建，不断促使旅游演艺产品适应旅游市场的新变化和不同游客新的需要。

五、主题公园旅游演艺的基本特点

主题公园（theme park）是具有特定的主题，由人创造而成的舞台化的休闲娱乐活动空间，属于休闲娱乐产业。主题公园，规范性的解释是：根据某个特定的主题，采用现代科学技术和多层次活动设置方式，集诸多娱乐活动、休闲要素和服务接待设施于一体的现代旅游目的地。比如国外的“迪士尼”“环球影城”“狂人国”“里瑟本游乐园”“欧洲公园”等；国内的“锦绣中华”“世界之窗”

“欢乐谷”“方特”“宋城”“横店”“长隆”“中华恐龙园”等。

主题公园是为了满足旅游者多样化休闲娱乐需求和选择而建造的一种具有创意性活动方式的现代旅游场所。它是根据特定的主题创意，主要以文化复制、文化移植、文化陈列以及高新技术等手段、以虚拟环境塑造与园林环境为载体来迎合消费者的好奇心、以主题情节贯穿整个游乐项目的休闲娱乐活动空间。主题公园的设计是依靠创意来推动的旅游产品的思想集成。因此，主题公园的主题选择就显得尤为重要。但凡成功的主题公园，几乎都是主题明确、个性鲜明、异彩纷呈、各有千秋，无论刺激性极强的大型游乐设施或惊悚冒险娱乐项目，还是观赏性极佳的旅游演艺剧目或花车巡游节目，都能让游客乐此不疲且乐在其中，留给旅游者深刻印象甚至是终生难忘的。

主题公园旅游演艺特指在主题公园内打造旅游演出剧目，是一种通过演出内容与游园内容的优势互补，实现共生共赢的复合式旅游演出形式。主题公园类旅游演艺是高附加值的融合性文化旅游产品，它可以将游客游玩娱乐的极大兴致催发升华为赏心悦目的最大快慰。此类形式在我国主题公园已屡见不鲜，比如深圳锦绣中华《中华百艺盛会》；杭州宋城的《宋城千古情》；深圳世界之窗的《创世纪》；香港迪士尼的《狮子王庆典》；北京欢乐谷的《金面王朝》；常州中华恐龙园的《鲁乐回家》；成都欢乐谷的《天府蜀韵》；三亚宋城的《三亚千古情》；珠海圆明新园的《梦回圆明园》；西双版纳万达乐园的《蝴蝶公主》；广州长隆的《魔幻传奇Ⅱ》；上海迪士尼的新版《美女与野兽》；芜湖方特的《孟姜女》；浙江横店的《新暴雨山洪》；广西南宁方特《千岛之歌》以及新近开演的西安宋城的《西安千古情》等。

六、主题公园旅游演艺的核心构成

透过国内外主题公园旅游演艺形成与发展的总体过程，特别是中国主题公园旅游演艺实践集成与案例解析看主题公园类旅游演艺，可以清晰地看出其艺术表现形式与审美表达样式由两大类构成：

（1）户外广场观演式旅游演艺：户外广场式的旅游演艺属于比较大型的主题公园类旅游演艺的呈现模式，多以大型音乐舞蹈史诗或大型歌舞表演秀的艺术表现形式与审美表达样式予以呈现，游客一般多采用广场弥漫式的连排座席或自由站立的观演方式。户外广场观演式旅游演艺的节目或剧目场面比较大，视听比较炫，观赏性比较强，参与度比较高。比如深圳世界之窗的大型音乐舞蹈史诗《创世纪》就是在户外广场上演的，这台历时三年创作并于1998年隆重推出的大型音乐舞蹈史诗，是集合中国顶尖编剧、导演、舞美、服装、音乐等艺术专家的智慧和才华由数百位中外演员倾情打造的超大型晚会。《创世纪》以音乐舞蹈史诗的艺术表现形式与审美表达样式，从西方圣经中的人类始祖亚当、夏娃以及东方神话女娲造人的传说拉开序幕，以五幕呈现的宏大气势分别将“古中国”“古埃及”“古巴比伦”“古印度”“古希腊”的历史文化与灿烂文明充分展现在游客面前，艺术、形象、凝练地再现了世界文明发展史上的最辉煌篇章。这台大型音乐舞蹈史诗自1998年首演以来，历久弥新，长演不衰。完全可以说，《创世纪》已充分融进了深圳世界之窗世界广场所彰显和体现的丰厚人类文明精神，堪称户外广场观演式旅游演艺之典范。

（2）独立剧场观演式旅游演艺：独立剧场式的旅游演艺属于比较具有观赏性、富有剧情化、带有定制式的呈现模式，观赏性是指节目或剧目是游客喜闻乐见或老少咸宜的；剧情化是指多以舞剧、歌舞剧或音乐剧这一类故事性较强的剧目形式来演绎内容的；定制式是指所演绎的剧目内容大多都是为吸引入园游客而量身打造和定向制作的。由于主题公园的旅游演艺剧场大多都建在主题公园的特定区域，因而游客一般多采用提前进入现场持票对号入座的观演方式。独立剧场观演式旅游演艺的演出内容剧情比较丰富，场面比较震撼，手法比较别致，效果比较惊艳。比如浙江杭州的宋城景区，一台名为《宋城千古情》的大型歌舞就是专门为造访宋城的游客量身定制的。20世纪90年代初，旅游演艺还是国内旅游市场上的新生事物，景区演出往往只被当成陪衬景区红花的绿叶，类似游客兴趣消减的时候为游客提神的开胃小菜。那个时候的宋城也处于刚刚起步，尚未形成后来的宋城集团，但宋城人却在景区创建的初期，就萌发了用旅游演艺通俗易懂、喜闻乐见的方式让游客寓游于乐，加之许多游客都想对旅游目的地人文历史有所了解并加深对旅游城市文化传统的解读，因而宋城人以旅游演艺投石问路有效方式，收到了很好的市场回应，于是一台富有地方特色、具有鲜明个性、反映历史文化、体现民俗风情的旅游演艺节目应运而生。亦如宋城集团董事长、《宋城千古情》总导演黄巧灵所说：“如果说宋城景区寻找的是杭州文化的根，那么我们必须做出一台能够寻找杭州文化之魂的节目，去追寻钱塘自古繁华的辉煌过去，去描绘西湖的旖旎风光，去传诵缠绵千古的动人传说，将人们白天观赏到的美景、听到的故事，在晚上用歌舞的形式表现出来。”

七、主题公园旅游演艺的呈现格局

从主题公园类旅游演艺的基本特点来看，其形成与发展轨迹与其他类型的旅游演艺大同小异，都是被旅游市场日益高涨地对休闲娱乐方式多样化的消费需求倒逼出来的，尽管旅游演艺彼此之间有着许多共通性，但就不同类型而言又具有许多自身独特的地方。首先，主题公园类旅游演艺，必须依托的主体是主题公园，没有主题公园，就没有了主题公园类旅游演艺，它与主题公园是相辅相成的关系，绝对不可能是一个独立的单体，它共享主题公园的资源、客源、地缘、机缘，从而成为主题公园休闲娱乐生态的一部分；其次，主题公园类旅游演艺的文化主题与主题公园紧密相合或互补，成为主题公园（集群）体验经济的重要一环，既可以完全融入主题公园体系之中，也可以相对独立成为主题公园（集群）中独立运营核算的一个单体项目。比如海南三亚的三亚千古情景区，一台名为《三亚千古情》的大型歌舞长期在三亚千古情景区里的千古情大剧院驻场上演，这是宋城集团“千古情系列”的第二部作品。走在三亚闹市区的街头，随处可见三亚千古情景区打出的那句具有冲击力和诱惑力的广告“一生必看的演出——《三亚千古情》”，如此广告宣传效应的确让到三亚一游的宾客们多多少少有些欲罢不能的感觉。进入三亚千古情景区便能看到为《三亚千古情》专门建造的景区剧场，其造型独特，气势恢宏。许多游客会早早聚拢在号称“国际第一”室内剧场、观众席座位多达4700个的剧场门前等候观演开始。从演出宣传资料上的文字描述上似乎都能感到《三亚千古情》的非同一般：“这是一场无法用语言和文字定义的演出，她立足于三亚长达一万年的恢宏历史长卷，以其崭新的舞台设计使整场演出突破了传统空间与感觉的界限，呈现出诗画般令人目眩神迷的美学感受。360度全景剧幕层出不穷，400平方米的巨型悬空透明膜从天而降，4700位观众伸手与头上的比基尼美女零距离互动……让每一寸角落都尽显表演和设计的张力，撼动着观众的视觉与听觉神经。这里能听到落笔洞的万年回声，这里有巾帼英雄冼夫人的荡气回肠，这里有海上丝路的异域风情，这里能看到鉴真东渡时的惊涛骇浪，这里还有鹿回头的美丽传说，在椰风、海韵、沙滩的醉人风景中，寻一段浪漫邂逅。视觉盛宴，震撼人心！”。其实没有亲身在现场观看过《三亚千古情》演出的游客，很难想象演出的实际效果会是什么样的，更不能感受到坐在偌大的景区剧场里当观众的滋味究竟如何。但当看到《三亚千古情》呈现在舞台上的艺术表现形式与审美表达样式时，绝大多数游客都会觉得很好看，很养眼。赏心悦目，并会感到不虚此行；心旷神怡，就能认定物有所值。其实大型歌舞《三亚千古情》的艺术表现形式与审美表达样式而言，尽管主题架构并非最好，剧式结构并非最优，内容形式并非最新，创作手法并非最佳，但其胜在却通俗易懂，老少咸宜，大体上已达到了喜闻乐见和不虚此行的旅游演艺产品游客满意指数的普世高度，进而也还会收到物有所值和口口相传的旅游市场消费的乐见绩效，虽然还不能说《三亚千古情》已经做到了“雅俗共赏”，但距实现旅游演艺产品让游客“悦目娱心”的理想目标已经不很远了。

八、主题公园旅游演艺的艺术特色

主题公园类旅游演艺首先必须具备与主题公园核心主题相适应的艺术呈现特点，也就是说旅游演艺项目或剧目的创意打造必须紧紧围绕核心主题进行定制设计和特质架构。所谓定制设计，指的是专门为所在主题公园量身打造的个性鲜明且匠心独具的设计；既然是定制，就不能是一般的制，定制设计的最大特点是不可复制的唯一性；所谓特质架构，指的是节目或剧目的艺术表现形式与审美表达样式具有非同一般的架构；既然是特质，也就不能是一般的质，特质架构的最高境界是高屋建瓴的排他性。要想让定制设计好特质架构的旅游演艺项目或剧目能够第一时间就赢得游客的认可和喜爱，让人眼前一亮、为之一振的超凡活力是主题公园类旅游演艺必须具备的。节目有没有持续旺盛的生命力，演出有没有鲜活激越的感染力，都是关乎主题公园类旅游演艺能否成功的关键所在，其中文化定力和艺术魅力起着非常重要的催化效能与升华作用。文化定力就是支撑主题公园类旅游演艺的核心主题定位，如果找到了那个最恰当的主题定位，节目或剧目也就距足以吸引观众眼球的那个焦点不远了，定力其实就是决定创作者的定制设计和特质架构的定位是否准确的恒定能力。而艺术魅力则是关乎主题公园类旅游演艺的内容吸附力大小和形式黏合性强弱的重点所在，艺术魅力是创作实力、创意潜力、创新魄力和表现手法、演绎技法、解决办法的总和，最终赢得游客喜爱的除了艺术魅力别无其他。因此，主题公园类旅游演艺节目或剧目必须将文化定力与艺术魅力有机地紧密糅合在一起，多方位展示文化定力与艺术魅力的丰润内涵，以艺术表现形式与审美表达样式的完美舞台为抓手，从而创造出具有鲜明艺术特色的主题公园类旅游演艺节目或剧目。

总而言之，要想获得游客喜闻乐见和市场供不应求的旅游演艺产品，不动大心思、不出大气力、不花大投入是不可能一蹴而就的。因此，旅游演艺产品的创作者和管理者必须充分认识到，现如今游客追求的旅游休闲模式不再是一般化的游一游，具有的娱乐观演心态也不再是随意性的乐一乐，赏心悦目、怡情欢乐是重点，感受体验、审美品鉴是关键。能否满足游客既要有身临其境的感官享受，又要有心灵震撼的精神体验，这不仅是游客对旅游休闲娱乐生活的深度追求，更是衡量主题公园类旅游演艺节目或剧目是否合乎游客要求的不二标准。所以，主题公园类旅游演艺节目或剧目的创作必须让文化定力的盘根扎得牢牢的，必须使艺术魅力的能量聚得足足的，必须将定制设计和特质架构的集约效能挥发之最大，从而实现旅游演艺产品的品牌效益，真正达成游客喜闻乐见和市场供不应求。比如在北京欢乐谷上演的《金面王朝》大型剧场秀，就是华侨城集团为欢乐谷定制设计与特质架构的第一部极具主题公园类旅游演艺特色的驻场演出剧目，这部剧由新锐导演林树森担任总导演，该剧以一个无从考究的久远历史年代为背景，采用舞蹈诗剧的艺术结构方式，通过舞蹈、杂技、舞美、灯光、音效、视频、服饰等艺术表现形式与审美表达样式，以八大章节的艺术铺陈手段将战争、桑田、锻造、庆典、月下、洪水、祭天、幻化予以舞台形象化呈现，讲述了头戴金色面具的金面女王用智慧、宽容、信任和爱造就了一个辉煌的王朝，史诗般地再现了中华文明的恢宏气势。可以说，《金面王朝》是欢乐谷主题公园大型舞台艺术表演剧目的又一个巅峰之作，为广大游客带去如诗如画、如梦如幻的艺术享受。此外，该剧还采用了国际一流的剧场设计、剧式规划与高新科技设施配置，专门为《金面王朝》创意打造的360度翻转舞台也是当时国内所独有的，专业标准的舞台美术设计为演出营造出了超强视觉盛筵般的观演特效，融声、光、火、电、舞蹈、魔术、杂技等艺术表现形式与审美表达样式于一体，为游客送上了全新的感官体验与惊艳的心灵震撼。据总导演林树森介绍，《金面王朝》的创作灵感来自艺术家对神秘莫测的三星堆遗址以及距今久远的三星堆文明的追思与探寻，定制设计和特质架构是该剧赢得游客口碑的关键所在。此外，《金面王朝》主创团队的创作者为了进一步引发“秀”动京城的惊艳艺术效果，在定制设计和特质架构《金面王朝》的同时，还充分借鉴了拉斯维加斯“秀”的表现概念，想方设法创造出中国特色“秀”的原汁原味，以期实现古老题材与时尚表现形式的完美结合。

九、主题公园旅游演艺的实现手段

就主题公园类旅游演艺节目或剧目的创作而言，文化定力和艺术魅力犹如护佑“演出大神”实现成功的“哼哈二将”。如果说定制设计和特质架构是实现手段，艺术表现形式与审美表达样式是呈现方式，那么文化定力和艺术魅力就是惊现砝码。在这方面恐怕谁也不会比《宋城千古情》总导演黄巧灵的感受与体会更多了，黄巧灵无时无刻不在提醒“千古情系列”演出的主创团队。他说：“一场成功的演出，需要市场反复打磨，以市场为演出导向。但不是说为了迎合市场，可以放弃文化，没有文化核心，最终也会失去市场。表现手段可以变，但文化核心不能变。《宋城千古情》的灵魂是文化。有文化内涵才有灵魂，才能吸引观众，才能触动心灵。”的确，旅游演艺的灵魂是文化，正是因为文化博大精深的丰厚蕴涵，才使得游客在需要深入了解、深刻解读杭州人文历史的时候，《宋城千古情》以较为恰当、甚为贴切的艺术呈现方式，将浓郁的地方特色和深厚的文化积淀活灵活现地展示在游客面前，让人们把游览中观赏到的景致与舞台上幻化的景象相融合，用文化触动观众柔软的内心深处，用艺术满足游客渴望的身心享受。迄今为止，《宋城千古情》不仅创造了中国旅游演艺史上的奇迹，还创造和刷新了世界演艺史上的多项第一，比如年演出 2000 余场；旺季经常每天演出多达九场；推出逾 20 年已累计演出 4 万余场；接待观众约 1 亿多人次。在《宋城千古情》逾 20 年的演出过程中，不断精进，不断改版，不断用先进的声、光、电科技手段和舞台机械，以出其不意的呈现方式使得《宋城千古情》的演出更加深入人心。纵观《宋城千古情》不难发现，整台演出牢牢抓住了杭州文化最精髓的根和魂，“良渚之光”劳作生息的古越先民，“宋宫宴舞”繁华如烟的南宋王朝，“金戈铁马”慷慨激昂的岳飞抗金，“西子传说”感人至深的爱情传说，以及众多的杭州历史典故、民间传说和西湖人文景观统统融进了《宋城千古情》的艺术表现形式与审美表达样式，每一篇章都以多种表演艺术元素诠释了杭州的人文历史，再现了一个缠绵迷离的美丽传说，一段气贯长虹的悲壮故事，一场盛况空前的皇宫庆典，一派欢天喜地的繁荣景象。白娘子、许仙、梁山伯、祝英台、岳飞……，一个个耳熟能详的人物，杭州人熟悉，外地游客同样熟悉。断桥、白堤、岳庙、雷峰塔、龙井茶……坐在景区剧场里观看《宋城千古情》的这些游客，看到他（她）们刚刚游玩过甚至欢喜并且赞叹过的地方，忽然间又在《宋城千古情》舞台上以另一种方式重新与自己撞个满怀。或凄美感人或豪气冲天的情节，让观众沉浸其中，犹如穿越时光的隧道，时喜时悲，或惊或叹，沉浸到那段既熟悉又陌生的历史当中。这就是丰厚蕴涵的文化赋予《宋城千古情》温润而持久的生命力，这就是主题公园类旅游演艺让游客喜闻乐见的艺术魅力真正所在。

十、主题公园旅游演艺的市场绩效

在相当长的一段时间里，国内旅游市场“主题公园＋旅游演艺”的发展战略模式可谓炙手可热。既说明了主题公园类旅游演艺产品受游客关注度的日益高涨，又加剧着旅游演艺是构成主题公园集群重要部分的投资认同，从而进一步验证了“主题公园＋旅游演艺”是主题受众最为广泛、规模成长最为迅速以及最具扩张力和差异化资源要素整合的发展模式。尽管主题公园类旅游演艺节目或剧目的艺术表现形式与审美表达样式并未发生大的变化，基本上还是以大型歌舞、音乐舞蹈史诗、舞蹈诗、歌舞剧、音舞诗画、实景演艺、演艺秀、魔幻马戏等，但在不同类型节目或剧目的构思设计与创意打造方面依然有了许多不同，比如宋城集团的《宋城千古情》与《三亚千古情》同样都是大型歌舞，但在以歌舞讲故事、以情境演故事方面已有了大大的不同；再比如《创世纪》与《盛世纪》同样都是大型音乐舞蹈史诗，但在剧式结构处理、剧情点线布局方面也有了明显的改变。此外，主题公园类旅游演艺节目或剧目的创作者已深深懂得：旅游演艺产品并非只是简简单单经市场的催化便由作品转化为产品了，而是与宣传、推广、传播、营销等上下游市场环节密切相关、密不可分。因此，必须利用好主题公园在主力客源、信息资源、品牌效应、投资机会以及人力资源等方面优势，才能使旅游演艺产品更具市场生命力。

自1991年开始，主题公园类旅游演艺作品已逾百部，其中多数至今仍在演出：广东深圳《艺术大游行》（首演1991年）；广东深圳《中华百艺盛会》（首演1995年）；广东深圳《欧洲之夜》（首演1995年）；浙江杭州《宋城千古情》（首演1997年）；广东深圳《创世纪》（首演1998年）；广东深圳《跨世纪》（首演2001年）；广东深圳《龙凤舞中华》（首演2001年）；广东深圳《东方霓裳》（首演2001年）；浙江横店《暴雨山洪》（首演2004）；广东深圳《千古风流》（首演2005年）；香港迪士尼《狮子王庆典》（首演2005年）；广东深圳欢乐谷《欢乐无极》（首演2006年）；浙江横店《梦幻太极》（首演2007年）；北京欢乐谷《金面王朝》（首演2007年）；上海欢乐谷《欢乐奇缘》（首演2009年）；广东深圳《天地浪漫》（首演2009年）；成都欢乐谷《天府蜀韵》（首演2011年）；广东广州《魔幻传奇Ⅱ》（首演2011年）；海南三亚《三亚千古情》（首演2013年）；广东深圳《一路阳光》（首演2013年）；浙江横店《紫禁大典》（首演2013年）；浙江横店《汴梁一梦》（首演2013年）；云南丽江《丽江千古情》

（首演 2014 年）；上海欢乐谷《上海滩风云》（首演 2014 年）；四川九寨沟《九寨千古情》（首演 2014 年）；广东珠海《秘境奇技》（首演 2016 年）；安徽芜湖方特《孟姜女》（首演 2016 年）；湖南宁乡《炭河千古情》（首演 2017 年）；广东深圳《盛世纪》（首演 2018 年）；浙江横店《新暴雨山洪》（首演 2018 年）；云南丽江《大地震》（首演 2018 年）；上海迪士尼《美女与野兽》（新版首演 2018 年）；广西桂林《桂林千古情》（首演 2018 年）；广西南宁方特《千岛之歌》（首演 2018 年）；江西宜春《明月千古情》（首演 2018 年）；湖南张家界《张家界千古情》（首演 2019 年）；陕西西安《西安千古情》（首演 2020 年）；等等。

十一、主题公园旅游演艺经典案例解析

有关主题公园旅游演艺的成功案例有很多，为了便于通过案例解析透视“旅游演艺及疫后主题公园提质增效强劲引擎”之扼要，笔者将以根植于浙江杭州宋城主题公园、取得了经济效益和社会效益双丰收的大型歌舞《宋城千古情》为例予以剖析解读、案例解析。

（一）《宋城千古情》的作品形成与产品构成

1.《宋城千古情》的核心主题

宋城是《宋城千古情》这台中国风大型歌舞的母体，宋城所要展示的文化主题、宋城向游客投放旅游演艺产品的初心诉求、宋城既定的市场推广计划与营销策略就是《宋城千古情》的核心主题。

通过《宋城千古情》宣传人们可以了解到：大型歌舞《宋城千古情》是一生必看的演出，是杭州宋城景区的灵魂。用先进的声、光、电科技手段和舞台机械，以出其不意的呈现方式演绎了良渚古人的艰辛、宋皇宫的辉煌、岳家军的惨烈、梁祝和白蛇许仙的千古绝唱，把丝绸、茶叶和烟雨江南表现得淋漓尽致，极具视觉体验和心灵震撼。

一台旅游演出能够达成“通俗易懂、老少咸宜”是相当不容易的，从《宋城千古情》的演出效果和市场绩效来看，这个评价有理有据。有关数据表明：《宋城千古情》以年演出 1400 余场成为目前世界上年演出场次和观众最多的剧场演出，号称世界三大秀之一。

笔者认为，评价《宋城千古情》的核心主题可用一句话概括：以通俗易懂的艺术表现与老少咸宜的审美表达讲好中国故事。

2.《宋城千古情》的结构形态

从解析旅游演艺作品结构的角度出发，不难发现《宋城千古情》的剧式结构依然是传统舞台艺术创作构架中的基本结构形态，这种形态或曰样式就是舞台艺术创作最为司空见惯的——篇章结构。所谓篇章结构，就是一个篇章接着一个篇章往下演，篇章与篇章之间无须故事或情节的延续和串联，在创作实践中，也有将篇或章称作场的，虽然称作场，但没有故事或情节的延续和串联，因此其结构形态依然还是篇章结构，不能算是场幕结构。《宋城千古情》分序和四场，场与场之间没有故事或情节的延续和串联，属于典型的篇章结构。

笔者认为，《宋城千古情》的基本结构之所以选择篇章结构，主要还是基于《宋城千古情》所要呈现的文化主题和所想反映的艺术内容。最初的《宋城千古情》演出版本分为六幕："玉龙金凤""岳王雄风""南宋盛景""梁祝情缘""风雅钱塘""东方佛光"；后来的《宋城千古情》不断打磨、不断改版、不断精进，用总导演黄巧灵的话说，就是"每天一小改，每月一中改，每年一大改"。2018 年 2 月 12 日晚，全息改版完成的立体全景式大型歌舞《宋城千古情》成功首演，"良渚之光""宋宫宴舞""金戈铁马""西子传说""世界在这里相聚"，五幕演出通过全景大尺寸 LED 屏和全息投影成像技术，配合现场灯光、音响、演员表演完美结合，缓缓道出独特唯美的杭州魅力。现在的《宋城千古情》演出版本分为序和四场：序"良渚之光"；第一场"宋宫宴舞"；第二场"金戈铁马"；第三场"西子传说"；第四场"魅力杭州"。从《宋城千古情》20 多年不断打磨、不断改版、不断精进的实践集成来看，《宋城千古情》乃至逐渐发展形成的"千古情系列"，在创作上已基本形成了"五幕"篇章结构的经典套路，不论在哪个城市创意打造"千古情"，都遵循自始至终围绕和贯穿所在地人文与历史、风尚与传奇的原则。

3.《宋城千古情》的主创团队

总策划、总导演、总编剧、艺术总监：黄巧灵（宋城集团董事局主席、宋城演艺董事长、宋城艺术总团团长）；艺术总监、副总导演：张娴（宋城集团总裁）；监制：黄巧龙、刘萍、张建坤、黄鸿鸣、商灵霞；编导：单晨炜、刘俊、翟世娇、黄乐；解说：彤瑶；运营统筹：葛琛；多媒体舞美视效制作：深圳数虎图像股份有限公司等。

在此，笔者需要特别提及一下，《宋城千古情》早期的主创团队参与创作的一些情况，总策划黄巧灵在为宋城筹划这台最初还没有《宋城千古情》这个名称的旅游演出的时候，初始阶段便邀请了几位专业艺术院团的创作人员参与主创工作，他们是总导演：段建平（中国青年导演；曾获第六届中国文华导演奖、第六届中国舞蹈荷花奖十佳编导奖）；舞美设计：田立为（国家一级舞美设计；原总政歌剧团舞美设计师，现任重庆大学美视电影学院戏剧影视美术设计系主任）；灯光设计：周正平（国家一级灯光设计师；中国舞台美术学会副会长、浙江省舞台美术学会会长）；服装总设计：凌鸿（国内顶级舞台服装设计师，曾任广州亚运会服装设计师）；等等。笔者之所以要提及这几位早期《宋城千古情》的主创人员，一是觉得创作者的创作劳动应该得到应有的尊重；二是笔者第一次应邀观看《宋城千古情》正是他们其中的一位所邀，当时笔者在总政歌舞团任职国家一级作曲家，经常应邀担任有关舞台艺术作品的评委、参与相关舞台艺术作品或旅游演艺剧目的主创工作。对于《宋城千古情》最初的舞台呈现效果，笔者至今记忆犹新。尽管 20 年来《宋城千古情》经过总导演黄巧灵所说的“每天一小改，每月一中改，每年一大改”，但从创作者的角度出发，最初《宋城千古情》的艰难起步，与今天《宋城千古情》的成就斐然，之间自然少不了内在林林总总、形形色色的有机关联，特别是今天“千古情系列”主创团队的各个工种、各个工作室能够以自我研发的形式立于中国旅游演艺节目或剧目创作之列，不能不说是无数专业艺术家关心与关爱的结果，是艺术培养了宋城的主创团队。

4.《宋城千古情》的演出概况

《宋城千古情》首演于 1997 年 3 月，演出地点：起初只是在浙江杭州宋城景区内的露天舞台上为游客表演，之后演出内容与形式的逐渐成熟和完善，2003 年移师宋城大剧院。宋城景区开园伊始，《宋城千古情》只是搭乘景区便车的一台旅游节目，演出是露天的，并且免费观看，那时的游客只知道有宋城，而不知道有《宋城千古情》。随着国内旅游市场形态的日新月异，以及国家重视并大力支持文化产业的发展，宋城的决策者逐渐萌生了将《宋城千古情》作为宋城景区收入增长点的战略构想，通过建设宋城大剧院和《宋城千古情》不断升级改版，使《宋城千古情》在短短几年内迅速赢得市场认可，以致后来不仅很多人都知道《宋城千古情》，更知道宋城是个著名景区，也让宋城景区和景区旅游演艺互相搭车、相辅相成、相得益彰的发展模式成为旅游景区乃至文化旅游产业可持续发展的成功典范。

以大数据的统计来看，《宋城千古情》的确创造了世界演艺史上的奇迹：年演出1300余场，旺季经常每天演出10场，从2013年开始，宋城大剧院和千古情大剧院同时演出，一天可接待观众50000余人，《宋城千古情》推出20年来已累计演出20000余场，接待观众6000余万人次，是目前世界上年演出场次和观众最多的剧场演出。

5.《宋城千古情》的创作历程

《宋城千古情》创作伊始，并非有什么宏大的发展计划，只不过是为了丰富宋城景区游客的旅游娱乐内容，完成任务式的创作出一台供景区游客观看的旅游演出节目而已，难能可贵的是《宋城千古情》的创作者并没满足做一台普普通通的旅游演出，而是想方设法、挖空心思地在内容和形式上寻找赢得游客喜欢的那种旅游演出，但是，条件是有限的，可以想象，在露天舞台上能够呈现出多么有模有样的旅游演出。后来，为了给游客提供较好的观演环境，也为了能充分发挥室内剧院丰富的舞台机械和灯光、舞美手段让演出更具观赏性，更为了早日实现《宋城千古情》作为宋城景区收入增长点的战略构想，为《宋城千古情》量身打造的剧院于2003年落成。由此，剧院版的《宋城千古情》闪亮登场，演出大胆构思，演出内容丰富、演出阵容空前。总导演黄巧灵说："《宋城千古情》的创作推出，与宋城景区的'建筑为形，文化之魂'表里交融，相得益彰，在演绎历史文化的艺术创作中，始终坚持民族文化的个性，原汁原味地还原宋朝这一特定历史时期的文化情感；坚持艺术创作的个性，用宋城独特的视角表现产品的文化特征，用生动的舞台语言向观众展示景区的宋文化魅力，向观众展示这座六朝古都曾有的辉煌，向观众表达着千年历史。"

6.《宋城千古情》的成功经验

纵观《宋城千古情》的创作历程，20多年不断打磨、不断改版、不断精进不能不说是一个难能可贵的成功经验。2010年版的《宋城千古情》又将原先六幕的演出改成了《良渚之光》《宋宫宴舞》《金戈铁马》《西子传说》四个主题和尾声《魅力杭州》，主题更加集中，脉络更加清晰，并增加了流行元素和当代气息。一部艺术作品，除了极个别的经典，要想做到百看不厌是很难的；旅游演艺节目或剧目更是不容易做到，毕竟恐怕没几个游客是为了一台旅游演出而故地重游的。但《宋城千古情》似乎是做到了这一点，据不完全统计，看过好几遍《宋城千古情》的游客大有人在，恐怕除了"常看常新"的缘故，更多的则是《宋城千古情》用了十几年的时间培养了一大批忠实的拥趸、滋润了一大批生活在魅力杭州的普通百姓粉丝。正是《宋城千古情》每年都在不断改版、翻新、提升，不断从内容到形式、从形式到呈现，以满足观众的新需要和新口味。目前，《宋城千古情》已经拥有了自己的专业艺术创作团队，有关舞美、道具、灯光、服装、编导等技术人员都是宋城集团自己的骨干员工，稳定的创作团队使得创作具有极强的自我研发能力。多年来，宋城集团积极选送创作团队的核心成员到国内外学习考察，汲取国内外优秀演出的创作经验和创意亮点，并及时转化成具象的“千古情”创作思路，适时调整演出内容，以满足不同区域游客的文化需求。

7.《宋城千古情》的节目内容

序：“良渚之光”。

序，即序幕；在一般艺术表现形式与审美表达样式的舞台剧式结构里，指的是某些多幕剧置于第一幕之前的一场戏，通常交代人物的历史和人物之间的关系。《宋城千古情》的演出宣传资料上对“序”是这样介绍的：“杭州自古以来就是一片十分适合人类栖息、繁衍的乐土。早在八千到五千年前的新石器时代，断发文身的先民们就已在古越大地上创造了无比灿烂的史前文明。从跨湖桥文化到良渚文化，形成了一个又一个举世闻名的文化高峰。它们是蒙昧与文明的最初分野，也是后起的夏、商、周文明的主要构成要素，是古老东方悠久文明的前奏和第一道曙光。”当然了，这只是文字性表述。

从“良渚之光”的艺术表现形式与审美表达样式的舞台呈现上看，它所表达的是几千年前的新石器时代，先民们就已在古越大地上创造了史前文明，从跨湖桥文化到良渚文化，形成了一个又一个文化高峰。序幕伊始，出现在观众面前的是由群舞演员组成的表现原始社会起源的舞蹈段落，生活在长江下游地区的良渚先民，它们是蒙昧与文明的最初分野，也是后起的夏、商、周文明的主要构成要素，是古老东方悠久文明的前奏和第一道曙光。在先民头领或大祭司模样的领舞演员带领下，先民舞蹈愈演愈烈，舞台后端升起一个高杆和蹦床装置，一个表演“蹦床”的演员仿佛就是身怀绝技的勇敢先民，后来又呈现了三四位“蹦床”演员加入表演，导演试图用这种高难度跳跃方式的舞蹈语汇与技巧表演来表达先民们进化、进步和发展的过程。再后来则是一大段表现佛教文化进入中国融入良渚文化的故事内容，一道道鹅黄色的追光突然射在身边，身临其境的观演体验令人着实吃惊不小。做如此舞台表演呈现的目的，除了为增加节目看点、提高观演亮点外，主要是为了彰显随着佛教文化的传入，不仅丰富了当时人们的文化生活，而且对钱塘传统文化的发展也是功不可没。

第一场：“宋宫宴舞”。

同样，《宋城千古情》的演出宣传资料上对“第一场”是这样介绍的：“历史的背影刚刚远去，一个新的伟大的时代——南宋王朝已经向我们走来。南宋是中国封建经济走向鼎盛的时期，无论在经济、科技、还是文化艺术都取得了巨大的成就。都市经济和对外贸易的发展水平更是大大超越前代，居当时世界的前列。南宋时的杭州人口多达百万，是四方辐辏、万物所聚的著名大都市。市内街衢纵横，茶楼酒肆、艺场教坊林立，处处笙歌管弦，一派歌舞升平的景象。”

从“宋宫宴舞”的艺术表现形式与审美表达样式的舞台呈现上看，这一场表现的是中国封建经济走向鼎盛时期的南宋皇宫里奢侈豪华的餐宴乐舞，款款佳丽妩媚，处处笙歌管弦，八方宾朋来朝，一派歌舞升平。开场即让观众眼前一亮，只见舞台追光射向后场，一个个着装华丽的宫娥仕女从剧场后端一路向前，从观众面前款款走过鱼贯而入舞台之上，这一招演员与观众亲密接触的出场设计着实让始料未及的观众为之一振。一身新颖别致的华服，一脸活色生香的笑靥，妩媚佳丽伴着笙歌管弦，王公贵胄尽显富逸奢华。但闻头顶泛起嗦嗦声响，观众抬头回望，三位宛如天仙的异国美艳腾云驾雾般乘飞舟越顶而过，婀娜多姿且神采飞扬地飘然落上舞台。顿时舞台上充满了异域风情，八方宾朋来朝的一片祥和景象尽收眼底，此时此刻的阿拉伯肚皮舞来得似乎正是时候，甚至再来一段朝鲜族的长鼓舞观众也不会觉得别扭，毕竟这是宋宫宴舞的盛大场面，舞台上呈现什么样的乐舞意象仿佛都在情理之中，何况还有颇具中国风的传统杂技、柔术顶灯让八方来客大开眼界。一句话：宋宫宴舞要的就是一个百花齐放。

第二场：“金戈铁马”。

“东南形胜，三吴都会，钱塘自古繁华。烟柳画桥，风帘翠幕，参差十万人家。”杭州的繁华使北方的金国皇帝为之心动，公元 1127 年正月，金兵攻入汴京，俘徽钦二帝，史称“靖康之难”，宋氏被迫南渡。宋徽宗第九个儿子康王赵构，史称宋高宗，建立南宋王朝，最后定都杭州。从此黄河两岸、江淮之间的人民纷纷起兵反抗，掀起了波澜壮阔的民族战争的巨浪。岳飞，就是这时涌现出来的民族英雄。岳飞一生曾四次从军，一直奋战沙场，他率领的岳家军身经百战，收复了建康和中原的大片土地，直抵汴京！文字介绍如是说。

舞台上灯光垂暗，笙弦消逝，号角呜咽，金国南下犯宋，众将士们血战疆场，英勇杀敌。历史故事仿佛一幕幕出现在观众眼前，金兵攻入汴京，俘获徽钦二帝，宋军将帅力保幼主，惊现感人一幕。宋高宗赵构在杭州建立南宋王朝，率领军民反抗金兵。岳飞便是这一时期涌现出来的民族英雄，观众通过舞台艺术表现形式，可以看到岳飞率领岳家军身经百战，收复了建康和中原大片土地的英勇无畏。

第三场："西子传说"。

《宋城千古情》的演出解说词是这样描绘"西子传说"的："杭州为我国著名古都之一，有东海明珠之称，早在900年前就已被宋仁宗皇帝誉为"东南第一州"。悠久的历史给杭州留下了极为丰盛的名胜古迹，"淡妆浓抹总相宜"的西子湖更使杭州享有"人间天堂"的美誉。杭州，你给我们留下了多少神奇的故事、美丽的传说。

战场上的硝烟雷电散去，日清月明。舞台上姑娘们撑起了油纸伞，在霞光里舞动。天上竟然下起了雨，哗啦啦的倾泻到舞台上，观众席上方也飘起了雨雾，人们顷刻间仿佛置身于江南的烟雨朦胧之间，以歌舞演故事的全方位立体呈现，很快就将观众带入特定的故事演绎情境之中。那首《千年等一回》仿佛久久回荡耳边："千年等一回，我无悔啊。是谁在耳边，说，爱我永不变，只为这一句断肠也无怨"美丽的西子湖畔，给人们留下了多少神奇的故事、美丽的传说。一段"白蛇传"里白娘子和许仙的爱情故事，一阵"水漫金山"铺天盖地迎面而来的滔滔大水，一曲"梁山伯与祝英台"至死不渝的化蝶挽歌，留在观众心头的无疑是久久难以平静的惋惜和深深的情境带入感。

第四场："魅力杭州"。

最后一场的标题为"魅力杭州"，也是《宋城千古情》压轴节目：今天，勤劳智慧的杭州人民，书写了杭州历史上最辉煌的篇章．每年数百万游客相聚在宋城，体验杭州"东方休闲之都，生活品质之城"的无穷魅力。杭州正形成西湖观光，宋城怀古，休博园杭州乐园休闲度假游的主流旅游线路。让美丽的西子姑娘们，以曼妙的舞姿，轻盈的脚步，捧出沁人心脾的龙井茶，迎接来自五湖四海的宾朋。

"溪水清清溪水长，溪水两岸采茶忙"，一曲采茶舞曲带我们回到现代社会，采茶姑娘身背茶篓走上舞台。"魅力杭州"是《宋城千古情》压轴的最后一个场景，演出接近尾声，舞台上展现出一派生机盎然的现代气息，舞台上走下来美丽的西子姑娘，以曼妙的舞姿，轻盈的脚步，捧出沁人心脾的龙井茶迎接宾朋。当观众看得真入迷时，突然间，天空降下一把硕大的雨伞，所有人的目光似乎一时间都被舞台上的精彩迷住了，江南风情的美真的是如诗如画、如梦如幻。一台大型歌舞晚会就要结束了，到了要说再见的时候了，舞台上的全体演员一排排地出台谢幕，姑娘们手执纸伞来到观众席间告别观众。

8.《宋城千古情》的创演意义

纵观《宋城千古情》这台由序和四个场次构成的大型歌舞，不难发现，尽管整台节目由五个部分组成，但依然还是一个完整的舞台艺术作品，依然有着篇章结构的时间递进与故事渐进规律；尽管各个场次都有各不相同的内容和形式，但依然还是紧紧地围绕着“千古情”这个宏观主题，讲的依然都是发生在杭州这个魅力之城的故事。该大型歌舞集成的演出形式严格采用了篇章结构的艺术表现形式与审美表达样式，舞台呈现以场面宏大的歌舞为主体，群舞、领舞、双人舞融汇其中，并辅以杂技和技巧，如蹦床、爬杆、柔术、绸吊等，同时将富有江南特色的唯美越剧与传奇故事进行有机融合，造就了一个文化主题丰富、艺术呈现唯美、通俗易懂、老少咸宜的赏心悦目有机整体，充分展现出《宋城千古情》紧紧依托杭州和西湖，牢牢抓住杭州千年历史文脉，生动兑现“还你一千年”的“千古情”神采。

正如《宋城千古情》总导演黄巧灵所言：“如果说宋城景区寻找的是杭州文化的根，那么我们必须做出一台能够寻找杭州文化之魂的节目，去追寻钱塘自古繁华的辉煌过去，去描绘西湖的旖旎风光，去传诵缠绵千古的动人传说，将人们白天观赏到的美景、听到的故事，在晚上用歌舞的形式表现出来。”足见，是博大精深的中华灿烂文化和丰润的杭州千年文脉，赋予《宋城千古情》持久的生命力。

9.《宋城千古情》的市场绩效

《宋城千古情》自 1997 年 3 月推出以来，经过 20 多年不断改版、不断提升、不断精进已成为中国旅游演艺的著名品牌，并由此生发燃爆而集成系列。截至目前“千古情系列”已经品牌扩张到三亚、丽江、九寨沟、宁乡、宜春、张家界、桂林、西安等地，下一步还将移师上海。2016 年 5 月 18 日宋城演艺于杭州隆重举行的新闻发布会现场，除了身穿纯手工“黄金舞衣”的“千古情”女演员、身着“黄金战甲”的“树屋女孩”之外，由 1666 块 1 千克重的黄金铺就的黄金舞台和黄金墙依次亮相。至此，宋城演艺已成为全球知名的演艺集团，无论是在剧院数、座位数、演出场次等方面，还是在年观演人数、演出利润等方面，都已成为世界级企业。的确，仅《宋城千古情》一台演出，票房总收入已破百亿元，创造了世界演艺史上的奇迹。

仅 2017 年全年，宋城演艺旗下的演出总数量合计多达 15000 余场，观演的观众与游客多达 5000 余万人次，其中“千古情系列”演出多达 8000 多场，观演的游客与观众多达 3500 多万人次，创造了世界文化旅游演艺市场的五个第一：剧院数第一、座位数第一、年演出场次第一、年观众人次第一、年演出利润第一。除此之外，“千古情系列”的票房收入更是占据全国旅游演出总收入 40% 以上，以绝对优势占据中国旅游演艺票房收入半壁江山。[①] 宋城演艺董事长黄巧灵在接受证券时报副总编高峰的采访时说："原来，我们就一个《宋城千古情》，后来我们上市，融到了资金，就进行了拓展。所以用了两年左右的时间，开业了三亚、丽江、九寨三个项目。原来大家以为，我们《宋城千古情》的成功是偶然的。但是，我们用两年的时间推出三台'千古情'节目，而且全部都成功。《三亚千古情》一台节目，一年税收就达到近1亿元，利润近2亿元。这是因为我们沿用正确的导向，用真善美，用科技的手段，用一丝不苟的艺术创作精神来打造，创作出来的都是精品，而且每一个项目，每一个文化定位、形象、塑造人物都不一样。所以，丽江、三亚、九寨项目，都取得了巨大的成功。"

然而，对于主题公园类旅游演艺而言，易于生发燃爆的价值IP当为旅游演艺差异化竞争的关键，尽管宋城秉持的"实体乐园＋旅游演艺"模式，以及依靠《宋城千古情》生发燃爆的"千古情系列"近年来迅速扩张，但"千古情系列"IP过于单一无疑是阻碍可持续发展且不可忽视的隐忧，大跨度的演绎时间轴易使故事结构被碎片化切割，突破IP单一的发展瓶颈无疑是宋城必须解决的头等大事。

（二）《宋城千古情》感性评估与理性评价

1. 基于"明心见性"的感性评估

（1）《宋城千古情》的观赏性。

从观赏性的角度看《宋城千古情》的舞台呈现效果，颇具观赏性是游客观演后的普遍反映。从序：良渚之光开始，映入观众眼帘就是远古江南的生态原始与地缘质朴，舞蹈表演的赏心场面也好，技巧展现的惊心场面也罢，无不显露出创作者的良苦用心，序之后的传说故事与传奇往事虽未沿着以往编年史的演绎套路一场场接续展开，但故事的铺陈与往事的迭代依然让观赏者看得明明白白。无论是"断发文身"的先民们如何在古越大地上创造着无比灿烂的史前文明，还是"繁华鼎盛"的南宋王朝如何让中国封建经济走向辉煌的历史写真；无论是"抗金英雄"如何掀起波澜壮阔的民族战争滔天巨浪，还是"淡妆浓抹总相宜"的西子湖使杭州享有"人间天堂"的傲世美誉。用各种现代化舞美手段和灯光器材

---

① ［高管面对面］一台节目演了20多年，20000余场，《宋城千古情》为何越来越火［EB/OL］.（2018－04－17）［2020－11－23］. https：//www. sohu. com/a/228577153_119666.

营造出的华美秀丽、姹紫嫣红、如诗如画、如梦如幻的艺术氛围让人颇为赏心悦目。对于意欲身临其境的游客和观众而言，也许只能在今天的旅游演艺舞台上，才能看到被誉为“东海明珠”的三吴都会之华美秀丽不假，才能感受世人称“人间天堂”的古都杭州之赞佩美誉不虚。因而，观赏性打分可给4.5分。

（2）《宋城千古情》的通俗性。

通俗性是评价旅游演艺仅次于观赏性的主要指标，如果说游客在第一时间捕捉到的是作为观众第一感观反应的观赏性，那么通俗性就是在第一感观反应之后出现的对观演效果的实质性评判。基于《宋城千古情》已经获得了较高的观赏性评估分值，那么直面其通俗性也就是显而易见的事情。单单从白娘子、许仙、梁山伯、祝英台、岳飞，这一个个耳熟能详的历史人物依次呈现，让传说故事与传奇往事中的历史人物同观众台上台下的不期而遇，就可以看出《宋城千古情》的创作者们在通俗性方面的灵动巧思；还有断桥、白堤、岳庙、龙井，这一个个杭州人熟悉、外地游客也同样熟悉甚至刚刚游玩过、欢喜赞叹过的地方，忽然在舞台上以另一种方式重新与观赏者撞个满怀，和着或凄美动情或豪气冲天的情节，让人沉浸其中久久不能平静。那种犹如穿越时光隧道的别样感觉，时喜时悲，或惊或叹，统统沉浸到那既熟悉又陌生的历史当中。因而，通俗性打分可给4.8分。

（3）《宋城千古情》的创新性。

从《宋城千古情》的艺术表现形式与审美表达样式来看，尽管经历着“每天一小改，每月一中改，每年一大改”的不断改版、不断提升、不断精进，但从创新性的严苛角度出发，似乎创新性还不够那么给力，尽管整台演出分序和四个场次进行艺术表现形式和审美表达样式，每场都运用歌舞演故事方式和戏剧性演绎手法讲述一个动人的故事；尽管舞美、灯光、音响、服装等也都是围绕歌舞主题进行设计，并不缺乏现代表现手段和高新科技器材设备的左右支撑。但由于《宋城千古情》采取篇章结构讲故事和演故事的先天不足，使得整台没有一个贯穿始终的主题故事线索、缺乏一个故事主角的抒情动情燃情，故而舞蹈的编排略显平铺直叙，音乐的编创也略显平淡无奇，也许这其中多多少少有旅游演艺舞台上的舞蹈演员毕竟不都是专业科班的缘故，但音乐的创编不至于只有貌似华丽的旋律而缺乏乐音的神韵。如此一来，创作者力求实现的节目内容纵横千古，却因节目肌理内部的创新性不够丰满，节目与节目之间缺乏有机过渡与巧妙串联而略显流畅不够、精彩不足。既就是通过再多的各式各样技术手段营造出的所谓视听震撼和感官冲击也难免略显一般化、样式化和套路化。此外，广告宣传方面将《宋城千古情》与美国拉斯维加斯的Q秀、法国巴黎红磨坊并称“世界三大名秀”，其实是不合时宜的。“秀”并不神奇，“秀”就是表演或演艺的意思，“秀”

的标志性特征有三：比艳、耍酷、炫技。艳是美艳魅人、色艳诱人；酷是冷酷扎眼、飒酷刺眼；技是奇技惊心、险技惊魂。但上述两家的“秀”可不是一般的秀，它们的“秀”不仅是纯娱乐的，而且还是带有色情味道的，如果拿《宋城千古情》与之相提并论，真的有点儿糟践《宋城千古情》的创作者了，应该说与《宋城千古情》绝对不是一个类型。笔者认为，《宋城千古情》骨子里恐怕没有“秀”的特征，也不需要用这些东西吸引游客眼球，所谓并称“世界三大名秀”的广告宣传并非好说辞。因而，创新性打分可给 3.8 分。

（4）《宋城千古情》的艺术性。

说到旅游演艺节目或剧目的艺术性，常常能够听到有人说，旅游演艺的艺术性没必要按照舞台艺术作品那样严苛要求，毕竟旅游演艺是演给旅游者看的，有观赏性就可以了，没有必要在艺术性上追求旅游演艺的价值存在。笔者认为，此话应该一分为二来看，就旅游演艺产品而言，的确不能用舞台艺术作品的尺子度量，旅游演艺产品是为旅游消费者服务的，观赏性足够有料，足以让观赏者满意，也就算是达标的旅游演艺产品，舞台艺术作品就不一样了，艺术性始终都是衡量一部作品存在价值的主要指标。但从旅游演艺产品的质量属性上看，旅游演艺产品依然需要过得硬的质量，如果没有过得硬的产品质量，消费者迟早是会不满意的，而艺术性恰恰就是旅游演艺产品过不过得硬的质量，毕竟观赏性不是质量，通俗性也不能算是质量，只有艺术性才能撑得起质量的门面。如果将《宋城千古情》放在旅游演艺作品价值存在的天平上衡量，仍然可以依照艺术性有高低之分、程度之差、雅俗之别的不同标准予以衡量。如此一来，《宋城千古情》在艺术性方面就显得美中不足了，其实艺术性非但不制衡旅游演艺产品的观赏性和通俗性，反而会提升旅游演艺产品甚至具体到每一个节目的创作水准和艺术质量，比如“良渚之光”开场的舞蹈设计编排和音乐创作编配以及服装服饰造型处理等都还可以再精致一些、再唯美一些，老话说得好：美不美头一眼。舞台呈现用不着那么多语言文字的渲染，让眼前一亮、为之一振的艺术表现形式与审美表达样式来说话。比如“西子传说”中表现“梁山伯与祝英台”忠贞不渝同生共死最终化蝶的爱情故事时，背景大屏幕上出现的化蝶影像还不够幻化绝美，而且用不着满屏满眼的长时间做让人疲劳式的视觉冲击。再有就是那段激光中的双人舞表演，编舞手法略显粗糙，激光与舞蹈的配合略显老套。因而，艺术性打分可给 3.5 分。

（5）《宋城千古情》的技术性。

从《宋城千古情》对舞台呈现技术性的追求来看，从灯光、音响到服装、道具，从化妆造型到光影、大屏的诸多方面，基本实现了旅游演艺舞台效果呈现与环境气氛营造的有机统一，在舞台效果呈现与高新科技手段的运用方面，基本体现出功能性表达和意象化表现的技术性价值存在。特别是在 20 年不断改版、不断提升、不断精进的过程中，随着舞台呈现技术手段与高新科技器材设备的更新换代，看得出《宋城千古情》在技术性进步方面是下了大气力、做了大投入的，可以说将技术性的高与低、优与劣、时尚与传统、先进与老套同舞台呈现效果和游客观演反应紧紧联系在一起了，以恰到好处的技术性表现有效提升游客的观赏兴趣，用出神入化的技术性表达极力营造观众的氛围带入。纵观《宋城千古情》的技术性诸要素的达标与到位情况，总体上做到了创作技法有追求、表演技艺有特色、舞台灯光有想法、剧场音响有表现、舞美设计有个性、服饰道具有讲究。但从旅游演艺技术性的高与低、优与劣、时尚与传统、先进与老套等角度出发严格衡量，仍有较大提升空间，还需要再讲究一些，特别是应剔除那些不必要的过分渲染和刻意炫技，毕竟旅游演艺最终让人折服的是内容与形式的赏心悦目，而非其他。因而，技术性打分可给 4.5 分。

（6）《宋城千古情》的思想性。

从旅游演艺思想性的角度审视《宋城千古情》，不难看出这台大型歌舞已然具备了较高的思想性，首先从“良渚之光”“宋宫宴舞”“金戈铁马”“西子传说”“魅力杭州”几个场次各不相同的主题呈现来看，尽管《宋城千古情》并非通过一个完整的剧情故事来表现发生于古越大地上的“千古情”，但通过一场场对传说故事与传奇往事的舞台呈现，通过《宋城千古情》的艺术表现形式与审美表达样式，实现并完成了“给我一天，还你千年”的思想性预期。如果借用那句“越是民族的就越是世界的”来形容《宋城千古情》思想性，不难发现，极具杭州地方特色和极富古越文化蕴涵的内容与形式，恰恰是这台旅游演艺真正打动和真心满足游客心中那份深深渴望的思想根源。难怪不少看过《宋城千古情》的游客表示，每次到断桥观光游览，总是难以想象这座看似普通而冰冷的石桥，与“白蛇传”那美丽的爱情故事和“断桥”传奇有什么渊源，但当坐在宋城大剧院里观看《宋城千古情》“西子传说”中那般如诗如画、如梦如幻的动人场景，才终于使那段旷世绝美的爱情故事深深地留在了记忆之中。虽然《宋城千古情》的整场演出除了部分解说并没有一句台词，但所体现的传说故事与传奇往事的思想性，却使几乎每个游客甚至是不懂中文的外国游客也都能看得清清楚楚、明明白白。因而，思想性打分可给 4.2 分。

2. 缘于“由点到面”的理性评价

（1）《宋城千古情》的看点。

从《宋城千古情》的观演效果来看，无疑有不少看点，只不过有些看点比较显眼，而有些看点则比较含蓄，但从观赏者易于达成赏心悦目观演效果的最佳角度出发，以大型歌舞的艺术表现形式与审美表达样式全景式呈现《宋城千古情》还是比较恰当的，从开场白和大屏幕结束的那一刹那，映入眼帘的第一印象就得让观众感觉眼前一亮、顿时为之一振，尽管好看的地方并非都是看点，但在引人注目之后还能令人难忘就一定是拜看点所赐。笔者认为，《宋城千古情》看点有三处：一是序“良渚之光”开场映入观众眼帘的第一印象，当音乐响起，舞台上呈现出古越大地那些“断发文身”的先民栖息、繁衍的陌生场景，以及贵为世界遗产却鲜为人知的冲破蒙昧走向文明的良渚文化，足以令现如今的观赏者受到不同程度的感官触动甚或心灵震撼，毕竟对远古历史的主观追忆是隐含在几乎每一个现代人心里的自然反应，至于说舞台演绎的带入感能否使观赏者沉浸于追忆，看的就是艺术表现形式与审美表达样式是否功夫到家了。对于远古历史的仿真描绘与意象呈现，无疑是“千古情系列”作品屡试不爽的惯用套路，就舞台艺术创作必须具有足以吸引观众眼球的剧情设计与人物刻画而言，显然《宋城千古情》的创作者们打一开始就注意到这一点了。二是第一场“宋宫宴舞”表现南宋皇宫里奢侈豪华的餐宴乐舞，款款佳丽妩媚，处处笙歌管弦，八方宾朋来朝，一派歌舞升平，送到观众面前的不是皇宫里美女的中国式上空秀舞，就是阿拉伯美女的华艳肚皮舞、朝鲜族美女的俏丽长鼓舞，要不就是柔媚千转的杂技美女绝活惊现。爱美之心人皆有之，何况千里迢迢花钱游玩的观光游客，看在眼里留在心里的乐呵呵美滋滋正是旅游演艺看点的价值所在。三是第三场“西子传说”里白娘子与许仙“断桥相会”那一大段男女双人舞之后的“水漫金山”中的水幕喷头让整个舞台如瀑布喷流，霎时间几百吨水犹如从天而降淹没了金山寺，水花甚至可以溅到坐在前五排的观众身上。上述三个看点比较突出。看点分值可给到4.2分。

(2)《宋城千古情》的亮点。

透过《宋城千古情》几处比较突出的看点，再从观赏者的最佳观演效果上来寻找和审视亮点，同样有几处堪称亮点的地方，虽然其亮还不足以令人叫绝，但从观众看到此处依然叫好的角度出发，但凡能让观众叫好的地方无疑就算是亮点了。比如第三场“西子传说”中用激光技术刻意勾画出“梁山伯与祝英台”爱情双人舞的那一段，由长达百米的激光时空隧道在五彩灯光、冷雾的衬托下，营造出迷离梦幻的意境，为现场观演赋予了浓厚的神秘感，也为后面的“梁祝”化蝶起到了很好的情绪铺垫，引来观众不断的惊叹声。尽管激光灯已不是什么新鲜玩意儿了，但毕竟用在旷古烁今、家喻户晓、感人至深的“梁祝”身上还是足够让人情不自禁甚或潸然泪下。美中不足的是，这段激光煽情煽得有点儿稍微长了一些，双人舞的编舞手法也显老套了一些，如果能在激光与双人舞之间再找到一个出其不意的亮中亮，估计那种出神入化的惊艳感就出来了。主题公园类旅游演艺节目或剧目毕竟还是舞台艺术，使观众眼前一亮仅仅只是第一步，只有让观众为之一振且心有余悸，才说明创作者的创意打造功夫到家了。笔者认为，《宋城千古情》既然一以贯之地秉持“每天一小改，每月一中改，每年一大改”精益求精的严谨创作态度，那就不妨在细节处理特别是亮点营造上再下一番令人叫绝的功夫。亮点分值可给到 3. 8 分。

（3）《宋城千古情》的特点。

从《宋城千古情》的观演效果来看，特点集中表现在三个方面：一是牢牢抓住主题公园类旅游演艺的游客观演心理，让进入宋城景区的游客在《宋城千古情》的艺术表现形式与审美表达样式里找到心理平衡，这个心理平衡就是看过静态的景点景观，还能再次看到活态的舞台演绎，刚刚游过传说故事与传奇往事中的西湖断桥，马上又能在《宋城千古情》里看到情真真、意切切、活生生的“断桥相会”。二是紧紧盯住主题公园类旅游演艺“通俗易懂”和“老少咸宜”的消费特点，无论是“金戈铁马”，还是“西子传说”，都以老百姓耳熟能详甚或家喻户晓的传说故事与传奇往事做舞台呈现的核心内容，使得台上演的与台下看的互动性强、共鸣点多。三是常改常新，用新鲜元素吸引游客也是《宋城千古情》成为品牌项目的一大特点，更是宋城演艺集团的一大核心竞争力。1996 年宋城景区建成，为推广宋城景区，1997 年推出《宋城千古情》，1997 年至 2002 年期间，《宋城千古情》都是在露天免费表演，直到 2003 年宋城大剧院隆重落成，剧院版的《宋城千古情》得以登堂入室再行盛大启幕。至此，《宋城千古情》总导演黄巧灵所秉持的“每天一小改，每月一中改，每年一大改”常改常新模式正式开启，所以说，不断改版、不断提升、不断精进是为《宋城千古情》最大的特点。特点分值可给到 4. 5 分。

（4）《宋城千古情》的热点。

从《宋城千古情》的观演效果来看，热点是比较突出的，单从游客的现场观演反应便可窥见一斑，热点之所以比看点、亮点、特点更甚，究其原因有二：一是《宋城千古情》热点不虚，单从宋城打出的广告词：“给我一天，还你千年”便可看出其聚热的良苦用心，以游客的一天为诱引，将游客带入特定的观演情境，再以演绎的一千年为回馈，让观众情不自禁地沉浸其中；用一天的游玩时间（其实用不了一天）换取一千年的赏心悦目（其实不只是），游客自然会觉得划算甚或大赚，聚热效应必定事半功倍。二是《宋城千古情》热点不贰，自始至终紧紧围绕“千古情”这个一以贯之的主题聚热，其实“千古”只是编好故事的“梁子”，而“情”才是讲好故事的“魂神”，最终落在“千古情”肩上的就是演好故事的“真功夫”了。正如黄巧灵告诉记者的那样：“一场成功的演出，需要市场的反复打磨，以市场为演出导向。但不是说为了迎合市场，可以放弃文化，没有文化核心，最终也会失去市场。表现手段可以变，但文化核心不能变。有文化内涵才有灵魂，才能吸引观众，才能触动心灵。”的确，以文化为魂，方能使旅游演艺产品立于不败之地。热点分值可给到4.8分。

（5）《宋城千古情》的卖点。

就旅游演艺产品的卖点而言，《宋城千古情》可谓卖点繁多不愁卖不出去，此话有理有据有节，不信请看数据分析：①立足杭州名城，依托古越文化，讲“西子传说”，演“魅力杭州”；以绝对豪横的广告语“一生必看的旅游演艺”吸引游客眼球；②紧紧抓住古越历史、南宋王朝、杭州故事“三点成一线”的特定文脉传承和典型文化特征，实现了“卖景点”向“卖文化”的华丽转身；③年演出1300余场，旺季经常每天演出10场，累计接待观众6000余万人；年均产生利税4亿多元，拉动杭州周边综合消费几十亿元。笔者认为，用通俗易懂的艺术表现与老少咸宜的审美表达讲好中国故事就是《宋城千古情》最大的卖点。此外，有用心的研究者还总结出了《宋城千古情》成功的10个理由：①成功的产品定位；②成功的行业“搭便车”模式；③成功的艺术混搭产品；④成功的旅行社团队营销；⑤成功的终端市场营销；⑥成功的城市会客厅理念；⑦成功的电子营销平台；⑧成功的事件营销；⑨成功的互联网思维；⑩成功的管理模式。电器，从《宋城千古情》的观演效果来看，卖点似乎无须张扬，因为她本身就是一台直击游客“通俗易懂”和“老少咸宜”心理诉求的大型歌舞，也是一个真正投放给旅游演艺市场消费者的普惠型旅游演艺产品，不存在卖不出去的问题，因而卖点无须张扬。如果一定要以卖点来界定《宋城千古情》是否受观众欢迎，方法非常简单，只需看看她的演出场次和观演人数便一目了然。卖点分值可给到4.5分。

（6）《宋城千古情》的爆点。

从《宋城千古情》的观演效果来看，有产生爆点的机遇，但并未真正形成爆点，究其原因有二：一是《宋城千古情》的艺术表现形式与审美表达样式主打“千古情”；就“千古”两个字而言，其释义是久远的年代或具有长远存在的价值，甚至是死的婉辞，表示永别、不朽的意思。比如有“千古绝唱”“千古流传”“千古佳话”“千古英雄”“千古一帝”“千古辉煌”等或溢美或颂扬的常用词汇；而“情”字，则是万般情之总汇。《说文解字》的释义是：“情，人之阴气有欲者。从心、青声。”系念欲望如青苗萌于心边是情之范式。其本义是：外界事物所引起的喜、怒、爱、憎、哀、惧等心理状态。如：感情、情绪、情怀、情操、情谊、情义、情致、情趣、情韵、性情、情愫以及情投意合、情景交融、情真意切等。当然了，这只是“情”字的本义，还有许多的衍义不再赘言。这“千古”两个字再加上一个“情”字，意思可就大不一样了。因此，无论是“千古情”意蕴，还是“千古情”情境，如果爆点频现，显然是与观赏者的心境不搭了。二是《宋城千古情》要的是清新亮丽而不失唯美大气的观演效果和古朴庄重而不掩时尚浪漫的演绎格调，既不需要极具戏剧性的所谓观演高潮，也不适宜一惊一乍的惊艳爆点频现，只需情到深处让人感同身受，看在眼里记在心头便是情不自禁的沉浸，毕竟《宋城千古情》打动人的不是爆款而是情满。爆点分值可给到3.8分。

十二、后记

从主题公园形成与发展的动态系数上看，忆往昔，主题公园已经走过了将近70年。相比较，中国主题公园形成与发展也已经走过了差不多30个年头。同样，从旅游演艺形成与发展的动态系数上看，现如今，经过改革开放以来近40年的砥砺前行，我国旅游演艺的可持续健康发展已由行业化向产业化大踏步迈进，而主题公园类旅游演艺恰恰是伴随着中国主题公园形成与发展的脚步同频共振，无论是最早建成的深圳锦绣中华，还是后来居上的杭州宋城，再有欢乐谷、长隆、方特、横店、海昌、万达、融创等。但是，随着大张旗鼓的“文旅融合”国家文化旅游发展战略的明确提出，无论是主题公园行业，还是旅游演艺行业，同样都面临着自身的转型升级和提质增效。特别是一场突如其来的新冠肺炎疫情更加剧了转型升级和提质增效的紧迫感与使命感，不转型升级和提质增效，预示着就有可能被市场淘汰，紧迫感可谓刻不容缓；不立即转型升级和提质增效，无疑立马陷入性命攸关之境地。就主题公园行业的转型升级和提质增效而言，已经不可能再走过去简单模仿、效颦复制、生搬硬套甚至粗制滥造的主题公园开发建设的所谓“大干快上”老旧套路；对于这些个老套路市场早已通过残酷的优胜劣汰做出了自己的选择。因此，抓住有利时机，实现化危为机，方为主题公园“凤凰涅槃·浴火重生”之康庄大道。笔者始终认为，即使前进的道路有千条万条，也不能盲目乐观，只顾低头数票子，而不看前路是否适合自己前行。毕竟路与路不同，前行与前行的方式不同，路是否适合自己的脚力也大不同；尽管“脚比路长”，但路不好走，也费脚力，甚至会崴脚、摔跤、一跌不起。特别是后疫情时代的不期而遇，主题公园的内外部经营环境正在发生着或已经发生了近乎“翻天覆地”的不可逆变化，这个时候的主题公园何去何从？何以解忧？笔者提出的：“旅游演艺：主题公园提质增效强劲引擎”并非自以为是，更非虚张声势，而是根据现阶段主题公园亟待破局的客观现实，提出的一番“动议”，祭出的一方“良药”。“动议”仅仅出自于个人见解，“良药”往往苦口而利于治病。其实，旅游演艺产品并非不明就里、不谙实务者所浅见的那样非得要搞得轰轰烈烈，动辄大举投入千万亿万，旅游演艺产品可大可小、可实可虚、可实景可诗意、可唯美可浪漫，但是万变不离其宗，所谓的宗就是核心，就是原则，就是游客买账。只要能够让游客喜闻乐见、老少咸宜就是最好的旅游演艺产品供给，如果再能够雅俗共赏、尽人皆乐那就一定能赚得盆满钵满。就主题公园的转型升级和提质增效而言，旅游演艺有这个化腐朽为神奇的“特异功能”，花钱不多，效果不错。不信，你可以试试，“旅游演艺：主题公园提质增效强劲引擎”绝非虚言！

参考文献

[1] 戴斌．旅游 & 文化［M］．旅游教育出版社，2019.

[2] 吴必虎，黄潇婷．旅游学概论［M］．中国人民大学出版社，2019.

[3] 马蒂·斯克拉．造梦者——迪士尼如何点亮神奇的创意［M］．浙江人民出版社，2016.

[4] 美国迪士尼幻想工程师．幻想工程师创意术：迪士尼这样做创意［M］．北京大学出版社，2017.

[5] 陈麦池，黄成林和张静静．论旅游演艺的文化体验性与原真性［J］．旅游研究，2011（4）.

[6] 黄炜，何思，周玲．旅游演艺产品消费动机的实证研究［J］．中央民族大学学报，2014（1）.

[7] 王鹏．中国旅游演艺新时代［J］．旅游时代，2009（1）.

[8] 潘燕．旅游演艺市场潜力巨大（墙内看花）［N］．人民日报海外版，2019－11－20（7）.

游客感知视角的主题场景营造要点

刘道宏　纪　敏*

一、引言

随着中国经济的发展，国民收入的提高，交通条件的改善，民众的旅游频率不断提高，民众对游乐的品质要求也不断提高，游乐的需求日趋多元化和个性化，并促成了近20年的又一次主题公园投资建设的新高潮。根据林焕杰博士对主题公园行业的长期研究，认为主题公园的发展随着旅游产业的发展也已经历了三个时代：第一代以自然资源作为依托；第二代是各种模拟、微缩类型；第三代以都市娱乐为特征。如今，主题公园进入了第四代，其典型特征是占地面积大、科技含量高、影像逼真、景点多、内容丰富（林焕杰，2013）。同时，注重品牌和文化也成了现阶段主题公园的主要特征。目前，主题公园的发展正处在第四代的巅峰时期。

当下大多数主题公园都致力于为游客营造沉浸式体验氛围。注重文化融合、IP融入成了实现沉浸体验的主要手段，因而现阶段主题公园呈现出大量的定制游乐设备，大量建设资金用于主题包装以实现能让游客获得更好体验的主题场景。致力于让给游客在体验传统乐园的感官刺激的同时，给游客讲述一个动人的故事。

游乐是一种生产与消费同时发生的特殊产品，游客在主题公园内，消费的并不是主题公园硬件设施本身，而是参与主题活动中获得的体验，这种体验必须是

---

* 刘道宏，华强方特文化科技集团副总裁，武汉大学工商管理硕士，新西兰奥塔哥大学主题公园研究方向在读博士研究生。长期从事主题公园规划设计，对国内外先进主题公园有深入研究，擅长主题式、沉浸式主题公园和大型现代旅游度假区的规划设计。曾参与国家标准《主题公园工程技术标准》与《室内主题公园设计及建造技术规程》的起草工作。

纪敏，华强方特文化科技集团方特设计院院长助理，中山大学旅游管理在读硕士研究生，长期从事主题公园相关工作与研究，成功参与多个方特主题公园的规划设计、建设及运营。

游客参与其中才能获得。因此主题公园更像是为游客提供了一个获得体验的平台和场景，而不能直接让游客获得某种体验。由于游客的个体差异，不同的游客对同一主题场景的关注点、获得的体验感受、达到的满意度甚至游后的评价有所差异。因此，游乐体验产生于两个核心的主体：一个是主题场景，另一个是游客自身。

二、游客本身对体验的影响

获得极致体验是游客和主题公园经营者的共同期望和追求。于雨（2019）的研究认为，沉浸可以通俗理解为沉入其中，是指一段全神贯注的过程，当事人高度专注于对象，不被外界所干扰。而沉浸式体验则是游客参与其消费过程，导致他们全神贯注、浑然忘我、高度专注、达到物我同一的状态。随着虚拟现实技术的发展，有研究人员提出了知觉型沉浸的概念。知觉型沉浸关键在于及时反馈的感官体验。沉浸体验的实现过程是个复杂的心理过程，由游客的感觉和知觉共同作用下产生的。通常而言，游客接收外部的感觉刺激，通过大脑与现有的对事物的认知产生关联后，形成对事物的系统感知。梁宁建（2006）认为，感知分为感觉过程和知觉过程。感觉是知觉的基础，知觉以感觉为前提。感觉是介于生理和心理之间的活动过程，不需要或很少需要人的知识经验，因此，相同的刺激信息会引起相似的感觉。而知觉则是纯粹的心理活动，它的产生来自感觉基础上对客观事物的各种整合和解释，需要人的知识经验等主观因素的参与，不同的人对同一刺激信息可能会产生不同的知觉。由此可见，知觉是感觉的深入和发展，人对客观事物个别属性的反映越丰富、越精确，由此形成的知觉就越完整、越正确。

人的成长过程中，大脑已经形成了对世界和事物的基础认知，当通过感觉器官获得的信息与认知基本吻合时，大脑偏向于判定事物为真实的，否则容易判定为虚假的。一个场景足够逼真，游客能够从场景中获得充分的场景信息时，沉浸式的体验更容易产生。当场景的逼真程度超过游客的原有认知时，游客通常获得的体验感受更好，更容易形成深刻的记忆，获得更好的满意度，从而重游意愿更高，在个人的社交圈中展示的意愿更强烈。例如，皇家园林一定是非常精美，建筑一定是金碧辉煌的、用料考究的、做工精细的，这是大多数人对皇家园林和建筑的基本认知。四川汉中市的兴汉胜境在充分研究汉代的文化历史、汉文化底蕴、建筑规制的基础上，以考究的工艺和选材，建设了汉乐府、兴汉城市展览馆、汉人老家街等主题聚落。其营造工艺的考究、造型的精美、陈设的精致程度超过了大部分游客的原本认知，因此尽管游客理性上知道这是个仿制的皇家园林，但仍然能让游客获得良好的沉浸体验。

从游客自身角度，影响体验的重要因素是游客对事物的认知。这种认知包括了对物体的自然形态、人文文化、故事等。认知是在长期的生活学习过程中形成的，或清晰或相对模糊，且受到生活环境等外部环境的影响。学习的内容、生活环境等的差异，造成人对事物的认知产生差异。例如，在广东尤其是潮汕地区，鹅肉是公认的美食，但在闽西部分地区，鹅肉是丧事常用的祭品，因而使人对鹅肉产生心理的抵触。再比如竹子，在赣南地区，人们首先想到的大概是碗口粗、十几米高的毛竹，而在北京，人们大概率首先想到的是 2 米左右高的罗汉竹，这就是地域差异导致的人们对竹子的认知差异。

人的感觉系统包括视觉、听觉、触知觉、嗅觉、味觉，和知觉不同的是，人的感觉器官基本一致。抛开生理损伤因素外，人感觉系统的差异并不会导致游客体验的本质差异，某些人对某些气味、色彩的好恶，并不是由感觉系统决定的，而是知觉系统在发挥更重要的作用。从接收的信息量角度，视觉系统发挥着核心作用，人接收到的外部信息中至少有 80% 都经视觉获得。因此视觉环境的营造是主题场景的重点，从目前主题公园建设中，很大部分的投资进入了营造视觉环境场景中。

三、营造主题场景的要点

如何营造更有利于游客产生沉浸体验的主题场景，是主题公园行业从业者和学术界孜孜不倦的追求。从游客感知角度，以分析目标游客的自身特性为基础，处理好游客和场景的内在联系，有利于更有针对性地设计建设主题场景。从眼科感知视角，建议做好以下三点：

（1）选择合适的目标客群并提炼匹配的场景题材。

在如今这个体验时代，工业化商品对顾客的需求往往进行了精细深入的分析研究，并提炼出了对每个小众细分市场的个性化需求，针对性地开发个性化的产品，占领每一个小众细分市场并满足他们的需求。但主题公园并不能完全照搬这个策略。主题公园需要高额资金投入，从商业角度需要大客流量支撑其经营，与工业化实物消费品相比，难以实现满足每个小众细分市场的个性化的要求，因而主题公园产品需要有很强地对游客的适应性和包容性。尽管如此，仍然需要对目标客群进行合理的筛选和分析，并提炼目标客群的共性特征、需求和偏好。这也就意味着，一个主题场景难以满足全部游客的审美和体验需求，只能解决部分游客的需求，使部分游客产生良好的体验。但由于一个主题公园中往往有多个主题区，主题区之间也需要形成目标客群的差异化，从而实现整个公园能够满足全部目标客群的需求。

目标客群的选择是一个复杂的课题，近几年学术界对旅游客群做了充分的研究，已经就游客的社会阶层、地域等维度上形成了一些共性的认识。主流意见认为从阶层维度，中层及中上层阶群是主题公园主要消费群体，主题公园的建设与经营要适应中上阶层群体的生活方式、知识素养、心理素质与消费水平的需要，但也应兼顾中下阶层群体的需求，因为这也是个庞大的、在特定情况下的重要潜在客群之一。在地域方面，城市群是中国主题公园的主要客源产出地，城市居民是主题公园的主要客源群体。其主要原因是主题公园的高投资，高消费决定了其目标客群是人均收入较高、消费能力旺盛的城市居民。国内成功的主题公园无一不是坐落在大中城市群或城市带上。此外，家庭游客和亲子游客成了旅游的中坚力量，也成了行业的共识。制造欢乐是主题公园的根本特点，人们在欢乐中益智健身、放松身心。而这种欢乐在与亲友同游中可以升华为更好的感受与体验。

由于游客的认知是决定体验的重要因素，因此仅仅从社会阶层和地域等宏观维度分析游客的诉求并不精准。游客的认识往往和他的年龄、教育背景、成长环境、文化偏好等有紧密的关系。增加这些维度的分析，能在选择场景主题时更有针对性。例如 20 世纪 70 年代出生的人，往往对国产动画和美国的动画比较熟悉，而 80 年代出生的人大概率上对日本的动画比较喜欢。东南沿海城市，如福建沿海居民，由于华侨较多，对部分西方文化，如建筑文化等比较容易接受；而四川盆地的居民，由于地理条件，汉文化保存较好，对中国古代服饰文化接受度较高。

在场景主题选择的时候，还需要注重目标客群对主题的认知深度。通常而言，人们往往对自己完全陌生的领域和主题难以产生足够的兴趣，兴趣都是来源于有一定的认识，但认知深度不足产生的探索欲望。当游客对故事和场景缺乏必备的知识储备时，体验将仅仅来自感觉，体验的效果将会打折扣。如欧洲乐园苏联主题区场景中，巨大的按真实比例还原复制的巨型雷达，给游客一种真实震撼的视觉冲击，并让游客感受到苏联强大的军事力量。但如果游客是对苏联的军事设施没有必要相关信息的了解，那么他很可能的感觉就是一个形体很震撼的钢结构造型，甚至不会把它和军事雷达联系起来。

（2）管理好游客的视野。

视觉是通过视觉系统的外周感觉器官（眼）接受外界环境中一定频率范围内

的电磁波刺激，经中枢有关部分进行编码加工和分析后获得的主观感觉。人体中用于处理视觉的神经元占据总感觉神经元总数的 80% 以上，视觉由眼睛、视神经接收信息并传入大脑形成。眼睛是接收视觉刺激的器官，研究表明，单眼的视角大约 156 度，双眼重合视域约 124 度，这指的是能感知到的角度，但实际上人的最大清晰水平视野仅仅约 52 度，也就是视觉的绝大部分信息来自清晰视野的 52 度以内。52 度以外往往只能模糊感知到物体的运动。IMAX 巨幕影院就是利用人类眼睛的视域特征，将观众的最小水平视角控制在 52 度以上，保证银幕的画面超出绝大多数观众的清晰视野，以获得更好的临场感。

但人的清晰视野是个动态的范围，理论上 52 度是清晰视野的最大值，清晰视野会随着人的注意力提高而缩小，通常认为高度集中时会缩小到 25 度甚至更小，这时次要视野也会随着扩大。在我们欣赏一幅画作时，往往首先会调动视觉神经，将整幅画纳入清晰视野中，先形成一个对作品的完整印象，然后逐步深入，关注画中的局部，甚至是画中某个人的面部表情，这就是人的清晰视野的逐步缩小过程。但这个过程需要持续专注于画作，且需要时间去完成这个过程。这就可以解释，人为什么在长时间观看电视时，尽管画面的尺寸并不能完全覆盖人的视野甚至不能覆盖清晰视野，但随着时间的推移，人会逐步对电视机周边的物体甚至电视机本身视而不见，深度沉浸于画面当中。

对于游客在主题场景中的视觉感受，优势在于游客置身于场景之中，而不是在场景之外看景，从这个角度上，实物的主题场景有利于让游客快速沉浸其中。但由于游客在场景中往往处于不停的运动状态，包括在场景中行走，头部和眼睛在不停地转动，所有游客的视野处于持续的变化过程，这使得主题公园中对视野的管理变得非常复杂，不确定性很大。在游玩过程中，游客难以像看书、看画、看电视时那样保持理性的专注，允许游客完成由不专注到专注，清晰视野由大到小的缩小过程的时间很短。在这种条件下，让场景极大地充满游客的视野成了最佳选择，这就要求我们在营造主题场景时，视野范围内的所有景物都是和谐的、统一的，都是和主题紧密相关的。这时如果出现了与主题不相关的，甚至是违背的事物，就会破坏场景的真实感，使游客脱离沉浸体验。在视野管理方面，迪士尼乐园在行业中是做到了极致的典范。为了做好视野管理，迪士尼乐园的选址往往避开了可能会造成不良视野的城市城区，利用大量的土地、绿化做好视线隔离以确保游客视野内景物的和谐统一。我国香港迪士尼乐园为了避免香港机场起降的飞机进入游客的视野，破坏游客的体验感受，甚至协调香港机场调整了飞机的起降航线。

（3）保证场景的仿真度。

场景的仿真度，是能否让游客产生沉浸体验的另一个重要因素。对于人造场景而言，游客在理性上已经首先有了“这不是真的”的认识，从感性上，我们有需要让游客说服自己，这是真的。这就是人造场景的最大难题。近些年，国内外相关从业者在景观场景、游乐设施的动感仿真程度、影像的精细度、声场、气味等方面不断地进行探索，和第三代主题公园相比，已经取得了巨大的进步。由于提高场景真实度的手段和措施越来越多，这些措施都会提高游客感知的场景真实度。而从视觉角度，场景的尺度比例、肌理的精细程度、材质等都会影响游客对场景的真实度评价，本文主要从场景的时间设定、地理位置和细节肌理对视觉效果的真实性影响上，谈谈个人的见解。

从游客感知角度，为了达到场景的视觉真实性，我们首先需要帮游客解决“这是什么时候?”和“我在哪里?”这两个问题。这也是场景设定的两个最基本的问题。“我在哪里?”是让游客感受所处的地点问题，这是主题场景设计的重点，近几年国内在这方面发展很快，场景与故事的融合越来越好。在设定场景时，首先确实需要对场景故事的发生时期的文化背景、建造水平、材料选择偏好、工艺品陈设等做好深入仔细的研究，否则很容易出现场景不真实的现象。也就是比如营造一个新中国成立初期的乡村民宅场景时，夯土墙、粗犷的木质门窗、垒土灶台、八仙桌等陈设可能是较好的选择。

“这是什么时候?”是要解决场景的时间设定，这是故事的重要因素，但也是场景设计时容易忽视的问题，解决不好这个问题，会让游客造成时间上的错乱，进而影响游客沉浸感受。例如当我们营造一个古代的场景时，就存在了两个时间选择：一个是游客感知时间定位现在，另一个是游客感知时间定位古代。当我们选择时间是现在时，对于游客来讲，是我在现在欣赏古迹，场景对于游客来讲，是个古迹或者遗迹，场景要做出年代感，充分体现时间的印迹，这时穿现代服装的服务员，增设的现代的监控摄像头、音响都是符合逻辑的。但如果选择时间是古代时，让游客的体验感受时间穿越回到古代，场景应是相对较新的，没有太多时间的印迹，如果出现现代设施那就不符合逻辑，影响我们期望的游客体验。

场景的真实性的第三个问题是制作精度问题。还原场景中景物的真实精度，更容易让游客感性上认为这是真的，对游客能否产生沉浸体验发挥着重要的作用。早期国内部分主题公园中景物的精度不足问题比较普遍，其原因可能是投资强度不足或者是对景物固有的肌理研究不足等。比较典型的是仿真塑石，由于缺乏肌理，很难让游客相信那个就是石头。从投资角度，所有的景物都按真实物体的固有肌理完全还原并不是个经济的做法。充分利用人眼的最小分辨视角，合理简化精度，能达到更好的性价比。赵凤奎（2008）研究表明，人眼的最小分辨视角为一分（即 1/60 度），超过这个视角的精细肌理，人眼并不能感知到。根据这个研究成果，可以利用游客的观赏距离计算出需要的肌理精度。当然，人眼的分辨能力还和物体的亮度和对比度有很大的关系，当对比度较小、亮度较低时，场景的肌理精度还可以进一步优化折减，尤其是室内场景时，应当充分考虑亮度和对比度的影响。

四、结语

在人人追求体验的时代，主题公园是追求体验的“领头羊”，要真正实现游客浑然忘我的沉浸体验，主题场景营造方面还有很多的研究和探索空间。本文从体验的产生主体，即游客的视角，以游客感知原理出发，从目标客群特质与主题场景的内在联系，游客的视野管理和场景的仿真度三个方面探讨主题场景营造的思考思路，探讨获得更好游客体验的主题场景设计的新路径。由于时间原因，本文的一些数据可能并不精准，观点逻辑不是非常严谨，且并未对场景仿真度的影响因素进行定量研究分析。

参考文献

[1] 陈口丹．乡村旅游中沉浸式体验设计策略——联合梯田农耕文化挖掘启示［J］．四川旅游学院学报，2020（1）．

[2] 王蕾，张林，石天旭．IP 沉浸体验：主题乐园发展新路径［J］．出版发行研究，2019（2）．

[3] 唐绒．山地滑雪旅游者畅爽体验、积极情绪与游客忠诚研究［D］．长沙：湖南师范大学，2016．

[4] 涂宗豫．超凡体验——IMAX 商业巨幕影厅设计探析［J］．建筑技艺，2010（Z2）．

[5] 祁乐瑛，梁宁建．场依存性——独立性认知方式对心理旋转的影响［J］．心理科学，2009，32（2）．

[6] 赵凤奎．人眼的最小分辨视角［J］．唐山师范学院学报，2008（5）．

沉浸式体验在主题公园中的应用与创新

郭梅君*

中国沉浸产业发展方兴未艾，即将迎来黄金发展期，文旅产业是沉浸式体验应用的最大场域，其中主题公园堪称“头号玩家”。沉浸式是一个深受年轻人喜爱和最容易激发想象力的产业群组，新兴沉浸技术与打破“第四堵墙”的沉浸式叙事相结合，正在创造下一代主题娱乐的新业态与新模式。全球主题公园市场规模巨大，体验与产品的沉浸化趋势加速。经过数十年的市场探索与发展，中国主题公园正进入建设与转型发展的快车道，沉浸式体验从主题、业态、体验、消费各方面正在进一步赋能主题公园。沉浸式体验的广度和深度与乐园主题、IP 场景、主题演艺和科技应用四大要素息息相关。美国永恒乐园、星球大战、法国狂人国的前沿实践探索，代表着未来主题公园全域沉浸的发展趋势，对国内主题公园发展具有借鉴意义。本文提出打造沉浸式主题公园的“沉浸五步法”，即围绕主题或 IP 进行故事构建，提炼 IP 核心价值并转化为沉浸式体验，以沉浸式叙事方法来驱动游客主动参与的探索历程，应用沉浸技术与智能环境创造出一个“超现实幻境”，提升商业主题化与消费场景化的运营能力。“活进故事里”的沉浸式叙事为体验内容创意与制作提供不同于传统的叙事范式与创作方法。疫后文旅复苏的软硬件投资、城市夜经济发展、市场对沉浸体验内容的需求升温，都给沉浸产业与主题公园融合发展提供了难得机会。但挑战与机遇并存，沉浸式体验的产业化应用需要构建起一个良好健康的产业生态圈，从数字内容、技术研发、智能装备、营商环境等各个层面进行研发创新与机制变革，一个国家和一个城市才能在沉浸产业领域获得创新优势与综合竞争力。

---

* 郭梅君，产业经济学博士，中国主题公园研究院研究员、学术委员会执行主任，加拿大魔方文化公司首席执行官（CEO）、中英合资智酷文创公司合伙人，世界城市文化论坛顾问，利物浦大学研究员，上海交通大学海外教育学院主题公园研究所专家，新西兰奥塔哥大学商学院工商管理博士（DBA）导师。擅长将产业资源、商业模式、国际 IP、人才战略融入文旅目的地与城市经济发展中。曾任国家文化科技创新服务联盟轮值主席、华山创学院院长、上海戏剧学院艺术管理系主任。

一、前言

近几年，与“沉浸式”相关的新兴业态如雨后春笋般出现，应用场景也在不断扩大着产业边界，其中文旅产业是沉浸式体验应用的最大场域，也是行业竞技的最长赛道。据不完全统计，沉浸式已经渗透了近4000亿的线下娱乐市场的各个场景中，体验产品从最为集中的主题公园/主题型乐园，到休闲产业、旅游景区、文化空间、商业地产等各个领域，小到网红打卡点、密室项目，大到沉浸式主题公园、全域沉浸目的地。

在整个沉浸式娱乐产业版图中，从经济价值到业态综合性，主题公园无疑是沉浸式体验场景的“头号玩家”。而主题公园人气爆棚的项目有一个共同方程式——创造IP植入与科技赋能的沉浸式极致体验。

2019年，AECOM联合主题娱乐协会（TEA）共同发布了《2018全球主题公园和博物馆报告》[①]，报告显示，2018年，全球十大主题公园集团的游客总量有史以来首次超过5亿人次，相当于全球人口的7%，并且这一数字还在持续增长。报告认为，纵观全球2018年主题公园的发展策略，利用IP、沉浸式体验与园区扩张保持竞争优势，成为三大核心能力。2020年8月，AECOM与TEA又发布了《2019全球主题公园和博物馆报告》[②]，报告显示，随着2020年全球新冠肺炎疫情的爆发，各地主题公园/乐园和博物馆都受到了不同程度的影响，全球游客量何时能恢复到疫情前水平仍未知。但行业本身具有强大的创造力和适应能力，不少运营商也已经通过创新的运营手段迅速应对。

在过去几年里，主题公园巨头环球影城和迪士尼相继推出数个“引爆级”主题景区，比如迪士尼的“潘多拉：阿凡达世界”、“星球大战：银河边缘”以及“反抗军崛起”游乐项目，迪拜IMG冒险世界的“漫威世界”，环球影城的“哈利·波特：魔法世界”等游乐项目，各巨头围绕超级IP重构体验、整体商业开发的行业实践，为主题公园乃至沉浸式娱乐行业的创新发展设定的新的典范。在国内，主题公园沉浸化趋势的脚步亦不落后，中华恐龙园的“恐龙基因研究中心”、华强方特“熊出没”乐园、北京欢乐谷“甜品王国”等新开发项目推出，开启了沉浸式文化旅游新时代。

---

① AECOM，TEA. 2018全球主题公园和博物馆报告［EB/OL］. https：//aecom. com/theme-index/.
② AECOM，TEA. 2019全球主题公园和博物馆报告［EB/OL］. https：//aecom. com/theme-index/.

2020 年，一场席卷全球的新冠肺炎疫情让包括主题公园在内的全球旅游产业受到重创。主题公园的龙头老大华特迪士尼公司公布的财报显示，“2020 财年第二财季的总营收 180 亿美元，同比上涨 21%；净利润为 4.75 亿美元，去年同期为 54.31 亿美元，同比下降 91%。”迪士尼第三财季亏损近 50 亿美元①。据中国主题公园研究院数据显示，疫情期间，全国 339 家主题公园、1736 家游乐园，327 家水上乐园、89 家动物园关闭数月②，经济损失严重。

文旅复苏路上，受到疫情冲击的文化旅游行业面临着渡过难关、重整旗鼓和恢复消费者信心的重重挑战。疫后新常态之下，市场考验的不仅是文旅项目的产品迭代速度与模式创新的领先度，市场也在考验着沉浸式赛道上的从业者把握趋势的明锐度和行动力！因而，主题公园在打造沉浸式娱乐项目时，在主题构建、IP 植入、开发模式、体验设计、故事叙述、前沿技术和商业运营等各方面都需要做好前瞻性的顶层设计以及与时俱进的迭代创新。

二、沉浸式体验与相关概念

近几年来，沉浸式体验、沉浸式演艺、沉浸式技术、沉浸式娱乐等关于“沉浸”及“沉浸式”的相关概念成为网络热搜关键词，文旅产业不论是新建项目还是转型提升项目，沉浸式体验的场景应用无疑成为重要的业态选择与投资方向。

全球沉浸产业从 2011 年兴起，到 2020 年也就不到十年时间。相比于主题公园、现场娱乐和电影这些成熟产业，沉浸式体验还属于新兴事物，对它的内涵和外延还没有一个公认的定义。

（一）沉浸式体验的概念

沉浸式体验（immersive experience），也叫沉醉感，指个体将精力全部投注到某种活动当中以至于无视外物的存在，甚至忘我的状态，它是个体体验到的一种积极感受，这种感受能给人以充实感、兴奋感和幸福感（Csilszentmihaiyi，1975）。

---

① The Walt Disney Company Reports. Second Quarter and Six Months Earning for Fiscal 2020 [R/OL]. (2020 - 05 - 05) [2020 - 11 - 23] https://thewaltdisneycompany.com/app/uploads/2020/05/q2 - fy20 - earnings.pdf.

② 中国主题公园研究院：2020 年 Q1 中国主题公园收入损失 80% [EB/OL].(2020 - 04 - 16) [2020 - 11 - 24]. https://tech.sina.com.cn/roll/2020 - 04 - 16/doc-iircuyvh8193976.shtml.

文化学者花建认为，“沉浸式体验是当前文化与科技融合所形成的一种新型业态。它在先进科技成果的推动下，发展成为集硬件设备、软件内容等于一体的包裹型、多感官、即时型、可控型的体验系统①”。

沉浸产业先锋者、沉浸世界创造者“幻境”为沉浸式体验给出了一个定义，即“通过各类个性化模拟，包括带入式情景、多感官包围、互动型叙事、社交需求实现和自我发现等方式创造出一个魔法圈，让参与的消费者能瞬间脱离现实环境，浸入到如同电影、游戏或梦境般的情境中，从而产生持续的临场愉悦感，并最终成为或成就梦想中的自我②”。

沉浸式体验就是让人专注于当前的目标情境下感到愉悦和满足，进而忘却真实世界的情境。沉浸式体验，既包括人的感官体验，又包括人的认知体验。而事实证明，沉浸式体验的活动才能创造最令人投入的心流，引发感官和认知体验的共鸣。

在文化娱乐产业的语境下，“沉浸式体验”定义了从交互性文化创意作品中所获取的体验。它通过多方位、全角度地调动参与者的注意力，来创建前所未有的亲密度和联系感，从本质上改变观演的互动关系。

受众认知的沉浸式体验因文化背景、行为方式和地域差异会有所差异。北美受众认为的沉浸式体验应当具有：互动感、叙事感、私密感③。根据幻境对于沉浸体验全网评论的大数据分析，中国本土受众认为的沉浸式体验应当具有：游戏性、故事性、艺术感。其中，艺术感的含义为消费者体验过程或过后在社交媒体传播照片、短视频内容的艺术感。从 2019 年上海交大文创学院沉浸式产业研究项目的受众调研结果来看，超过半数（51.2%）的目标受众认为，主题公园是沉浸式产业的主要类型。这个研判具有一定主观性，与产业分布的客观数据不完全一致，但这个受众认知程度反映一个指向，就是主题公园与沉浸式体验相关度最高。

（二）沉浸式娱乐概念

“沉浸式娱乐”（immersive entertainment）是指主要指通过多方位、全角度调

---

① 花建，陈清荷．沉浸式体验：文化与科技融合的新业态［J］．上海财政大学学报，2019（5）：18－32.

② 幻境．2020 中国沉浸产业发展白皮书［R/OL］．www.illuthion.com.

③ Interactive，Intimate，Experiential：The Impact of Immersive Design. 2019 Immersive Design Industry Annual Report［R/OL］．https：//immersivedesignsummit.com/2019industryreport.pdf.

动参与者的注意力来建立和创造一种前所未有的参与感和联系感，是从本质上改变参与者与作品内容互动方式的娱乐形式。本文所指的沉浸式娱乐是指重体验、多人交互、参与性强的线下娱乐形式。

沉浸式娱乐产品通过舞美、音乐、灯光、表演和（或）科技来达成环绕效果，使参与者处于被环绕的环境之中，为受众提供一个主动的角色设定，沉浸式娱乐产品致力于在故事设定内为参与者提供一种“临场感”，且这种临场感通常是有意义的，目的是为参与者们提供“迷失”在故事中的产品效果。

本文的沉浸式娱乐并不包括音乐节/音乐会、传统电影、戏剧演出等艺术形式，和游戏、电视等家庭娱乐。

（三）沉浸式体验的类别

目前，沉浸式体验主要应用在展览展陈、实景娱乐、商业地产和文化旅游等方面。据幻境《2020中国沉浸产业发展白皮书》显示，2019年中国沉浸产业总产值达48.2亿元，具备互动感、叙事感和社交氛围的沉浸式消费体验持续爆红。2019年中国沉浸产业总产值为48.2亿元人民币，共有1100个项目，分布在12个细分产业、34种业态类别。

（1）沉浸式新媒体艺术展：以日本TeamLab的《无界》《花舞森林》为代表，利用数字技术和交互设计拓展艺术表现形式，通过环境体验和多通道交互模式，引领观众沉浸在融科技与艺术、虚拟与现实、感性与理性、观众与作品为一体的艺术展中，给观众带来了极致的沉浸式体验和艺术美感。

（2）沉浸式戏剧：以《不眠之夜》、孟京辉的《死水边的美人鱼》《爱丽丝冒险奇遇记》为代表。沉浸式戏剧的特点可以概括为：模拟真实环境的空间设计，观众体验的主动性、互动性、多感观体验。

（3）沉浸式旅游演艺：以《又见平遥》为代表，故事创意、高科技应用和观演关系重置的沉浸式演艺将是旅游实景演艺的迭代产品，利用情境、角色、气氛、节奏等设计来让观众主动去探索和发现，在流动的时空历程中，获得属于个人的独特体验。

（4）沉浸式主题娱乐：以《惊魂密境》沉浸式密室、《触电·鬼吹灯》沉浸式娱乐为代表。通过紧张生动的剧情演绎与游客互动创造出惊心动魄、幻真奇趣的沉浸体验。

（5）沉浸式夜游：以加拿大时光工厂（Moment Factory）打造的LUMINA“流光森林”夜游系列、日本TeamLab打造的御船山公园夜游为代表。

（6）沉浸式酒店：代表项目有迪士尼乐园为“星球大战”乐园配套的“星球战舰”主题酒店，入住时游客便化身成为一位星际公民，穿上指定的制服，并获得属于他的任务和故事线。

（7）沉浸式综合体：国际上以美国拉斯维加斯“15 区”（AREA5）沉浸式娱乐活动综合体为代表，国内以北京 SKP－S 商业综合体为代表。运用类主题公园的构建逻辑，对商业空间进行定制化的整体设计，主题、场景、剧情、装置等将零售商业转型为沉浸式体验场景。

早在 1955 年，华特·迪士尼就定义了迪士尼乐园是一个“细节丰富并使人完全浸没的娱乐场景”。基于主题公园自带沉浸的属性，本文未将主题公园纳入沉浸式体验的类别中。

（四）沉浸式体验的场景应用

沉浸式体验以大量的技术集成、快速的内容更新、广阔的市场应用，成为文化与科技融合创新的强大引擎和前沿领域，并且展示出日益广阔的应用前景（花建，2019）。

沉浸式体验的场景应用取决于艺术与科技的多元融合与跨界协作。因而，从艺术与科技哪个发挥更为重要作用的角度看，沉浸式体验的场景应用可分为两大阵营。

一是艺术主导型的实验戏剧场景体验。即以沉浸式戏剧为代表，打破“第四堵墙”的隐喻，观众与作品融为一体，常常感觉到自己是作品的一部分，而不仅仅只是旁观者。代表项目有：《不眠之夜 Sleep No More》《秘密影院 Secret Cinema》《了不起的盖茨比》《西部世界》等。

美国 HBO 为西南偏南艺术节（South by Southwest）在德州奥斯汀（Austin）打造了一个限时限人体验的《西部世界》乐园（非永久），真实还原电视剧场景。这 90 分钟现实版沉浸式体验的背后，是 60 名演员、6 名特技演员、五支乐队、5 匹来自本地的马的配合，以及长达 440 页的剧本支持。

二是科技驱动型的数字虚拟娱乐体验。即应用科技手段实现沉浸式的体验。通过多媒体、装置艺术、算法影像、投影互动、VR/AR/MR 等技术，把实体空间塑造成异次元，让观众沉迷于场景中。代表项目有：美国的 THE VOID 主题公园的“星球大战：帝国的秘密”超现实体验、日本东京涩谷 Tyffonium Shibuya 混合现实（MR）主题公园等。

（五）沉浸技术的概念

沉浸技术从硬件上或是软件上对创建和提升沉浸式体验非常重要。在过去几年里，沉浸技术在技术功能、创造力和应用性方面取得了令人叹为观止的进步。

“沉浸技术”（immersive technology）一词指的是通过创造360度空间来取代或扩展物理世界的技术，允许用户朝任何方向观看内容。它可以采取多种形式，从封闭现实生活空间的虚拟现实到在物理世界上叠加一层数字内容的增强现实①。

维基百科（Wikipedia）对沉浸技术的定义是这样的：沉浸技术是指试图通过数字或模拟世界的手段，通过创造一个环绕的感官世界来模拟物理世界的一种技术，从而产生一种沉浸感。沉浸式技术实现了混合现实；它是虚拟现实和增强现实的结合，也是物理世界和数字世界的融合②。

沉浸技术最常见的是虚拟现实（VR）和增强现实（AR），混合现实应用越来越受关注。此外，还有全息投影、360度视频、裸眼3D技术等。

（1）扩展现实。

扩展现实（extended reality，XR）是VR、AR和MR的总括术语，以及此类技术可能带来的所有未来现实，XR涵盖了真实和虚拟环境的全谱。XR是指由计算机技术和可穿戴设备产生的所有真实和虚拟的组合环境和人机互动，包括将物理世界和虚拟世界融合为一体的生成环境，以及为用户创造的完全沉浸式体验的虚拟世界。

（2）增强现实。

增强现实（augmented reality，AR）是一种真实世界环境中的互动体验，其中在真实世界中的物体因计算机生成的感知信息而被“增强”了。AR不是一个新的现实，而是在你所见基础上叠加了一层。AR不是让用户沉浸其中，而是依靠一个设备（通常是手机或平板电脑中的摄像头）将数字图像和声音覆盖到真实的环境中。常见应用就有AR游戏Pokemon Go（口袋妖怪APP），Snapchat滤镜。

（3）虚拟现实。

虚拟现实（virtual reality，VR）是在模拟环境中进行的交互式计算机生成的

---

① Immersive technology and how it could transform the way we do business［EB/OL］.（2020-07-09）［2020-11-20］. https：//www. immersivelearning. news/2020/07/09/immersive-technology-and-how-it-could-transform-the-way-we-do-business/.

② Tiffany Lam. How immersive technologies（AR/VR）will reform the human experience［EB/OL］.［2019-11-22］. http：//www. ted. com.

体验，也被称为计算机模拟现实。它主要包括听觉和视觉反馈，但也可能允许其他类型的感官反馈。VR 应用程序使用头戴式显示设备（通常称为 VR 眼镜）让用户完全沉浸在计算机模拟出来的虚拟世界之中，VR 可穿戴设备能产生逼真的声音和图像，让所有感官都参与进来，创造出一个互动的虚拟世界。虚拟现实 VR 是让用户沉浸在一个完全虚拟的世界中的一种方式。一个真正的虚拟现实环境将涉及所有五种感官（味觉、视觉、嗅觉、触觉、声音），尽管很多时候很难全部做到五感沉浸。

（4）混合现实。

混合现实（mixed reality，MR）介于 VR 与 AR 之间。混合现实 MR 是真实世界和虚拟世界的融合，创造了物理空间和数字对象共存并可以实时交互的新环境和可视化效果。混合现实 MR 意味着把新的图像放在一个真实的空间中，这样新的图像就能够在某种程度上与我们所知道的物理世界中的真实事物进行互动。MR 的一个关键特性就是合成内容和真实内容能够实时地相互作用。与 AR 一样，MR 在真实环境中覆盖合成内容。而且，和 VR 一样，这些内容是交互式的，用户可以在他们的物理空间中操纵数字对象。微软将 MR 作为 HoloLens AR 产品的补充，旁观者视图 App 为用户实时提供了 HoloLens 用户及其 AR 内容的第三方视角。

三、沉浸产业的发展与前景

无论是全球版图，还是中国市场，沉浸产业正处于炙手可热的“黄金”增长期，机遇与挑战并存。英特尔公司的有关专家指出：沉浸式体验的研究和开发，将驱动整个世界发生深刻、快速、令人惊叹的变革①。

（一）全球沉浸产业的发展前景

2019 年，全球沉浸产业得到了快速发展，项目数量增至 8058 个（截至 2019 年 12 月 10 日的不完全统计），包含 12 大细分行业及 258 种沉浸式业态。根据 No Proscenium 的统计，仅 2019 年内，仅统计地域范围内就出现了至少 755 部全新的沉浸式体验作品。NeXT SCENE 发布的《2020 全球沉浸式设计产业发展白皮书》

---

① 英特尔公司副总裁兼客户端计算事业部总经理格雷戈里·布莱恩特（Gregory Bryant）在 2017 年中国台北国际电脑展（Computex 2017）的开幕主题演讲《Computex：英特尔构建沉浸式、个性化的智能互联》。

研究显示，沉浸式娱乐产业价值 2018 年约为 497 亿美元，2019 年跃升到 618 亿美元；其中主题公园价值 2018 年为 452 亿美元，2019 年为 520 亿美元，行业整体发展速度超过 24%。仅过一年，主题公园产业价值就增加了 68 亿美元。幻境通过加权求和方式测算提出，2019 年全球沉浸产业的总产值为 51.9 亿美元[①]。

全球沉浸产业的发展前景呈现几个特点：

（1）全球沉浸产业规模巨大。

截至 2018 年，沉浸娱乐产业在去全球范围内已超过 45 亿美元（截至 2018 年底），加上 452 亿美元的主题公园产业，全球沉浸产业的市场规模达近 500 亿美元，远超过 411 亿美元的全球票房收入的电影产业。

（2）沉浸产业的从业者社群不断壮大。

过去五年，沉浸式体验设计公司保持平均每年 20% 的增长，仅 2018 年北美地区就有 700 个新的沉浸式项目面世。沉浸产业跨界融合的属性吸引着寻求突破边界的各类创新企业与创新人才投入沉浸项目的先锋探索。

（3）跨界合作和艺术科技融合趋势催生了沉浸式体验模式的不断创新与迭代。

近三年，与“沉浸式”相关的新兴业态如雨后春笋般出现，应用场景也在不断扩大着产业边界，其中文旅产业是沉浸式体验应用的最大场域，也是行业竞技的最长赛道。市场考验从业者的不仅是推出的沉浸项目谁最新、谁最快，还考验着谁在赛道上跑得远、赢到最后！

（二）中国沉浸产业的发展前景

沉浸产业发端于 2013 年，以《又见平遥》为标志，2016 年被誉为“中国沉浸式娱乐爆发元年”是因为沉浸式戏剧《不眠之夜》在上海开演，成为行业标杆。沉浸产业在中国从萌芽到爆发，仅经历了七年的发展时间。沉浸式体验从“舶来品”到逐渐进入文旅项目新建开发类“标配”，经历了 2017 ~ 2019 年爆发式的增长，幻境的《2020 中国沉浸产业白皮书》显示，“2019 年中国沉浸产业总产值达 48.2 亿元，具备互动感、叙事感和社交氛围的沉浸式消费体验持续爆红”。“中国沉浸体验项目数量达到 1100 项，覆盖 12 大细分产业及 34 类业态，成为全球沉浸产业最为发达的市场之一，并在项目数量上超越美国成为世界第一”。

上海文广演艺集团（SMG Live）与上海交大文创管理学院于 2019 年 12 月共

---

① 幻境 . 2020 中国沉浸产业发展白皮书［R/OL］. www. illuthion. com.

同发布了《中国沉浸式产业发展研究报告暨〈不眠之夜〉上海版3周年总结报告》①，报告显示，“中国的沉浸式产业自2016年后发展迅猛，呈突破性极速增长。据36氪统计，70%的国内沉浸娱乐IP都在近二年诞生，并实现了从几乎为0到200+的增长，沉浸式体验设计公司从2016年的20家猛增到2018年超过220家。”

主题公园是沉浸式体验场景的“头号玩家”，它们通过丰富的场景营造以及刺激好玩的体验项目，以一步一景的细节设计为人们搭建了一个全感官体验的沉浸式体验空间，在这基础上，通过搭配专属的主题公园商业，延伸出更为丰富的沉浸式体验维度，为消费者提供丰富的探索空间和服务。

本文认为，中国沉浸产业正面临着前所未有的机遇与挑战。一是从政策环境来看，国务院、科技部、文旅部、中宣部等国家各部委分别出台政策文件，鼓励夜间经济与体验消费，中国沉浸产业的发展迎来“黄金”发展机遇；二是国内市场对“沉浸式”项目的需求持续升温，疫后文旅复苏的软硬件投资、城市夜经济发展需要的沉浸体验内容、疫后消费信心逐渐恢复增长的“窗口期”，这些都给沉浸产业带来难得的发展机会。同时，挑战也无处不在。伴随着市场对“沉浸式”内容的饥渴，国内沉浸项目一窝蜂，诸多项目落地仓促，低水平、同质化竞争也已初现端倪。行业从业者社群在扩大疆域，涉及文化旅游、艺术、设计、XR科技等多个产业领域，如何避免原创乏力、概念抄袭、业态迭代等挑战，行业还需在破局探索、跨界协作的历练中成长与成熟，激发更有文化活力与经济动能的中国沉浸产业发展。

（三）沉浸技术在文旅产业的应用趋势

XR等沉浸技术提供了一种全新的人机互动、沉浸体验的应用方式。随着技术发展及显示终端硬件的不断迭代，以及物联网、人工智能、机器学习及360度影像的日趋成熟，加上5G技术与云数据的基础设施不断完善，XR沉浸技术应用场景也正在不断扩大行业边界。

新兴沉浸技术与打破“第四堵墙”的沉浸式叙事相结合，正在创造下一代沉浸式娱乐新业态新模式，其应用场景也从都市娱乐中心转战旅游景区，沉浸式、体验型、互动性的文化娱乐将成为消费标配。影娱联动技术驱动的沉浸式娱乐体验前景不容小觑。知名影视动画IP内容与在地文化结合的实景文旅产品让观众

① 上海文化信息．SMG Live中国沉浸式产业发展研究报告正式发布［EB/OL］.（2019-12-16）［2020-11-21］. https：//www. sohu. com/a/360717701_803859.

能直接与故事角色实时互动，对亲子家庭、年轻受众极有吸引力。

在可预见的未来几年里，XR 将走向无须借助头显、眼镜、手套等可穿戴设备的混合现实 MR 沉浸式体验，实现人类在真实和虚拟二种环境中进行智能化切换，并实现基于位置的实时互动。这种 MR 加 AI、传感技术进行系统集成，再与文化创意内容相结合，有望颠覆博物馆参观方式，以及历史文化遗产地、景区和旅游目的地的游览方式，这种艺术与技术融合的新业态、新模式为文旅行业吸引流量、激活消费、营销传播提供了无限想象空间。

四、沉浸化体验全面赋能主题公园

沉浸式体验正在重新定义主题娱乐，并将全面赋能主题公园！

沉浸式娱乐项目通过场景、影像、音乐、灯光、表演和科技特效来达成环绕效果，使体验者（游客）处于被环绕的环境之中，并为其提供一个主动的角色设定，从而能够全方位、多角度调动参与者的注意力，建立并创造出一种前所未有的参与感和联系感，因而本质上改变了体验者与项目内容的互动方式。

（一）主题公园的吸引力分析

新型主题公园吸引年轻人的原因在于融入了伴随千禧一代成长的故事。IAAPA 报告显示，全球主题公园产业新增收入和上涨客流大多数来自近年来兴起的新型主题公园：比如环球影城“哈利·波特魔法世界”；迪士尼“潘多拉：阿凡达世界”；华纳在阿布扎比建造的室内主题公园；以及以“漫威动漫”为主题的迪拜 IMG 冒险世界等。

心理学家研究表明，“忘却现实”“寻找童心”是主题公园吸引成年人的主要原因。早在 1955 年，迪士尼就定义了迪士尼乐园是一个“细节丰富并使人完全浸没的娱乐场景”，即使没有现代沉浸技术支持的游乐项目，主题公园引人之处就是让人可以身临其境、享受“忘却现实”的欢乐时光。儿童在一个有安全感的沙箱里乐此不疲地游戏，靠的是富有想象的创造力与同伴嬉戏。主题公园就好比是一个超大型“成人的沙箱”，为人们提供一个短暂逃离现实、模拟真实的“隔离环境”。人们进入“沙箱”后即可放下“原我”，放心自由地去“玩沙子”。

成年人始终对这个世界保持着一份孩童般的好奇，更渴望忘却现实，“身临其境”去往一个明知是想象和虚构的、却乐意投入的一个“非现实空间”。成年人想要的是一场脱离现实、可触可感的“清醒真实的梦境”，这种“临场感”让人们自愿“迷失”在故事中。

（二）游客在主题公园的体验诉求

在未来，游客对主题公园的需求会有怎样的变化？国际游乐园及景点协会（IAAPA）在2018年发布的全球主题公园展望报告中指出，比起实体的产品，目前的游客更愿意为体验付费。这一说法在哈里斯（Harris Poll）的一项调研中得到了证实。调研显示，78%的“80后”和“90后”会选择花钱在一项想要参加的体验上，而不是购买一个想要的物品；与此同时，72%的“80后”和“90后”表示，比起一个具体的物品，他们更愿意在体验上增加消费。“创新英国”（Innovate UK）的研究报告显示，沉浸式是一个深受年轻人喜爱和最容易激发想象力的产业群组。针对年轻人来开发沉浸式技术和产品，已经成为2/3以上专业公司的共同选择①。

体验！体验!！内容为王，体验为上！那么，游客们想要的体验是怎样的呢？

游客想要的是一场脱离现实、可触可感的“清醒真实的梦境”。游客走进主题公园/乐园的动因之一就是渴望一种“临场感”，也就是置身于一个梦境般的幻想世界里，一个IP所营造的主题场景和氛围。美国市场营销和广告公司nFusion Group在调研分析后认为，“游客们越来越不满足于仅仅是与某个品牌或概念略有联系的游乐设施，他们期待的是一种创意和IP有机组合的更加‘沉浸’的体验”。

（三）主题公园的沉浸化趋势

“沉浸化”趋势为主题公园发展掀开了新篇章。沉浸式体验从主题、引流、体验、消费各方面正在进一步赋能主题公园。通过引入“超级IP”和独具一格的主题，开发内涵丰富的艺术与科技无缝融合的故事场景，主题公园为游客提供了一个在“真实的”想象世界里探索与游戏的个性化历程。

《2018全球主题公园和博物馆报告》特别提到，“在欧洲区，默林娱乐集团旗下位于意大利的加达云霄乐园新增了‘小猪佩奇’景点，该景点以当今最流行的同名儿童电视节目中的卡通角色为设计灵感，成为该公园游客量增至290万人

---

① Innovate UK. The immersive economy in the UK – The growth of virtual, augmented and mixed reality technologies [EB/OL]. www. innovateuk. ukri. org.

次的核心引擎。尽管 IP 是最大的增长驱动力，但创新、骑乘设施和游乐内容的设计也发挥着不可忽视的作用。行业巨头们掌握着强大的 IP 资源，他们深谙特许经营模式的运用之道，懂得如何通过融合前沿科技，打造沉浸式体验，把 IP 的力量充分体现在充满故事叙述的浓厚氛围中①”。

经过数十年的市场探索与发展，中国主题公园正进入建设与转型发展的快车道。同步于国际主题公园巨头登陆中国的步伐，如上海迪士尼走出疫情困境、北京环球影城开业在即、浙江山水六旗乐园停工后复建、乐高乐园选址一波三折等，国内的华侨城集团、华强方特集团、长隆集团等也纷纷加速主题公园的区域布局，推出沉浸式体验娱乐项目。单向式表演和缺乏故事主题的骑乘将难以满足现代游客在主题公园里获得主动探索、互动参与和个性化的体验诉求，中国主题公园在“沉浸化”之路上迈出了探索步伐。例如，华侨城北京欢乐谷四期“甜品王国”和五期“香格里拉”推出自有 IP、具有中国特色的沉浸式体验娱乐项目，在文化主题、故事情节、氛围营造和互动演艺等方面都做了项目迭代升级。

五、沉浸式主题公园的案例研究

在主题公园领域，沉浸式体验的广度与深度与乐园主题、IP 场景、主题演艺和科技应用四大要素息息相关。国际上，一些主题公园已经开始“沉浸式”前沿创新与探索。

（一）全域沉浸的智能主题公园——美国永恒乐园案例分析

1. 永恒乐园简介

美国永恒乐园（Evermore Park）应该是世界上第一个将戏剧、真人角色游戏、VR 体验融贯一体的全域沉浸式主题公园，它就像一部有着巨大舞台的“活生生的戏剧作品”（“living theatre” production），而所有“角色”都不需要特别演技。这座欧洲梦幻村庄坐落于美国犹他州茂密的森林里，一期已于 2018 年 9 月正式开业，整个主题公园被设计成为一个古老的欧洲村庄，包括维多利亚时

① AECOM，TEA. 2018 全球主题公园和博物馆报告［EB/OL］. https：//aecom. com/theme-index/.

代、中世纪和哥特式村庄。

整个乐园不是按空间区分主题，而是按时间更换主题。乐园按季节的三大主题分别是“神话 Mythos”“传说 Lore”“极光 Aurora”，每季主题都有特别的故事元素、角色和任务。三季之间，公园设有特别活动和白天可以休闲游玩的项目，比如射箭、斧头投掷、动物展、美食和主题列车等。公园全年有 12 个不同主题的化装晚会，每月翻新。比如“海盗晚会”，演职人员和游客都换上类似“加勒比海盗”中的服装和道具，“剧中人”的演员会开启任务、推动故事。

永恒乐园总设计师是沉浸式游戏体验设计公司 THE VOID 创始人肯·布雷特施奈德（Ken Bretschneider）与迪士尼“幻想工程师”乔希·希普利（Josh Shipley），他们创立 Evermore 最初的梦想就是为游客创造一个远离日常生活的沉浸式主题公园，就像一个超级巨大的“沙盒”（Sandbox）[①]，每一个人都可以像个孩子一样去探索这个完全不同的“想象世界”。在永恒乐园的梦幻世界里，游客被称为“勇敢的探险家”（brave explorer）、“世界漫游者”（World Walker）。一旦进入这片神奇的土地，普通的生活方式就被神话传说所取代，魔法大门被打开，沉睡了几个世纪的欧洲村落被唤醒了，消失的文化得以重生。

2. 前沿创新观察

永恒乐园刚开业不久，公园整体尚未全部完工，2020 年又受疫情影响营收受挫，因而从运营角度现在还很难评估项目成功与否。但从公园理念和创新设计角度来看，永恒乐园有着不依赖于超级 IP 和大型游乐设备也能引领沉浸式主题公园的独到之初。

归纳起来，打造永恒乐园沉浸式主题公园有十大“法宝”。

（1）沙箱理念。

儿童在一个有安全感的沙箱里乐此不疲地游戏，靠的是富有想象的创造力与同伴嬉戏。同理，永恒乐园为人们提供一个短暂逃离现实、模拟真实的“隔离环境”，人们进入后即可放下“原我”，放心自由地去“玩沙子”。

（2）主题更替。

公园亮点是每月更新的 12 个主题化装晚会，比如夏季的“北欧神话”可以探索维珍海盗；秋天“万圣节”恐怖夜可以扮演各种鬼怪吓人，在鬼屋里尖叫；冬季“圣诞节”自然是圣诞老人、雪景、礼物和欢乐大家庭的欢乐气氛。

---

① Sandbox，沙盒或沙箱，狭义上，它是指一盒装满沙子的儿童玩具，满足孩子们在任何地方都可以进行堆沙游戏的一种工具。电子游戏中，沙盒类游戏是那种可以做任何实验和其自由度非常高的电子游戏。

（3）细节取胜。

构建出欧洲古老村庄里海量的细节，是来自于欧洲的多达14个40尺集装箱的“历史物品”，从墓碑到古董家具，从雕像到建筑材料，细节塑造出16世纪至19世纪的欧洲场景。没有引入哪个具体的影视IP，而是让场景细节激发游客对于古老欧洲发生的各种故事的想象，就像“一千个哈姆雷特”。

（4）故事为王。

所有场景和演员都围绕为“个性化故事”服务，充满莎士比亚故事的戏剧性，故事线中埋有灵活装置，隐藏着各种解锁任务的情节，可以根据游客反馈及时调整，其人文艺术性满足人们寻求在想象世界里获得精神共鸣的诉求。

（5）角色扮演。

永恒乐园是全球首个以游客为主角扮演自己故事角色的主题公园，职业戏剧演员与游客都身着欧洲中世纪的服饰“活在故事里”，很难区分哪些是工作人员扮演的角色，哪些是游客扮演的角色，VR装备“捉鬼游戏”变成了现实场景中的角色扮演。

（6）服化道具。

专业服装道具化妆团队为游客打造电影级的服饰道具，伐木、篝火、寻宝，传说中的鬼怪、龙传、精灵也会以真人表演、偶或影像形式出现。

（7）五感激发。

戏剧场景与数字技术并用，创造出场景、影像、音乐、特效，甚至嵌入场景的气味，角色与场景互动时五感被激发，正向加强了“心流”沉浸感。

（8）智能园区。

依据游戏通关积分和角色升级的逻辑，永恒乐园智能化处理并存储游客信息，如游客在公园体验（游戏）偏好如何（扮演什么角色、执行哪类任务），绩效如何（任务完成）。当他再次入园时，公园智能系统能够认出该游客，为其不断升级故事角色、装备和任务，完全个性化！

（9）技术内置。

增强现实AR创造出中世纪魔法师、龙的影像，整个公园有超过100万英尺的光纤，演员可以激发互动装置，也有定时装置，为“剧情+科技”双驱动的沉浸式体验创造出具有审美价值的“超现实”状态。

（10）跨界融合。

永恒乐园几乎把沉浸式戏剧、AR游戏、VR线下游戏、大型真人游戏、鬼屋、密室、智慧景区、夜游、节庆活动等概念都融合在一个主题空间里，在这个演艺“超大舞台”里，除了戏剧、舞蹈、音乐之外，还有杂技、木偶、马戏、魔术表演，这些艺术形式都被巧妙地融入到故事线之中。而覆盖“吃住行游购娱”的主题商业也十分自然地被置于古堡、海盗船、圣诞小屋等主题场景中。

3. 借鉴意义

永恒乐园引人之处就是“与整个现实环境交融的沉浸式体验”。游客在乐园里被称为“勇敢的探险家”（brave explorer）、“世界漫游者”（World Walker）。一旦进入这片神奇的土地，游客即刻化身为与现实身份迥异的“角色”，就像置身于一场类似《西部世界》的超大型真人戏剧游戏，在一个类似电影片场的“真实场景”去完成一项又一项挑战任务，这种沉浸式体验完全由剧情（任务）推动。

永恒乐园既没有传统主题公园的过山车与大型骑乘设施，也没有影视 IP 植入，却创造出一个全域沉浸的欧洲梦幻村庄，成为全球以演艺为特色的沉浸式主题公园的一个风向标。国内很多主题公园并没有超级 IP 资源，也难以拿出大预算来投入高水平的 VR 骑乘设备，我们有着百姓耳熟能详的神话与传说、风俗与节庆，还有渊源文化滋养的故事，因而，相比于迪士尼和环球影城等巨头打造的主题公园，永恒乐园的设计理念与运营模式对国内主题公园建设更具有借鉴意义。

（二）与实景娱乐结合的沉浸式主题公园——THE VOID + ILMxLAB 迪士尼“星球大战：帝国的秘密”案例分析

1. “星球大战：帝国的秘密”简介

2016 年 6 月，美国推出首家 VR 主题公园 THE VOID，因特有的核心 VR 技术备受瞩目，所拥有的设备被整个好莱坞看作是“改变我们娱乐方式的下一代娱乐王者”。2017 年，THE VOID 与 Lucas 电影旗下的 ILMxLAB 联手，与主题公园巨头迪士尼合作，打造出“超现实”虚拟实境沉浸式体验——“星球大战：帝国的秘密”，引领都市沉浸式娱乐之潮酷，成为全球“超现实体验”（hyper-reality experience）新坐标。

“星球大战：帝国的秘密”（Star War：Secrets of the Empire）是由 ILMxLAB 与 THE VOID 联手打造的超现实虚拟实境沉浸体验，在洛杉矶迪士尼市中心（Downtown Disney）、佛罗里达迪士尼之泉（Disney Springs）、伦敦 Westfield 西田购物中心内等都市中心向公众开放，IP 方首批将在全球选 30 个都市娱乐中心落地，首个亚洲超现实“星球大战”已经在马来西亚云顶度假区落地。

当你穿戴上包含体感反馈的全套 VR 装备后，你就化身起义军间谍渗透熔岩星球穆斯塔法的维达城堡，窃取帝国机密。所有玩家的形象都将变成帝国冲锋队士兵，如果你举起双手，看见的是冲锋队士兵覆盖着白色盔甲的黑色手套。你并不穿戴 VR 感应手套，但弯曲手指，竖起大拇指时，你在剧情中的冲锋队员会做出完全一样的动作。你会坐在真实的金属座椅上，随着飞船跳进超空间而微微震动。你眼睛看到的是数字虚拟世界，但身体却是走在实际的物理空间里，如果你被帝国冲锋队的爆能枪击中时，你会有中弹的体感反馈，当你卸下盔甲，你又回到了真实世界。

2. 前沿创新观察

（1）超现实性。

虚拟现实 VR 驱动的超现实体验包括触觉、味觉、温度和社交游戏，模糊了电影、游戏和道具之间的界限。

（2）强强联手。

THE VOID 拥有多感官虚拟现实、实时渲染技术及 VR 实景娱乐经验，Lucas 影业 VR 部门 ILBxLAB 一直寻找合适的故事，与迪士尼合作可谓水到渠成。

（3）任务驱动。

体验者穿上冲锋服、带上爆能枪便化身为“叛逆者”，执行去熔岩星球找回数据箱的任务，当星迷开启冒险之旅时，是任务驱动了行动与体验。

（4）沉浸叙事。

制作方采用“活进故事里”（StoryLiving）沉浸式叙事方法：为玩家创造一个角色；让玩家与其他角色进行互动，在完成任务中探索，遭遇险境，为拯救生命使命必达，最后“角色”成为英雄。

（5）影娱互动。

实景沉浸式娱乐将原本线上的影视文化 IP“星球大战”进行场景落地实体化，专业化 IP 塑造和内容创新能力让原本作品短暂的生命无限制延长。

3. 借鉴意义

这个项目仅占地 247 平方米，适合都市娱乐空间复制落地。实景娱乐与主题公园的结合，经历了从街景表演、主题演艺，到现在 VR/AR/MR 等 XR 沉浸技术的应用。技术和认知的不断迭代给了实景娱乐在主题公园这个赛道上加速发展的想象空间。

（三）以戏剧演艺为特色的主题公园——法国“狂人国”案例分析

1. 狂人国简介

法国的榉木山主题公园，又叫“狂人国”（PUY DU FOU），是全球唯一一个以戏剧演艺为主题的主题公园，主题公园主打以历史和艺术为主的各种演出秀，一共拥有19个项目，其中包括11场表演、4个景点、4个花园与喷泉设施，以及配套的11家餐厅和5家主题酒店。其中狂人国夜场大秀（La Cinéscénie）可以同时容纳1.4万人观看，参与演出的演职人员多达4150人，被称为世界上最值得观看、也是规模最大的夜间表演之一。演出持续90分钟，讲述了一个法国家庭从中世纪跨越至第二次世界大战的历史长歌，从艺术形式上看，演出融汇了真人表演、动物表演、灯光秀、3D投影、烟花秀、水秀、无人机等形式，海陆空立体呈现，是名副其实的业界传奇。

狂人国就是一个法国和欧洲历史的微缩版和教科书的体验版，它通过表演和场景，再现了中世纪以来法国和欧洲的历史、文化风情和精神气质。“狂人国”荣获2018年世界主题娱乐协会（TEA）最佳主题公园奖，可谓实至名归。

2. 前沿创新观察

法国“狂人国”主打产品是融合了真人与动物演出、大型舞台装置、数字媒体技术元素为一体的旅游演艺，因而对国内文化旅游开发、提升沉浸式体验项目具有一定的借鉴意义。

（1）演艺集聚。

不同于国内一个景点一台演出的单体旅游演艺模式，狂人国有17个演出，规模不等，类型多样，时间交错，形成演艺“集聚效应”，方便调度管理。游客无法一天内看完全部17场演出，超级夜秀不容错过，因而增加停留时间。

（2）历史主题。

狂人国以历史传奇为主题，将古罗马、中世纪、文艺复兴等重大历史节点搬上舞台，演绎各种传奇故事，实现“忘记二十一世纪”的核心理念。

（3）极致打造。

狂人国在产品打造和游客体验上力求做到极致，宏大叙事在细节处体现，惟妙惟肖的舞台布景和效果、演员精彩表演，造就了一场场震撼的大秀。

（4）常演常新。

演艺项目迭代翻新是吸引游客复游的理由，狂人国定期投入新的中小型项目，经过3～5年的精心雕琢，有的演员只有10名左右，成本相对可控。

3. 借鉴意义

“狂人国”采取非营利组织（NPO）管理机制，在其40多年的运营中一直将盈利再投入到乐园的升级与完善中，因此得到了3000多名志愿者的帮助。狂人国有自己的青年学院，以学养演、以演带学，满足乐园需要上千名演员的需求，高水平演出也培养了出色的戏剧演员、驯兽师和演职人员。狂人国还带动周边15个村落的经济与就业，很多当地人成为演出志愿者，重塑了原住民的文化自豪感，法国历史文化的深度活化也让游客产生共鸣。

六、主题公园沉浸式体验项目的打造路径

面向消费者日益增强的体验消费需求，新开发或改造升级一种或多种沉浸式娱乐项目已成为主题公园谋求创新发展的共识。有从业者认为，未来主题公园的发展将呈现轻资产扩张、IP植入、VR等新技术融入等新趋势。这些判断完全没错，然而，对于国内一些主题公园来说，资本、IP、VR技术都可能受资源限制而“心有余而力不足”。所谓“合脚的鞋才是最好的”，打造独具特色的沉浸式体验项目也许将是国内主题公园迭代发展的一个适合选项。

对于如何打造主题公园沉浸式项目的课题，本文提出“沉浸五步法”的打造路径框架。

1. 围绕主题或IP进行故事构建

主题公园在设计体验之前，首先应先进行故事构建（Storybuidling）。故事构建不是叙述。故事构建是指我们希望游客所处的环境，以及他们在这个环境中扮演的角色。故事构建的理念要求体验设计者是从游客体验角度来看待一个项目，设定一个目标并确保各项设计的总体协同性。比如“拯救并成为英雄”“探索外太空”“孩子是勇士”是故事背后的目标，那么沉浸感就围绕这些设定目标出发，从主题、场景、叙事、角色、任务、行动等多个维度展开，而剧情、演职人员、VR/AR、互动装置、游乐设施、现场服务都是实现这个目标的手段，所有这些努力都是为了帮助游客成为那个“勇士”、化身为那个“英雄”。

2. 将IP植入并转化为沉浸式体验

将IP植入并转化为沉浸式体验的过程，其实就是一个将IP元素拆解与重构的过程，最终是要构建一个似曾相识的主题“世界”，让人们在这个“世界”里去行动以探寻某种意义。无论是通过剧情（任务）驱动，还是通过沉浸技术驱动，目的都是为了使体验者获得更真切的体验感和引发情感共鸣的价值感。

主题公园项目吸引力很大程度上取决于IP。屏幕IP或文字故事如何转化为落地实景，关键要提炼IP的核心价值，找出这个IP与众不同的独特点。比如，电影“哈利·波特”IP独特点就是那个魔法学校和穿越时空的$9^3/4$火车站，哈利·波特可以乘扫帚飞来飞去的“超越感”，还有那根神奇的“魔法棒”。这些IP亮点，我们在环球影城《哈利·波特魔法世界》里的魔法城堡、巫师街、3D骑乘的体验中都充分感受到了。蜘蛛侠IP独特点就是瞬间变身的蜘蛛侠造型，在城市楼宇间飞行来拯救生命的英雄式行动，而迪拜“冒险世界”（IMG Worlds of Adventure）主题公园里的“漫威英雄世界”就用VR过山车带你化身“蜘蛛侠”，你“看到”的是高楼林立的纽约都市繁荣场景，身体“触感”到的是过山车急速上下的穿梭飞行，而你“心中”的使命是勇敢击败敌人、成为英雄。

3. 以沉浸式叙事方法驱动一段游客主动参与的探索历程

在沉浸式故事场景中，游客或观众进入这个场景并不只是为了去了解剧情，揣摩人物个性，而是为了体验“被赋予角色”的经历。因而，创作者要充分考虑提供游客（观众）个性化选择的多种可能性，让他在完成特定任务过程中去自主探索，与场景互动、与他人互动，在虚拟环境中获得来自感官及心灵的真实感受，从而深化这种沉浸感，并转化为个体记忆。

沉浸式叙事（immersive storytelling）是一种非线性叙事的方法论，用以激励游客“角色扮演”参与到故事中来，主动探索，甚至推动剧情发展。其中，“感官叠加”是体验设计的一个关键点。

沉浸式体验打造的是一个情绪化的体验型消费场景，体验者更易产生互动记忆和消费冲动。设计的空间场景和角色情感要让体验者获得双重的“感知真实性”。因而，沉浸式体验设计者需要为游客提供一种充满情绪化的多感官体验，让人们从被动观看到主动探索空间场景，并投入地去体验角色的情感变化。

东京涩谷Tyffonium Shibuya室内VR乐园应用了混合现实技术制作的内容，融合了AR与VR技术。体验者在VR空间中看到自己以及一起体验的其他人，门打开的一瞬间，另一个世界的冒险开始了，技术支持的剧情和场景细节提供了

“角色”的行动选择，让体验者获得更加强烈的“代入感”。

4. 应用沉浸技术与智能环境创造出一个“超现实幻境”

国际上理念领先的沉浸式主题公园都在探索将增强现实（AR）、虚拟现实（VR）、混合现实（MR）等拓展现实（XR）沉浸技术运用到场景构建与游客互动机制上。在乐园场景应用中，骑乘主题化设计、智能传感技术、音效与影像特效，以及可穿戴设备（如迪士尼魔术手环）都将增加体验的沉浸感。

加州六旗魔术山主题公园和六旗探索王国主题公园都采用了 Oculus 头显 VR 眼镜，与三星电子合作，打造了主题为“银河攻击”（Galactic Attack）的 VR 过山车项目，以及混合现实 MR 的骑乘体验。中华恐龙园自创 IP 的“恐龙基因研究中心”在国内主题公园的沉浸式项目中可谓独树一帜。项目分研究中心大楼（室内步行体验区）及古生态复原区（室外车行体验区）两部分。通过对恐龙主题系列影视作品形成的同理心，故事剧本有效抓取用户体验视角，再拆分至置景、视听、特效、故事、服化、道具、社交、衍生品等各个不同的方面进行体验配置。项目在山洞探险区安装了超大型多自由度动感平台，全景安装 4D 特效双曲面弧屏，在多投影机画面融合技术的配合下，为游客提供 4 倍于 IMAX 的环绕观影体验，全景还原侏罗纪雨林。

打造沉浸式体验项目时，主题与故事、艺术与技术的应用都需要围绕“模糊现实与幻境边界”来展开，并以沉浸式叙事方法激发游客（观众）化身的“角色”与场景互动，正向加强“心流”沉浸感，以寻求项目与观众之间更深刻的联结方式。

5. 商业主题化与消费场景化的运营模式

商品售卖、餐饮与住宿是主题公园重要的二次消费收入，让游客获得感官体验与心理体验的双重体验价值，直接关系到主题公园的运营收益。对商业空间、住宿酒店进行主题化包装能够创造出充满情绪化的体验，把消费融入体验过程之中，能创造出更多商品场景化消费的可能。

比如，环球影城“哈里·波特魔法世界”乐园的商业街被主题化“对角巷”，在这条鹅卵石铺成的长街里面可以找到各种古怪和刺激的商店和饭馆，一般小巫师要到霍格沃茨，入学前都会到此购买学习用具。新建的永恒乐园的主题商业十分自然地被置于古堡、海盗船、圣诞小屋等主题场景中。除了商品实物之外，手作坊、体验营、研学游、与虚拟 IP 互动、影像留影等服务也是“体验化消费”的创收来源。

中国文化消费者呈现年轻化、国际化的趋势，审美水平逐步提升，“90 后”

逐渐步入文化生活的主舞台。消费场景化和体验主题化的商业设置刚好戳中中产阶级新消费主力的嗨点，亲子家庭客群还特别偏爱带有教育内涵的研学旅行和手工作坊，因为这些体验型消费刚好满足新生代表达自我、探索世界的需求。

七、沉浸式叙事的创新理念与创作方法

主题公园的体验一般由感官体验、情感体验、思考体验、行动体验、关联体验五个维度构成，其中思考体验对体验价值的影响度最高。一般而言，体验价值越高，游客的满意度和消费欲望也越高，对主题公园的重访意愿和推荐意愿也越强。因而，沉浸式主题公园需要采用不同于传统的叙事方式来提升游客的体验价值。

（一）沉浸式叙事的创新理念

新兴沉浸技术与打破“第四堵墙”的沉浸式叙事相结合，正在创造下一代沉浸式娱乐新业态、新模式，也推动着主题公园走向更高层级的沉浸式、体验型、互动性。观众或体验者将不再是被动接受，而是主动参与，获得娱乐体验的主导权。因而，故事叙述与技术集成、场景应用与商业逻辑都需要不断迭代与创新。

1. 沉浸式叙事的概念

沉浸式叙事是一种非线性叙事结构，它将戏剧化的故事叙述与 VR/AR 沉浸技术相结合，采用了一种看似简单而人性化的方式，融入沉浸式媒体中，让观众置身于一个真实表演与虚拟现实模糊了的世界里，以故事共情点在虚实两个世界、角色与自我之间架起情感桥梁。

2. 沉浸式叙事的创新理念

沉浸式叙事模糊了现场表演、虚拟现实与动画世界的边界，这种颠覆传统的故事叙述方法有三个创新理念：

第一，创造沉浸体验，而不是讲述故事。

第二，提供行动选择，而不是制造冲突。

第三，模糊虚实世界，而不是划分边界。

在 XR 技术创造的沉浸式故事场景中，观众进入这个场景并不只是为了去了

解剧情发展，揣摩人物个性，而是为了体验“被赋予角色”的经历。因而，创作者要充分考虑提供观众个性化选择的多种可能性，让他在完成特定任务过程中去自主探索，与场景互动、与他人互动，在虚拟环境中获得来自感官及心灵的真实感受，从而深化这种沉浸感，并转化为个体记忆。

3. 沉浸式叙事的创作重点

沉浸式体验是当前文旅形态对故事性、体验性和互动性项目要求的“标配”。沉浸式体验打造的是一个情绪化的体验型消费场景，体验者更易产生互动记忆和消费冲动。

在现场娱乐 LBE（Location-based Entertainment）领域中，沉浸式叙事的创作重点是：感官叠加，设计的空间场景和角色情感要让体验者获得双重的“感知真实性”。因而，沉浸式体验设计者需要为游客提供一种充满情绪化的多感官体验，让人们从被动观看到主动探索空间场景，并投入地去体验角色的情感变化。

（二）“活进故事里”的创作方法

1. “活进故事里”的概念

“活进故事里”（Storyliving）概念最早是由谷歌研究团队提出的，谷歌新闻实验室（Google News Lab）在探索了虚拟现实如何影响和改变故事叙述方式的研究后，向传统的“开始（beginning）、过程（middle）、结尾（end）”的内容结构提出挑战。谷歌提出了“驱动（initiation）、探索（exploration）、理解意义（making sense）”的叙事框架。

所谓的“驱动”（initiation）是指，创作者在叙事中应向体验者提供丰富而具体的感官信息，让他们的身体和思想留下印记，以便适应新环境、成为故事中的角色。“探索”（exploration）是让观众的身体成为故事的中心，去探索空间，甚至抛开故事内容去寻找细节。“理解”（making sense）是当体验结束、观众回归现实后，他们会开始从体验中寻找意义，并将他们所经历的观点融入他们的世界观中。

2. “活进故事里”的创作方法

“活进故事里”沉浸式叙事是一种在虚实二个空间里多维度的非线性结构，呈现“驱动、探索、理解意义”的叙事结构，有多个空间、多重任务和多条情感线。创作重点是通过观众主动选择的沉浸体验来驱动叙事演变。叙事重点是“创造体验”，而不是“讲述故事”。观演关系合二为一，观众进入角色、活进故事里。当你把主导权交给观众时，观众自己会在故事中主动参与、探索路径，与其他角色和故事场景进行双向互动。

以 THE VOID 与 ILMxLAB 为迪斯尼打造的“星球大战：帝国的秘密”为例，“活进故事里”的“三段论”创作方法可具体解构为：

第一步，为玩家创造一个角色，让你观察后入戏。

第二步，让玩家与其他角色进行互动，在完成任务中探索。

第三步，也就是好莱坞电影成功的秘密 - 遭遇险境，为拯救生命使命必达，最后成为英雄。

XR 创造出的沉浸感是一种关于空间和情感视角的复合体验，沉浸感因人而异，很大程度取决于一个人的想象力、智力素质和精神倾向。真实世界和数字世界无缝融合的“沉浸体验”是可以创造出持久的记忆，这些记忆会影响我们是谁，我们去哪里，成为什么样的人。这种体验价值像戏剧创作中的“叙事世界观”，是项目内容的精神所在！

3. “活进故事里”的关键要素

“活进故事里”沉浸式叙事的四个关键要素为：设计、发现、联系和展开叙事。

（1）设计。创造一个真实与虚拟无缝连接的丰富世界。这个世界必须有丰富的细节，包括激发各种感官的细节，如可触摸的场景、声音和视觉，重点在于创造一种“存在感”。

（2）发现。设计一个发现之旅，赋予观众以一个角色，授予“角色”去执行一个特定任务，驱动观众去探索与发现，直到完成一段个性化历程体验。发现之旅的设计要让体验者交替执行空间任务和情绪任务；也可以设置主要任务和次要任务，调整每个任务的反应时间来衡量观众的沉浸度和交互效果。

（3）联系。为观众（体验者）与角色建立起一种有意义的联系，来寻找情感上的影响。互动必须令人信服，而且随着时间的推移，这种“入戏”感会加深。

（4）展开叙事。考虑到给予“角色”多重选择，“树形”叙事结构是一个较为可控的叙事方法。在“树干”主要角色与故事主线之外，插入“树枝”次要角色和分支故事，提供一些即兴互动接口。“马赛克型”叙事结构较为复杂。为了获得更多观众，制作方通常会针对不同的平台（比如现场娱乐、VR 游戏）对同一个 IP 故事进行设计，并提供可供选择的接入点，不同平台的故事体验汇总起来，就构成了一个马赛克式“叙事图谱”。

八、结语

体验的生命力与主题公园的商业活力息息相关，新一代沉浸式主题公园将为游客提供一个在“真实的”想象世界里探索与游戏的个性化历程。沉浸式体验从主题、引流、体验、消费各方面正在进一步赋能主题公园。主题公园沉浸式项目在开发模式、文化主题、场景构建、故事叙述、体验设计、技术应用和商业运营等各个层面都需要与时俱进地不断迭代与创新。

艺术与科技融合的实践探索正不断推进虚拟与现实的边界。这些前沿探索在艺术上，致力于引导情感体验，模糊虚实世界的边界；在技术上，致力于创造出高感知、高清晰度的智能沉浸空间。然而，无论沉浸式主题公园是采用何种打造路径，“沉浸”只是呈现方式，是产品外壳，其内核仍是体验内容。而体验内容要抓住游客/观众的情感与感官，关键是以故事共情点在虚实二个世界、角色与自我之间架起情感桥梁，从而带我们进入一个引人入胜、超越现实的“世界”！

沉浸式体验的产业化应用需要构建起一个良好健康的产业生态圈。这个生态体系需要从数字内容、技术研发、智能装备、营商环境等各个层面进行创新研发与机制变革，而文化艺术的创意主体能否与政府部门、科研机构、商业主体和投资方等利益相关者建立起有效的合作，将成为一个国家和一个城市能否在沉浸产业领域获得创新优势、彰显综合竞争力的关键所在！

参考文献

[1] 花建，陈清荷．沉浸式体验：文化与科技融合的新业态［J］．上海财政大学学报，2019（5）．

[2] 王蕾，张林，石天旭．IP沉浸体验：主题乐园发展新路径［J］．出版发行研究，2019（2）．

[3] 吴丹．虚拟现实技术对主题公园场景的创作方法研究［J］．设计，2019（12）．

[4] 周况，方田红．虚拟现实技术在主题公园中的应用［J］．设计，2018（2）．

[5] 辛良．全球首个虚拟现实公园全揭秘：让你活在游戏里［J］．中外文化交流，2016（7）．

［6］熊晓杰．狂人国，一个主题公园的蓝海商业模式［J］．环球旅讯，2019（11）．

［7］B. 约瑟夫·派恩，詹姆斯·H. 吉尔摩．体验经济［M］．中译本，夏业良等译，北京：机械工业出版社，2002.

［8］Cabanas，E. Experiencing Designs and Designing experiences：Emotions and Theme Parks from a Symbolic Interactionist Perspective［J］. Journal of Destination Marketing & Management，2020，16.

［9］Carson，D. Environmental Storytelling：Creating Immersive 3D Worlds Using Lessons Learned from the Theme Park Industry［EB/OL］. Gamasutra. com，2000.

［10］Freitag，F. "Like Walking Into a Movie"：Intermedial Relationships Between Theme Parks and Movies［J］. The Journal of Popular Culture，2017，50（4）.

［11］Hench，J. Designing Disney：Imagineering and the Art of the Show［M］. Disney Editions，2008.

［12］Lukas，S. A. The Immersive Worlds Handbook：Designing Theme Parks and Consumer Spaces［J］. Focal Press，2013.

［13］Smith，C. Annual Disney Park Attendance Statistics and Charts，2020.

［14］Younger，D. Theme Park Design and the Art of Themed Entertainment［EB/OL］. Lightning Source Inc，2016.

［15］Waysdorf，A. & Reinjders，S. Immersion，authenticity and the theme park as a social space：Experiencing the Wizarding World of Harry Potter［J］. International Journal of Cultures Studies，2016，21（2）173－188.

［16］Robinson，Tasha. Real－Life Westworld Was an Immersive Learning Experience［J］. The Verge，March 26，2018.

［17］Zaff. Experience Park Concept：Rise of the Immersive，Themed World［EB/OL］. Blooloop，July 9，2018.

［18］Yu，Kathryn. 7 Hypotheses from the Immersive Design Summit 2019－No Proscenium：The Guide to Everything Immersive［EB/OL］. Medium，March 21，2019.

［19］Luiza da Costa Laborne Salazar. A Story In Three Dimensions：Theme Parks As Inhabitable Story Spaces［D］. B. A. Pontifícia Universidade Católica de Minas Gerais，2010.

［20］AECOM，TEA. 2018 全球主题公园和博物馆报告［EB/OL］. https：//aecom. com/theme-index/.

［21］ AECOM，TEA. 2019 全球主题公园和博物馆报告［EB/OL］. https：//aecom. com/theme-index/.

［22］ The Walt Disney Company Reports. Second Quarter and Six Months Earning for Fiscal 2020［R/OL］.（2020 －05 －05）［2020 －11 －23］. https：//thewaltdisney-company. com/app/uploads/2020/05/q2 －fy20 －earnings. pdf.

［23］ 中国主题公园研究院 . 2020 年 Q1 中国主题公园收入损失 80%［EB/OL］.（2020 －04 －16）［2020 －11 －24］. https：//tech. sina. com. cn/roll/2020 －04 －16/doc-iircuyvh8193976. shtml.

［24］ Tiffany Lam. How immersive technologies（AR/VR）will reform the human experience［EB/OL］.［2019 －11 －22］. http：//www. ted. com.

［25］ 幻境 . 2020 中国沉浸产业发展白皮书［R/OL］. www. illuthion. com.

［26］ Interactive，Intimate，Experiential：The Impact of Immersive Design. 2019 Immersive Design Industry Annual Report［R/OL］. https：//immersivedesignsum-mit. com/2019industryreport. pdf.

［27］ Immersive technology and how it could transform the way we do business［EB/OL］.（2020 －07 －09）［2020 －11 －20］. https：//www. immersivelearning. news/2020/07/09/immersive-technology-and-how-it-could-transform-the-way-we-do-business/.

［28］ 上海文化信息 . SMG Live 中国沉浸式产业发展研究报告正式发布［EB/OL］.（2019 －12 －16）［2020 －11 －21］. https：//www. sohu. com/a/360717701_803859.

［29］ Innovate UK. The immersive economy in the UK – The growth of virtual，augmented and mixed reality technologies［EB/OL］. www. innovateuk. ukri. org.

主题公园的娱乐化营销实践

熊晓杰*

一、前言

近年来，越来越多的资金和企业在中国布局主题公园。迪士尼、环球影城等国外行业巨头纷纷进入中国，恒大、融创、保利、奥园等国内地产企业扎堆进军主题公园，主题公园市场竞争日趋激烈。据不完全统计，全国已累计开发主题公园近3000家，相较1989年的30家，翻了近百倍。且市场分布极不均匀，超过半数分布在东部11个省市，区域竞争进一步加剧。

日趋激烈的市场竞争让主题公园营销的重要性日益凸显。但是大部分的主题公园运营者，或对行业底层逻辑缺乏了解，仍然沿用过去在其他行业的成功经验；或缺乏战略性思考，见招拆招；或缺乏对快速发展时代媒体和受众变化的洞察，刻舟求剑。

主题公园提供的是一种特殊的服务产品，其营销范式有异于实体产品（无论快消品还是耐用消费品），从消费行为角度它是一种复杂、低频、高风险、高介入型的交易。高介入意味着消费者将旅游经历和自我相关联，搜寻信息和分享行为上耗费大量动机，也更加依赖非商业化信息（如各种线上线下口碑）。

从动机上来讲，旅游行为本质上是一种精神性消费，但却是通过身体的移动，通过与环境和事件的互动来实现，来获得经历并触发内在感受。它既指向外部（文化差异、旅游吸引物），又指向内部（自我、身份、人生经历、社会关系）。其决策过程相对漫长，必须通过长时间的复杂的传播来完成消费者的心智占领和品牌建立。

---

* 熊晓杰，营销学博士。时代文旅战略营销机构董事长、首席顾问。国内著名文旅实战营销专家。曾任长隆集团助理总裁、市场总经理；《赢周刊》总编辑。在国内文旅界首创娱乐营销和企业媒体化两大品牌和营销方法论，创造过不少国内娱乐营销的经典案例，同时，在企业自媒体建设上，有开创性表现。

无论从行业的利润水平和广告投入力度，还是消费者的决策模式，都决定主题公园的营销应该是一种老火煲靓汤似的过程，寄希望于广告的狂轰滥炸解决销售问题注定行不通，它需要一套符合行业规律、行业属性的新打法来建立自身的竞争优势。

我们在多年主题公园营销实践经验的基础上，总结出一套针对主题公园营销的方法论，我们称之为“娱乐化营销”。本文将着重探索如何以娱乐化营销破解主题公园营销的阿喀琉斯之踵。

二、认识娱乐化营销

（一）什么是娱乐化营销

说到娱乐营销，可能很多人首先想到的是明星代言、影视植入、综艺冠名等营销方式。这种想法显然是源于将娱乐营销中的“娱乐”与“娱乐圈”中的“娱乐”画上了等号，真正的娱乐营销并非单纯的“娱乐＋营销”，而是娱乐化营销，或者说营销娱乐化，用娱乐的思维和方式去做营销。

那么，怎么理解娱乐化营销呢？

娱乐的字面意思可以理解为通过一些动作使人在情感上产生愉悦的情绪。因此，娱乐化营销从字面意思上来解释，就是让消费者产生愉悦情绪的营销方式。让人产生愉悦的方式有很多种，讲一个笑话，做一个搞怪动作，或者满足一个愿望都可以让人愉悦。但是通过这些方式带来的愉悦属于比较浅层的愉悦，你不会因为一个人讲了一个笑话就与其结为朋友，但是如果你的愉悦感来自与对方在情感与价值观上形成的共鸣，那你一定非常愿意与对方成为知己。娱乐化营销的本质就是通过情感共鸣来引发消费者的购买行为，瞄准的是消费者的情感，而非以满足消费者需求为出发点，目的是让品牌与消费者成为知己，而非简单的供需关系。

因此，娱乐化营销的定义是以娱乐的方式，让品牌与消费者在情感上形成共鸣，从而促成销售的营销方式。娱乐化营销需要操作者树立娱乐的思维，先让思维娱乐起来，其后的一切娱乐便顺理成章。

（二）为什么是娱乐化营销

1985 年，美国媒体文化研究者尼尔·波兹曼在其著作《娱乐至死》中提道：

一切公众话语日渐以娱乐的方式出现，并成为一种文化精神。我们的政治、宗教、新闻、体育、教育和商业都心甘情愿地成为娱乐的附庸，毫无怨言，甚至无声无息，其结果是我们成了一个娱乐至死的物种。娱乐已是这个时代的传媒霸权，不管以何种方式，都只为博人一笑，艺术价值和伦理道德都可以弃置一旁，可谓“得娱乐者得天下”。

也许波兹曼的观点有些悲观，但是不可否认的是，娱乐正在像空气一样，侵入人们生活的方方面面。波兹曼的时代，一台电视就已经让人们“娱乐至死”，如今，无论是娱乐终端设备的品类丰富程度和普及程度，还是娱乐内容表现形式的丰富程度，都远超30年前，社交、游戏、综艺、短视频几乎瓜分了人们的全部业余时间。娱乐不会至死，但会让人上瘾。“得娱乐者得天下”这个观点到今天不仅没过时，而且表现得越来越彻底。

波兹曼的《娱乐至死》可以说给了主题公园营销人很大的启发。主题公园行业本身就属于娱乐业，在一个娱乐无处不在的时代，还有什么比娱乐化营销更适合主题公园呢?

体验经济时代，人们对消费体验的追求，就是对愉悦体验的追求。主题公园是最典型的为消费者带来愉悦体验的消费场所，因此，主题公园营销的核心任务就是让消费者感知到这一特性，娱乐化营销与主题公园的需求一拍即合。

对于很多主题公园营销人来讲，娱乐化营销并不是一个新鲜的概念，但是娱乐化营销如何落地，很多人并没有找到很好的解决方案。因此，本文的主要内容，不是停留在理论层面，而是化整为零，将娱乐化营销拆解为一个个具体的动作，从实践层面去阐述娱乐化营销在主题公园的战术打法。

三、主题公园娱乐化营销八法

我们前面讲到，娱乐化营销就是通过娱乐的方式，让品牌与消费者在情感上形成共鸣。那么，这些娱乐的方式是什么呢?这里分享主题公园娱乐化营销实践的八种方法，即娱乐化营销八法。娱乐化营销八法是根据主题公园的行业特征和产品特性，经过多年的实践总结提炼出来的一套营销体系，涵盖定位、新闻、内容、故事、主题、场景、IP、情感共八个方面。

（一）定位先行：定位是纲，纲举目张

美国著名营销艾·里斯和杰克·特劳特于20世纪70年代提出定位理论，指

出企业之间的竞争是争夺用户心智的战争。通过定位，让品牌在消费者的心智中占据一个真正有价值的地位，当消费者一想到要消费某个品类时，立即想到这个品牌。一个成功的主题公园品牌便是如此：当游客冒出想去主题公园游玩的想法时，首先想到的是你，而不是其他主题公园。所以，主题公园需要明确定位。

定位解决三个问题：我是谁？我的客户在哪里？他们需要什么样的产品？分别对应品牌定位、市场定位和产品定位。

主题公园在规划建设阶段就要明确自己的市场定位和产品定位，即弄清楚自己的客户在哪里，他们需要什么样的产品。当然，如果目标市场不止一家主题公园，我们还需要注意在市场定位、产品定位上与竞争对手形成差异化，以避免陷入同质化竞争。项目建成以后，我们就需要通过品牌定位来挖掘包装自己的差异化优势，告诉消费者你之于他们的价值在哪里。如果项目在规划建设阶段没能在市场定位和产品定位上建立差异化优势，依然可以通过品牌定位进行弥补。因此，做好品牌定位至关重要。

主题公园的品牌定位旨在向消费者传递企业核心价值，通俗讲，就是讲明白消费者选择自己的理由。每个主题公园都是特别的存在，都有吸引消费者的独特价值，品牌定位的中心工作就是找出这个独特价值。

对于主题公园来讲，因为产品丰富，可以同时列出多个让消费者选择自己的理由，但是鱼和熊掌常常不可兼得，每个亮点都想告诉消费者，反而可能让消费者记不住。因此，我们在实际操作中要避免贪多求全，最好只用一句话就说清楚消费者必选你的理由。诺贝尔经济学奖得主赫伯特·西蒙说："随着信息的发展，有价值的不再是信息，而是注意力。"注意力指的是人们关注一件事一条信息的持久程度，在信息极度过剩的今天，消费者的注意力越来越稀缺，留给企业展示自我的时间极其有限，我们要让消费者在最短的时间内记住自己。

定位是纲，纲举目张。定位一定要走在所有营销动作的前面，是万里长征的第一步。只有明确了定位，后续的所有营销动作才能方向明确，有的放矢。

（二）新闻至上：没有新闻就制造新闻

整合营销传播之父丹尼斯·舒尔茨有一个非常著名的观点：营销即传播，传播即营销。由此可见，营销最重要的使命就是解决传播的问题。而新闻传播无疑是所有传播中最常规的操作。要是连新闻传播都搞不定，那别的传播就更难搞了。

新闻包含六个要素，即"5W+1H"：谁（who）、何时（when）、何地（where）、

何事（what）、起因（why）、过程（how）。主题公园的消费场景特殊，具有人员多、时间长、空间大、元素丰富四大特征，5 个 W 已经满足了 4 个，可以说是天生自带新闻体质。

新闻操作得当，常常能够取得非常好的传播效果，为品牌带来不错的曝光。新闻营销具有成本低、传播广、公信力三大优势。

成本低。相比广告动辄成百上千万的支出，新闻营销的成本则低得多。因为营销活动具备新闻属性，本身就符合媒体的内容需求，因此无须投入高昂成本就可以撬动优质的传播渠道。

传播广。新闻媒体本身覆盖面广泛，且新闻具有二次传播性，当一条新闻出现在某个媒体上时，很容易得到其他媒体平台的转载，带来意想不到的传播效果，甚至形成病毒式传播效应。

公信力。新闻媒体作为官方机构具有公信力和权威性，对品牌能够带来非常好的背书作用。

因此，对于主题公园的运营者来说，一定要在营销体系中树立“新闻至上”的理念，善于发现新闻，没有新闻就制造新闻。那么如何去发现和制造新闻呢？有六种方法值得参考：

（1）发现有趣线索。2018 年，法国狂人国主题公园训练乌鸦当清洁工的事件，得到了纽约时报、太阳报、新华网、中新社等全球媒体的报道；2020 年，日本那须动物王国几只出生仅 47 天的沙漠猫幼崽，因长得太可爱而登上日本各大新闻报刊。由此可见，并非高大上的事件才是媒体的宠儿，有趣的小事件同样能够得到媒体，甚至是头部媒体的青睐。

有趣的线索既可以去发现，如那须动物王国的沙漠猫幼崽；也可以主动去创造，如狂人国的乌鸦清洁工。

好看的风景千篇一律，有趣的景区万里挑一。要想发生有趣的事件，首先景区得是一个有趣的景区，而有趣景区需要一群有趣的运营者，运营者有趣了起来，才能用有趣的眼光发现有趣的线索，用有趣的灵魂去创造有趣的事件。

（2）关注反常事件。美国媒体人约翰·博加特有个非常有名的言论：“狗咬人不是新闻，人咬狗才是新闻。”狗咬人并不奇怪，人咬狗才奇怪，一言以蔽之，“奇”才是新闻。在这个世界上，具备新鲜性、猎奇性、异常性的事件，总能成为人人关注的新闻。熊猫生双胞胎并不奇怪，但是生下三胞胎就非常新鲜了，因此当大熊猫菊笑生下三胞胎时，全国媒体的目光都聚焦在长隆野生动物世界。

不过，反常事件之所以被称为反常，就是因为不能经常发生。怎么办？反常事件虽然不常发生，但是可以被“制造”。所有的反常都源自正常，因为只有正常的存在，才有反常。因此。我们可以从经常发生的事件里面去挖掘反常的可能性。例如，正常情况下，婚礼都是在陆地上举办的，如果我们将婚礼搬到主题公园的过山车上，搬到水上乐园的水底下，那这就是反常的婚礼，就容易被媒体关注。

（3）善用照片说话。每次举办新闻活动，我们不仅要事先想好媒体报道的重点，还要让媒体拍到一张好照片。读图时代，图片传达的信息往往比文字更直观、更生动、更有感染力和传播力。我们常常以是否刷屏去判断一次营销活动的成败，图片无疑是朋友圈刷屏最好的原材料。

需要注意的是，善用照片说话，不能寄希望于现场摄影师的临场发挥，需要提前策划，对即将出现在镜头中的画面心中有数，再引导摄影师拍出符合要求的新闻照片。

（4）巧用特异人群。这里提到的特异人群，指的是有独特记忆点的人群。他们可以是文体娱乐明星、社会名流以及话题人物，也可以是具有特殊标签的人群，如三胞胎、百岁老人以及老红军等不多见的人群。前者自带流量，是媒体镜头追逐的焦点；后者经过与特定事件的结合，同样也能引起话题。

丹寨万达小镇策划的“轮值镇长”公益品牌项目，招募国内外、来自社会各行各业的仁人志士，到丹寨万达小镇当 7 天“镇长”，为丹寨扶贫开展有特色的施政活动，得到媒体的广泛报道。这里的仁人志士，就是特异人群。这些特异人群通过与“镇长”这一特殊身份进行结合，话题性一下就起来了。

（5）转换营销主体。除了动物类和演绎类主题公园，大部分主题公园的产品都是器械类设备，如果开发阶段没有通过大投入来占领同类产品的第一或做到唯一，很难挖掘话题。这个时候，我们就可以通过主体转换的方式，以人取代所要宣传的产品成为新闻的主角。相比生硬地介绍产品，通过人来制造新闻事件，能够更加生动形象地展示产品特色，让消费者更有代入感。例如某主题公园围绕十环过山车举办的空中集体婚礼，通过上百对新人的现场体验，让十环过山车成为网红打卡地。

（6）制造规模效应。国庆阅兵时英姿飒爽的人民子弟兵组成的方阵，矫健的身姿和整齐划一的步伐，给观众带来极强的视觉冲击力，让人强烈感受到国家的强大。这就是规模效应带来的效果。同样，主题公园也可以通过巧用规模效应来制造新闻事件。

在“关联特异人群”板块，我们提到三胞胎相比普通人更具有记忆点，如果某一天我们将数百对三胞胎组织到一起，可以想象那个场面，不论是视觉冲击力，还是话题性，都效果十足。

可能有的朋友会问，我们也经常制造新闻，但是传播效果并不好，这是为什么？答案就是，我们进行新闻事件营销的时候，优先满足新闻媒体的内容需求，遵循媒体的运作规律，其次才是企业品牌的植入。制造的新闻首先一定要有全新的新闻点，不要炒别人的冷饭；其次必须真实，杜绝弄虚作假，否则极易偷鸡不成蚀把米，反噬自己，给品牌带来伤害。

新闻无时不在发生，也许现在就在主题公园的某一个角落上演着，正等着你去挖掘。

（三）内容为王：不知道做什么，做内容

“内容为王”可以说是一个永远不会过时的定律。不仅是当下，未来也一定是“内容为王”的时代。

对于主题公园来讲，做产品，做营销，都需要“内容为王”。产品没有内容，来也匆匆去也匆匆，注定不能长久。过去大量的主题公园就因为缺乏内容而相继退出历史舞台，现在国家大力推进文化旅游融合发展，就是鼓励在旅游产品中加入文化内容，用文化内容去丰富旅游体验，拉动消费。营销更加需要内容，娱乐化营销强调的是与消费者在价值观上的共振和情感上的共鸣，达到这一目标需要大量的内容。同时，我们所处的是一个信息大爆炸的时代，消费者的注意力被海量的信息分解的七零八落，传播环境已经从碎片化时代进入到粉尘化时代。粉尘化时代的传播，内容的重要更加凸显，只有优质的内容才能让消费者为你驻足。

现在人们常常讲“流量为王”，但是流量怎么来？过去一段时间，各大互联网平台通过免费模式和补贴模式，砸钱吸引用户关注，短期效果还不错，但是补贴大战一过，平台重新洗牌，最终生存下来的，是那些能够生产优质内容的平台。因此，“流量为王”的前提是“内容为王”。

强调主题公园要“内容为王”，除了市场的需求，主题公园的特性也决定了其比其他行业更适合做内容。作为一个巨大的线下体验消费空间，这里产品丰富、游客聚集，我们既可以围绕产品做内容，也可以围绕游客做内容，也可以对产品和游客进行自由组合做内容。表达方式也可以多种多样，长图文、短视频或者网红打卡、专业航拍都可以快速制造出大量精彩内容。国内一大型野生动物主题公园在成立 20 周年之际，围绕动物肖像制造了大量优质传播内容，引起社会广泛关注，将一个企业内部年会做成了一次全城刷屏事件，实现口碑与效益双丰收。

相比快消品行业的广告轰炸，用内容取胜，可能更辛苦，见效也更慢，但却

基础扎实底子硬。前面讲过，消费者对主题公园的消费决策更漫长，也更理性，难以通过广告的饱和攻击达到快消品行业那样的效果。在浮躁的当下，全社会都在呼唤工匠精神，我们不妨“慢工出细活”。市场所敬重的，永远是有品质的真实内容，有内涵的原创内容，能够得到消费者认可的内容才有价值。

我们只有持续生产有价值的内容才能留住用户，赢得用户的尊重、信任和口碑，才能与消费者在价值观上形成共振，在情感上形成共鸣，才能让消费者产生足够的消费期待。

（四）故事传情：为品牌讲一个好故事

这个世界上最高明的行为，莫过于通过故事影响别人。高手都在讲故事，笨蛋才在讲道理。

美国著名作家安妮特·西蒙斯在其著作《讲故事》中提道：“用故事包装事实是一种强大的力量，能够为人们打开心灵之门，传递真相。”同样，用故事包装品牌，能够为消费者打开心灵之门，传递品牌价值观。

喜欢看综艺的朋友都知道，在很多选秀综艺节目中，选手都热衷为自己讲故事，从而打动评委和网友将手中的票投给自己。很多实力平平但凭借精彩的故事最后实现逆袭的戏码经常上演，为节目和选手本人赚足了眼球。

人类生来就喜欢听故事。小时候我们就喜欢在父母的故事中睡去，长大后我们依然喜欢听各种各样的故事，在畅销书排行榜上，人物传记等讲故事的书籍总是名列前茅。人们喜欢有情节的东西，引人入胜的内容比美食更有吸引力。

在国外的营销术语中有一个词汇叫 story telling，翻译过来就是讲故事。一个精彩的故事，能够让产品突破功能的限制，成为一个精神符号。人们付出数十倍于普通球鞋的价格购买一双飞人乔丹（AJ），肯定不是因为穿上 AJ 能够走得更快，而是 AJ 承载的是一种文化和精神。

对于品牌而言，讲故事可以高效地与消费者沟通，而且更加具有说服力。1985 年，顾客投诉海尔有一批冰箱存在质量问题。有人建议将这批冰箱重新改进，也有人建议作为福利发给员工。但是海尔的首席执行官张瑞敏却举起了大锤，将这些冰箱砸个稀碎。这个铁锤砸冰箱的故事，尽管让海尔付出了一些代价，但是换来的却是外界形成了“海尔重视质量”的认知，其效果比广告宣传不知要好上多少倍。后来，张瑞敏在谈到这件事的时候说：这把大锤是海尔走向世界的功臣。

技术发展到今天，不同品牌之间的产品质量几乎相差无几，据说莆田的假鞋在质量上都已经开始让正品怀疑人生了。但是两者的价格还是不可同日而语，真正体现出差异化的就是品牌，而能够让品牌形成差异化的最好武器就是讲故事。故事让品牌与消费者之间建立起稳固的联系，不仅是功能上，更是情感上，这就是人们常说的“品牌情结”。

其实很多企业都知道故事之于品牌的重要性，而且也在实践，但是最后效果却不尽如人意。这就好比做菜，同样的材料，通过不同方式的烹饪，做出来的味道差别非常大。所以，故事不是随随便便就开讲，方法很重要。讲故事有几个要点：

（1）真实可信。品牌故事不是编出来的，而是真实存在经得起考验的。根据实际的发展、真实发生过的事情，用令人信服、生动、毫不夸张的方式持续不断地讲同一个故事。很多主题公园的创始人起于草根微末，他们的奋斗历程不仅接地气，而且有感染力，这样的故事就可以多讲。

（2）能引起消费者共鸣。讲故事的目的在于消解产品与消费者之间的隔阂，让品牌走进消费者的内心，引起共鸣和认同。如果无法引起消费者共鸣的故事，不如不讲。

（3）具有传播性。故事要有新奇性、独特性，具备新闻和娱乐价值，最好不要讲别人讲过的故事。

（4）能成为企业文化和价值观的一部分。企业必须由卖产品、卖品牌上升到卖价值观和人文精神，并将这些追求和努力内化成企业的使命和血液。

（5）能对销售带来帮助。讲故事的目的是拉动销售，因此讲故事的同时也要考虑是否能够对消费带来帮助，如果讲完消费者的反应是“十动然拒”，那这样的故事也是不讲也罢。

（五）主题是魂：主题化你的产品

可能大部分人都会认为，既然是主题公园，那一定是有主题的。事实并非如此。全球知名咨询集团 AECOM 在 2018 年发布的《中国主题公园项目发展预测报告》中指出，“中国的主题公园概念相较其他国家更为宽泛，国内目前现有的主题公园中，无明显主题类公园占比 53%，由主打器械类骑乘设施的公园组成。”这样的数据也从一定层面反映出我国主题公园超过半数名不副实。

主题是主题公园的灵魂，好的主题会让主题公园插上腾飞的翅膀，而没有主题则让主题公园暗淡无光。

理想的情况是主题公园在项目建造阶段就已经有了令人激动的主题。如果建造阶段没有做好主题化，就如 AECOM 提到的，中国还有 53% 的主题公园没有明显主题。他们怎么办？

日本环球影城 USJ 给出了非常好的答案。USJ 自 2001 年开业以来，入场人数极不稳定，几乎连年亏损，2009 年谷底时期年游客量仅有 750 万人次。后来打造了海贼王、哈利波特等多个主题项目，将风靡世界的 IP 搬进公园内，才重新引来无数游客蜂拥而至。其中哈利·波特主题区建成后，环球影城连续 7 个月刷新入园人数。

当然，并非所有的主题公园都能像日本环球影城那样，有足够的资金实力去引进知名的主题 IP、完成园区的主题化改造，那么我们可以通过策划主题活动或者产品主题化来实现阶段性或局部的主题化，例如现在国内有不少景区通过举办万圣节主题活动来吸引消费者，这种阶段性的主题化改造，不仅成本低，而且产生的效果不比节日促销差。此外，与成熟的 IP 合作也是阶段性主题化的有效方式，景区与王者荣耀的合作就是借助游戏 IP 实现产品主题化的经典案例。

主题化为应用主题的事物提供了意义和象征性的表现平台。它会赋予这些事物一种超现实的意义，至少也是对事物真实意义的一种补充。主题化后，这些产品将变得比不使用主题时更加诱人和有趣。

（六）场景点睛：把产品做成场景

作为典型的体验经济消费，主题公园的消费者消费的其实不是产品本身，而是产品所带来的光环或衍生效应。产品并不会自带光环，因此，在营销上，我们要跳出“就产品说产品”的思维桎梏，以“曲线救国”的方式去推销产品。这种“曲线救国”的方式就是把产品做成场景。

为什么要把产品做成场景？

主题公园的产品，单纯从产品体验上来讲，基本上大同小异。场景化是制造产品差异化的一种非常有效的方式。

微信之父张小龙曾说：“营销是什么？一个字就是爽，两个字就是好玩。把产品放出去，如果他们用好玩来形容，那这个产品就做对了。因为好玩是一种可以口碑传播的舆论，是一种体验，功能不能传播，但一种体验很容易传播。”

主题公园的产品肯定是好玩的，但是基本上所有主题公园的所有产品都是好玩的，好玩并不能让你的产品在口碑传播中脱颖而出。对主题公园来讲，只有“不一样的好玩”才具备口碑传播的基础。

在产品功能大同小异的情况下，如何让消费者感受到不一样？对于主题公园来讲，游乐设备投资大改造难，硬件升级改造费用昂贵，从产品自身的角度去考虑并非上策。因此，我们需要从产品外去寻找突破口，给产品做“插件”，通过一个又一个“插件”去改变产品的场景。产品还是那个产品，不一样的“插件”营造不一样的场景，不一样的场景带来不一样的体验。

产品场景化有以下几种方式：

一是增设表演。主题巡游是产品场景化的一种不错的方式，不少水主题公园通过举办电音节去营造不一样的玩水体验。

二是高科技赋能。通过高科技手段，如数字影视、声光电等方式，带给游客一种全新的体验和新颖的参与方式。

三是举办主题活动。围绕产品举办民俗、潮玩、美食、音乐、游戏、体育等各种形式的主题活动，制造不一样的消费场景。

主题公园的产品随着时间的推移不断老化，对游客尤其是年轻游客的吸引力日益下降，产品场景化能够让产品不断迸发新鲜感。通过场景化，让产品成为一个酷炫、有情趣的消费场景，这样才能对消费者产生持久的吸引力。

（七）IP 制胜：自造或联姻 IP

IP 原本是英文“Intellectual Property”的缩写，直译为“知识产权”，互联网时代的 IP，更多指的是能够带来流量的作品，如一部著作（《三体》《鬼吹灯》）、一部电影（《玩具总动员》《加勒比海盗》）一档综艺（《爸爸去哪儿》《乘风破浪的姐姐》）、一个游戏（《王者荣耀》《第五人格》），甚至是一个名人（董明珠、吴晓波），都可以成为 IP。他们的共同特征是最为突出的特点就是优质内容的载体，能够在多个平台进行自主传播，获得关注和流量。

IP 是主题公园发展到一定阶段的必由之路。迪士尼现任 CEO 包正博（Bob Chapek）曾经直言不讳地表示：迪士尼成功的核心在于 IP。环球影城拥有的 IP 数量也相当可观。如今的主题公园，正在从一代产品景观观光型（锦绣中华、世界之窗）、二代产品器械游乐型（欢乐谷、长隆欢乐世界）向具有 IP 内容体验消费的产品模式转变。这个转变出现的背景就是当前主题公园的消费人员结构正在发生变化，“90 后”成为最主要的消费群体，这个以社群化、亚文化、二次元文化长大的族群，他们更偏好个性化而不是大众化的消费。

主题公园 IP 营销有两种方式，一种是自造 IP，另一种是引入 IP。

1. 自造 IP

日本熊本县打造的熊本熊 IP 可以说是当前最成功的自造 IP 案例之一。在主题公园领域，华强方特集团的“熊出没”也非常成功。熊本熊用两年时间为熊本县带来 12 亿美元的收入，而《熊出没》则成为中国知名度最高的动漫作品之一，“熊出没”主题元素也成为华强方特主题公园的核心产品。

此外，不少主题公园自造的节庆，如万圣主题节庆，因为粉丝群体不断壮大，市场想象力不断提升，也逐渐 IP 化。

但是，自造 IP 具有开发时间长、投入成本大以及失败风险高等缺点，因此，引入成熟的 IP 来快速建立影响力成为很多主题公园在营销上的重要发力点。

2. 联姻 IP

主题公园与 IP 合作的案例非常多，合作形式也非常多样，有以 IP 形象授权的形式合作：如日本人气动漫《海贼王》IP 授权给香港海洋公园打造的海洋公园夏水站，海洋极地公园推出《冰川时代 5》极地冰川主题体验活动；有以联合推广的形式合作：如方特与《羞羞的铁拳》联合推广；还有以内容深度植入的形式合作：如《奔跑吧兄弟》电影在三亚宋城主题公园拍摄。这些 IP 为景区输送了大量的人气。

不过，不少主题公园在合作过程中并没有充分挖掘 IP 的潜能。IP 合作的四大原则：

（1）抢喝“头啖汤”。如果不能喝到“头啖汤”，那么效果将大幅减弱。

（2）与企业气质相匹配。只有与企业品牌气质高度一致的 IP，才能起到双向强化作用。

（3）品牌参与 IP 营销全过程。双方资源要高度整合，品牌要参与 IP 方营销的全过程。

（4）乘胜追击。将 IP 与企业产品、促销相结合，提高流量变现率，为合作再添一把旺火，提高流量变现率。

IP 的本质是帮助品牌进行人格化的转变，用优质的内容填充个性、传递价值观，获得消费者的赞赏。

IP 之于主题公园的价值，在于制造主题与氛围，制造传播声量，塑造品牌气质，最终拉动销售。

由于 IP 具有超越时间限制、地域限制和文化限制的特性，因此它拥有促进品牌出圈的能力，可助力品牌走上更大舞台。那些善于制造 IP 或者联姻 IP 的主题公园，往往更成功。

（八）情感入心：为品牌注入情感

美国市场营销专家菲利普·科特勒把人们的消费行为大致分为三个阶段。第一阶段是量的消费阶段，人们追求消费的数量；第二阶段是质的消费阶段，人们追求消费的品牌；而在第三阶段，消费者最看重的，是与自己关系的密切程度。

与此对应的，营销的发展也历经了三个时代。营销 1.0 时代以产品为中心，所有活动都是以销售产品为目标，4P 理论与 USP 理论成为这个时期广告营销人的信条；营销 2.0 时代是以消费者为中心，消费者对企业产品要求越来越多元，企业需要对市场进行细分，针对不同的消费者采取不同的营销策略，此时占据主导地位的理论是 4C 和 STP 理论。当前我们已经进入营销 3.0 时代，核心特征是人文精神，企业要努力满足消费者的情感需求。

随着消费不断升级，消费者市场已发生了巨大改变。尤其是新一代的年轻消费者，想要的远远不止产品基础功能，更多是为了追求情感上的寄托，以及精神个性上的满足。

这也是为什么符号消费会成为当今经济社会不容忽视的一种消费现象。很多人愿意花两三个小时排队买一杯喜茶，再拍图发布到社交媒体上。对他们而言，那已经不单单是一杯奶茶，而是一种情感消费符号，背后更多的是不甘落后潮流的自尊心，以及受到他人认可的欲望。

美国认知心理学家唐纳德·诺曼说过：“人类总是想把事物拟人化，把人类的情感和信仰投射到所有事物上。”在符号消费肆行、产品娱乐化的时代，赋予品牌人格化魅力，凸显人类情感属性，增强客户黏度，实现品牌溢价。

马斯洛需求理论将人的需求划分为五个层级：生理、安全、社交、尊重和自我实现。旅游实际上是一种覆盖了多个层面需求的活动，游客既想获得生理上的感官体验，又期望在旅游中结交朋友，扩宽视野，实现自我价值。随着经济的发展，旅游动机逐渐更加倾向于高层次的需求。主题公园本身就是贩售精神产品，所以在生产改造旅游产品时，应该更加注重情感力量的输出，这样才能真正打动用户，让用户愿意消费，乐意消费。

那么如何做，才能将情感注入品牌，使之具有人格化特性？

首先是要发现目标消费群独特的情感需求，并要为这份情感需求提供强有力的支撑点。很多品牌都在产品功能属性之外，引入了新的情感维度。比如贝纳通的“年轻一代的价值观”，哈雷的“自由、冒险”，999 感冒灵的“偷偷关爱”

等。这些理念不仅符合目标客户群体的特点，并且极具正能量，很容易让用户产生内心共鸣，滋生感动。

之前我们发现，在中国，“亲子关系缺失”其实是很常见的事，恰好亲子人群又是主题公园最主要的目标群体，为此我们做了一部《爸爸再不陪我，我就长大了》的公益纪录片。每次播放这个纪录片，下面观众都会被深深打动，这些表现足以说明他们认同品牌所提出的重视亲情、重视亲子关系的价值观。这是我们针对亲子人群，去满足他们情感需求所打造的内容。

还有非常重要的一点，也是体现企业战略化思维的一点：要持之以恒地坚持既定的情感诉求。冰冻三尺非一日之寒，构建品牌形象是日积月累的工作，当确定了情感诉求，就要坚持下去，让它能成为企业文化和价值观的一部分。因此，主题公园的产品、营销等都应该基于既定的情感诉求进行塑造，这样才能不断刺激消费者的需求痛点，加深对企业形象的认知。就像迪士尼的一切产品，都是围绕着“平等、欢乐的造梦工厂”这一主题所推出的，所有的卡通形象与故事，都是善良、正义与勇气的化身，连续性的品牌形象强化输出，让游客不断感受到情感层面的满足与交流。最终迪士尼品牌也成功地变为了一个消费符号。

情感就是品牌的荷尔蒙，没有情感的品牌没有资格跟用户谈恋爱。满足消费者情感需求，是企业用来输出价值观与人文精神的武器。同时，企业也可以将这些追求和努力内化成自身的使命和血液，自下而上地打动客户。

（九）小结

可能有的读者会疑惑：娱乐化营销不是说要与消费者情感共鸣吗？娱乐化营销八法中有几种方法好像并没有强调与消费者共鸣。没错，娱乐化营销是总体纲领，是战略思维，是主题公园活动策划和内容制造的指导思想，娱乐化营销八法是娱乐化营销思维的载体和表现形式。制造新闻和内容貌似与消费者共鸣没有关系，但是我们在实际操作中，坚持贯彻娱乐化营销思维，那么我们的内容便更容易脱颖而出。

可以发现，这八种方法并非孤立的存在，而是环环相扣。首先定位是其他七个路径的基础，先明确定位，我们才知道应该制造怎样的新闻，生产怎样的内容，打造怎样的主题，策划怎样的节庆，引进怎样的 IP。我们打造主题、策划节庆、引进 IP，都可以是新闻事件，也可以生产出大量的内容。打造主题、策划节庆与 IP 密切相关，而所有的动作都是为了与消费者进行情感沟通，与消费者形成价值观上的同频共振。因此，娱乐化营销八法的每一个动作都需要统筹思考，力求将营销动能发挥到最大。

四、主题公园娱乐化营销的八个要点

（一）大规模定制化内容生产

我们在“内容为王”的篇章讲到了内容的重要性。既然内容如此重要，那我们就应该以内容制造为营销工作的第一要务。在内容生产制造的过程中，我们主要抓住两个关键词：一个是大规模，一个是定制化。

1. 大规模内容生产

2019 年 1 月 25 日，习近平总书记提出了“四全”媒体这一全新概念，即全程媒体、全息媒体、全员媒体、全效媒体①。其中全程媒体表明，媒体突破了时空尺度，零时差，信息随时随地传播。因此，主题公园应当通过对各种媒介形态的综合利用，借助多种传播载体、平台以及渠道进行融合型、多层次、全方位的信息生产、传播以及消费。怎么做？大规模内容生产。我们前面在“内容为王”的章节讲到主题公园是内容的富矿，那么如何去挖掘这些内容呢？这里也分享几种方法。

（1）原创自制。就是主题公园企业内部人员自己去生产内容。做到这一点其实并不难。现在是“全员媒体”时代，谁都有条件制造内容：能写的可以发文字，能拍的可以发图片，能录的可以发短视频。发动全员的力量，去制造内容。当然，我们也可以成立专门的内容部门，去生产更专业的内容。

（2）结盟具有强大分发能力的机构。一些机构不仅能够生产专业内容，而且拥有内容分发的能力，我们可以与这些机构进行结盟合作，以较低的成本撬动更大的传播。

（3）与专业内容生产机构合作。电视台以及各类专业内容制造公司的内容制造能力肯定强于自己的团队，因此在原创自制无法满足推广需求的时候，可以考虑与他们合作。

（4）激活消费者的创作欲。很多网红打卡地的出现，都源自消费者自发的传播推广，这种内容传播的力量，往往能够带来意想不到的惊喜。因此，我们要为消

① 王绍忠，谢文博．“四全”媒体是媒体融合发展的必然趋势［EB/OL］．［2019－04－01］［2020－07－03］．http：//theory. people. com. cn/n1/2019/0401/c40531－31005870. html.

费者创造令他惊喜、感动、荣耀的产品和活动，激活消费者分享和炫耀的冲动。

2. 定制化内容生产

与外部机构合作，机构自身的内容需求与主题公园企业的内容需求往往存在一些天然的矛盾：机构要“讨好”自己的消费者，所以其内容不能太硬；主题公园要宣传推广自己，所以要求内容尽量多曝光品牌。

化解这一矛盾的最好方法就是内容定制化。主题公园的一大特色就是场地空间，可以邀请外部机构到主题公园来拍摄他们需要的内容，这样就可以同时满足双方的需求。

（二）IP 合作奉行头部优先原则

帕累托法则告诉我们，在任何一组东西中，最重要的只占其中一小部分，约 20%，其余 80% 尽管是多数，却是次要的，因此又称二八定律。

20% 的人掌握了 80% 的财富，20% 的企业赚走了 80% 的钱，同样，20% 的 IP 占据了 80% 的流量。在注意力经济时代，只有头部 IP 才能给品牌带来革命性的改变。

头部 IP 除了流量集中，还有一个特征：贵。对很多主题公园企业来讲，与头部 IP 的合作常常是一笔难以承受其重的投入。怎么破解这个难题？我们前面提到，IP 合作的一个很重要的原则，就是抢喝“头啖汤”。抢喝“头啖汤”是一项颇有难度的技术活。

人们常讲：三十年河东，三十年河西。过去很长一段时间，传统文化一直没有得到市场的重视，反倒洋文化在国内大行其道。现在，伴随着国潮的兴起，传统文化迎来了属于自己的高光时刻。各行各业一直在风云变幻，一个不受人待见的领域，指不定哪天就成为炙手可热的香饽饽。这就要求主题公园营销人员有敏锐的眼光和超前的思维，去捕捉市场的下一个热点。抢喝头啖汤，不仅效果好，而且因为 IP 的市场化进程还处在摸索之中，合作门槛往往会低很多。

产品是铁，服务是钢，没有 IP 饿得慌。IP 合作，头部优先。

（三）强化节点设计和营销

节点设计往往有着不亚于产品本身的强大吸引力。“节点经济”主题公园将探索多种创收途径。欢乐谷、方特、迪士尼等主题公园充分利用万圣节、情人节等节点特性，设计融入中国元素打造系列活动，在“节点经济”中挖掘新的营收增长点。

“节点经济”有助于主题公园突破季节的限制，能成为主题公园新的盈利增长点，是中国主题公园值得深挖的领域。

节点营销有三大注意：

（1）注意时间。并非任何时间都任何造节，旺季造节要注意园区的接待能力，淡季造节要考虑游客的出游意愿。

（2）注意差异化。最好不要跟风，即便是跟风，也要强调创新，不一样的体验是消费者选择你的理由。

（3）注意体验设计。做好体验设计，让消费者真正感受到节日的氛围，并且难忘。

（四）将产品做成生活方式

我们经常说的一句话是，三流企业营销产品，二流企业塑造品牌，一流企业创造价值观和生活方式。

其实这句话有些绝对。更准确的说法是，企业在初始阶段一定要以产品为核心，尤其对于那些新开张的企业，产品是营销的重点；企业发展到一定阶段，就必须品牌主导。品牌是企业获利最大、最持久的驱动力量。但放眼世界，真正伟大的企业无不在输出价值观和生活方式，比如苹果，可口可乐，迪斯尼等。

菲利普·科特勒几年前出版了《营销 3.0》。他提出：1.0 时代以产品为中心，2.0 时代以消费者为中心，3.0 时代则以价值观认同为中心。3.0 时代的重点就是企业要输出自己的使命、愿景和价值观。

对于主题公园来说，最终极的价值在于为消费者打造生活方式。一旦你的产品成为生活方式，则没有力量可以阻挡消费者的汹涌而至。

要打造生活方式，我们依然要改变“就产品说产品”：动物园以动物观赏和互动作为卖点、游乐园以刺激的游乐设备为卖点……

未来不管是动物园、游乐园还是其他什么产品，都将是一个生活空间，一种满足现代人需求的或时尚潮流或炫酷激情或文艺温暖或休闲康养的生活方式载体。它们与其他生活空间不一样的地方是，它们具备动物、游乐设备或其他的背景和底色而已。

这就要求我们的景区经营者具备良好的消费者洞察力，强大的资源整合能力和文化创意能力，以及“高感性”的气质。

丹尼尔·平克指出，未来属于有创造力、具同理心、能观察趋势并为事物赋予意义的“高感性人群”。

这群人具备六个特征：不只创造功能，还重设计；不只论述观点，还会讲故事；不只会谈专业，还会整合；不只求证逻辑，还懂得关怀；不只展示正经，还会玩乐；不只顾赚钱，还寻求意义。

我们可以对照一下，我们离这个要求有多远的距离？这个距离就是一个优秀的企业到一个卓越的企业之间的距离。

（五）联合营销，抱团打天下

主题公园不能移动，除了通过内容传播，还有没有其他方式走近消费者呢？有的，把腿接上，或者说“抱大腿”。所谓的大腿，是湖南卫视、中央电视台、浙江卫视等这些卫视，还包括爱奇艺、优酷、腾讯视频、京东、头条等这些头部企业，当然也包括中国顶级的一些家电企业、金融企业、信息（IT）企业、通信行业企业等。要通过一些联合营销或者跨界的合作，去降低我们的营销成本，同时又很好地去利用别人的流量，利用合作方的消费场景去推广我们的产品，这个是未来各个景区要高度重视的，当然这个需要有个过程，因为景区跟其他企业打交道不是很多，资源的积累需要时间。

这里有一个简单粗暴的建议：跑客户，用自己的腿去为企业接上“大腿”。我们可以专门组建一些客户小组，一家一家的去跑大型企业，去跟他们讲我们的产品，去跟他讲我们怎么去做联合营销。经过一段时间，有一单、两单、三单事情做成了以后，它就会很快产生一个示范和从众效应。

凡事预则立，不预则废，主题公园必须得有这样的一个超前的眼光、超前的意识，你才会源源不断的有这些东西进来。

如果跑客户没有效果，还有一个方法，委托一些有此类资源的专业机构，把腿接上。

（六）媒体投放，精准打击

美国百货商店之父约翰·沃纳梅克说：我知道在广告上的投资有一半是无用的，但问题是我不知道是哪一半。这句至理名言被称为广告界的“哥德巴赫猜想”。100 多年过去，随着营销思维以及各类媒介技术的进步，我们也开始找到一些破解的方法。

当我们手里握有一笔投放费用，怎样分配才能让效果最大化呢？这里分享一套媒体投放与资源分配的方法论，我们称之为媒体投放“黄金十二法则”。这套法则有的内容我们在上面进行了重点讲解，有的我们也将在下面进行重点阐述。

（1）内容为王。媒体投放，我们依然强调内容为王。优质内容是制胜的法宝。

（2）裂变式营销。基于大事件、大活动、大 IP 的，整合全媒体尤其是社交媒体的社会化营销是可能引发瞬间爆发的力量。

（3）搜索持续优化。搜索引擎类媒体及长期持续的优化是每个企业营销的基础性布局。

（4）硬广软化。尽可能硬广内容化，让硬广投放产生二次传播的机会。

（5）尽量去干扰化。户外拦截性媒体是相对受干扰较少的媒体形式。

（6）合作定制化。网络、电视节目的合作仍是重要手段。但必须是基于线下内容植入的合作，甚至是定制性合作。

（7）持续的创新合作模式。高举高打、占领国内头部媒体资源是必然的选择。但要尽量考虑投放的创新性以及与媒体的战略结盟。

（8）渠道与品牌良性互动。对渠道的投放须保持适度的力度，并且与品牌层面的投放形成良好的互动关系。

（9）品效合一，统筹兼顾。兼顾品牌传播和销售诉求；兼顾全年持续品牌曝光和节点前强力引爆。

（10）内容与媒体最优化。传播媒体的内容选择上，总体而言，视频优先，尤其是短视频；静止媒体，视频优先；移动媒体，图像优先。

（11）新闻炒作常态化。长期、持续的新闻事件传播是保持企业品牌和产品曝光的高性价比手段。

（12）企业媒体化。自媒体建设是传播媒体坍塌、网络媒体流量成本居高不下后企业传播的必然选择。

（七）与娱乐联姻

我们在前面强调娱乐化营销的“娱乐”与娱乐圈的“娱乐”不能画等号，但并非没有关系，实际上，前者对后者有着包含的关系。本章节我们要探讨的就是娱乐圈的“娱乐”，娱乐化营销怎么能少得了娱乐圈的参与呢。

不管媒体环境怎么变幻，娱乐圈一直是顶流的存在，从综艺节目，到各类影视剧，连年爆款频出，从来不缺话题和热度。过去有《超级女声》《爸爸去哪儿》《中国好声音》等综艺霸屏，现在《乘风破浪的姐姐》爆红，连带着一些已经过气的女明星，再度成为人们茶余饭后热议的对象，就连这些姐姐们吃过的食物喝过的酒水，都成为网红爆款。这种肉眼可见的哗啦啦的流量，任谁见了都会流口水。

这些娱乐内容的带货能力不仅体现在商品上，对景区的作用也是非常明显。《卧虎藏龙》让安吉竹海成为闻名遐迩，《后会无期》的热映让东极岛一票难求，《爸爸去哪儿》更是被称为行走的旅行指南，所到之处皆成为热门打卡地。

近年来，《爸爸去哪儿》《中国好声音》《奔跑吧兄弟》《奇妙的朋友》等综艺节目，以及《捉妖记》《功夫熊猫 3》等影视剧先后成为主题公园合作的对象，收获了巨量的曝光，让品牌走出广东，走向全国。

主题公园有着良好的空间资源，能够为影视和综艺类节目提供资源支持，例如提供取景或拍摄场地。不过，随着行业的需求日益旺盛，娱乐节目的合作费也是水涨船高，合作的门槛也越来越高。尽管如此，我们也不要放弃与娱乐联姻的想法，毕竟主题公园与娱乐有着相同的底层逻辑，都是精神性消费，都是为消费者带去快乐。

（八）企业媒体化生存

前面讲到，营销最重要的是传播。依靠外部的平台，我们需要付出较高的成本。但是如果我们自己就拥有传播平台，那成本就可以降低很多。

“媒体化生存”的意思是什么呢？就是说你整个企业就得像一个媒体一样去工作和思考。无论是董事长、总裁，还是每一个普通员工，你要把自己化身为一个或者想象为一个媒体人，要从媒体的思维去考虑，我有什么东西可以传播，我需要传播什么东西，我怎么传播才有效果，只有真正做到这一点，这个企业的内容制造或者自媒体才能取得一个突破性的发展。

早在 20 世纪 90 年代的时候，有一个美国的学者叫作尼葛洛庞帝，他提出一个说法叫数字化生存。他说未来所有的企业都将是互联网企业，无一例外。这个观点非常令人震撼。因为 90 年代的时候说到互联网企业（当时还不叫互联网企业，而是叫 IT 企业）不就是微软、英特尔、思科、联想、北大方正、清华紫光、巨人这样一些企业吗？我们这些普通的企业怎么可能是 IT 企业？事实证明 10 年以后、20 年以后，的的确确现在所有的企业都成了互联网企业，都必须“数字化生存”了。

虽然我们现在提“企业媒体化生存”这个话，大家听起来可能觉得有点突兀，但是相信10年以后，大家再回头想到这个问题的时候，一定会觉得我们所说的这个话是正确的。就是：未来所有的企业，不仅是互联网企业；所有的企业也都将是媒体。所有的企业都必须像媒体一样思考，“媒体化生存”。

主题公园天生就是一个很好的媒体平台，而且是一个沉浸式的、体验式的媒体传播平台。因此，赶紧建立自己的企业自媒体矩阵，形成自己的强大的内容制造能力。因为基于自媒体和社交网络进行的内容营销是一个成本最低、效果最好的传播方式。而且它不仅是一个传播平台，还是一个销售平台，而且也是一个数据库营销的平台，三位一体，可以非常好地实现企业未来竞争战略优势的构建。

1. 企业自媒体建设必须是“一把手工程”

企业自媒体有两个建议：一是一定要是“一把手工程”。因为目前企业里面做自媒体的人级别不够高，很难调动整体的资源来做这样一个需要全局性、战略性思考和布局的事情。这个事情必须得老板自己重视起来，甚至老板要亲自抓。亲自抓内容、亲自找人、亲自组织转发，亲自给团队和整个公司去制造氛围和压力，去推动这个事。二是每个企业都需要一个首席内容官。英特尔早在几年前就开始设置这样的高级职位。大家可以参阅一下前英特尔全球营销战略总裁帕姆·狄勒撰写的《首席内容官：解密英特尔全球内容营销》一书。书中强调，在互联网时代，每一家公司都需要一位“总编辑”，一位擅长用内容打动用户的“设计师”，一位具有跨界思维、擅长跨区域整合战略、长袖善舞的“首席内容官”。

2. 打造去企业化的企业自媒体

企业自媒体有三个不同的发展阶段。1.0时代就是现在还是有很多的企业的所谓的自媒体，其实就是它的企业报或者企业内刊的一个电子版而已。讲来讲去都是企业内部的那点事儿和老板的那点事儿，这个我们把它称之为1.0时代的企业自媒体。

2.0时代的企业自媒体，还是企业的自媒体，还是冠以企业的标签。比如说我们很多企业的自媒体，还是叫××（企业名）自媒体。但是因为它所做的内容已经有一定的社会性，有一定的外部性效应，所以它相对来讲比较容易获得消费者认同。比如说有的企业自媒体很多的跨界合作，有很多跟影视IP的合作，有很多自制的、创意的内容，所以尽管这样的自媒体仍然有企业标签，但实际上他们的内容已经具备相当的可读性。所以它已经突破了1.0时代，基本具备了一个媒体的属性和价值。

但是我们认为这样的一个形态还是不够的，未来的企业自媒体应该是没有企业标签的，或者有企业标签，但是它的内容是去企业化的。也就是说我们未来的自媒体应该是一个企业投资的、针对企业目标消费人群的、以第三方形象出现的这样一个媒体。

我们未来打造的3.0时代的企业自媒体，应该是针对我们的目标客户的需求而设计的、超越企业内容界限的。

一些大的企业尤其全国连锁型的企业，在3.0时代企业自媒体的打造上是很有竞争优势的，如华侨城集团、海昌集团、华强方特集团、长隆集团等。他们可以利用其全国性的触点和丰富的内容，广泛吸纳私域流量，形成针对全国目标消费者的巨量企业自媒体。

3. 让私域流量成为企业的战略资产

这两年大家都在讲私域流量，其实很多人没有弄清楚什么叫私域流量，什么叫所谓的公域流量。所谓的私域流量就是说你企业通过自己的运营，比如说公众号、抖音、微博、App、各种平台所得到的数据或者是流量，这个叫私域流量。

现在大家都能够看到私域流量的价值所在，问题就是说谁能够先做，谁的思维能够领先，谁就能够提早地获得好的回报。作为景区，你必须得提早布局，必须得有超前眼光，必须得一把手下决心。在我们服务的客户的选择过程中，我们往往要选择必须直接跟董事长和老板对话，因为只有老板和董事长他们认同你的价值理念，企业才可能形成一个很严密、很完整、很超前的战略，否则事倍功半。

4. 用社群激活、连接用户

社群的打造非常非常重要。我们刚才也讲到说企业自媒体也好，或者私域流量也好，但这些东西怎么样把它最后转化为销售？其实很重要一点，就是社群的力量。你仅仅只是有一些冰冷的数据是没用的，你必须得让这些数据变成活生生的人，你必须得跟这些活生生的人去交流、互动，让他们对你产生信任感，产生认同感，甚至说产生崇拜感，或者至少产生平等交流的共鸣感。所以社群的建设也是未来企业非常非常重要的一个战略。每个企业都要去通过社群的建设，跟你的消费者建立共同的理念，或者让消费者认同你的理念。举个例子，比如说像“一条”。“一条”它本身就是一个媒体，因为它是媒体，它有它自己独特的价值观，有它独特的理念，所以当它转为一个销售平台的时候，很多人愿意追随它。因为我就认同你的审美观，认同你的价值观，所以你推荐的产品我就愿意接受。

早期罗振宇卖书其实也是这个道理，因为我认同你的价值观，认同你对于知识产品的这样一个评估系统，所以我就愿意去买你所推荐的书。再有一个例子就是阿那亚，这个房地产企业通过社群营销和品牌、产品设计，成功地将自己塑造成为了文旅行业的榜样。从某种维度来说，是社群营销成就了阿那亚。

5. 从经营产品转为经营数据

企业要建立数据经营思维，这要求我们走出产品思维。把基于用户需求的，数据资产的管理、运营放在战略性的位置。

当我们的企业在销售完产品以后，我们怎么样去继续发挥这些数据的价值？作为景区来讲，如果我们仅仅只局限在如何提高游客的公园和酒店复购率，这个是远远不够的。因为景区的消费是一个非常低频的消费，你的数据资源得不到很好的利用和发挥。

对于未来企业经营来说，数据是一个最最重要的战略性资产，我们不仅要去收集这些数据，同时也要从战略的角度考虑怎么样去形成一个重复销售的平台和机制。过去我们不仅在数据库营销方面的重视程度不够，同时我们在文创产品的开发，对线上可销售产品，以及对我们的消费者画像方面，是缺乏战略性部署的。

对于景区来说，每年有几百万、几千万的购买消费人群很重要，但更重要的是，如何通过平台的搭建，让这些人群如何成为你的产品（包括旅游产品和其他各种产品，如衍生品、文创产品、适合目标人群的特色产品等）的持续消费者。

五、总结

主题公园有自己的底层逻辑，它的打法、节奏、力度和资源整合方式，甚至外部合作方式都有其独特而生动的差异。如果可以尽快弄懂这些规律，那么我们可以少走不少弯路。主题公园是一个老火煲靓汤的行业，它必须得沉下心来，扎扎实实的一步一个脚印地走向成功。

这么说并不意味着主题公园的营销就不会出现爆炸性效果，而是你必须得用时间来累积这个爆发效果。比如说一个主题公园项目的推广，并不是在这个项目开业前两三个月才开始做推广，而是从这个项目拿到地开始，就不断地在制造各种新闻，创造各种传播，营造各种消费者期待。经过两三年的积累，自然水到渠成，瓜熟蒂落。到了那个时候同样会产生一个爆发式的效应，而且你这两三年所花的费用一定会比你在两三个月里面花的费用要少得多，性价比肯定高得多。

主题公园并没有太多的资金供你狂轰滥炸，饱和攻击。它需要的是长期、持续、有战略思考的步步为营、稳扎稳打。所以主题公园要尽快去建立这样的一个品牌和营销的战略思维，尽快着手部署营销动作，你越快动手，你就越能够尽早地用较少的成本形成较大的竞争力。当你在做一些新项目或者推出新产品的时候，你就可以迅速地点燃和引爆，而不要指望只是在开业前两三个月，拼命地去砸一些广告来取得效果，这个是完全不可行的。

在营销费用有限的情况下，娱乐化营销无疑是最适合主题公园的营销手段。娱乐化营销的核心是内容制造，基于内容的社会化营销，将是未来最为重要的抓手。改变的可能是形式，但不变的永远是内容和生产内容的能力。

无娱乐，不营销，赶紧让你的主题公园娱乐起来。

参考文献

[1] 斯科特·麦克凯恩．一切行业都是娱乐业［M］．北京：中信出版社，2019.

[2] 特劳特．定位［M］．北京：中国财政经济出版社，2002.

[3] 泊明．所有营销都是娱乐营销［M］．广州：花城出版社，2016.

[4] 尼尔·波兹曼．娱乐至死［M］．北京：中信出版社，2011.

[5] 大前研一．低智商社会［M］．北京：中信出版社，2010.

[6] AECOM. 中国主题公园项目发展预测报告［R］．网易，2018 - 11 - 09.

[7] 前瞻产业研究院主题公园行业报告［R］．前瞻产业研究院，2019 - 7 - 8.

[8] 秦先普．中国主题乐园 IP 资源布局与案例分析［J］．中国广告杂志，2016（7）.

玩向2025，展望亲子游乐智造4.0

李慧华　谭　亮　孙　恬　林　琰*

一、序言：居安思危，以先行谋远者为鉴

时代潮涌，中国产业结构全面调整升级也正轰轰烈烈地奔腾向前。亲子游乐作为直接享受国民经济持续增长重大红利的行业，其发展也正在发生着自身的变革。3~5年来，室内乐园已经经历了至少两轮发展更迭，资本入局与租金推高之下，分化出服务创新导向与主题装修导向两大发展路径，大多数店铺的产品样式虽然有所更新，但是核心玩法仍然与十年前大同小异。全国范围内各种主打亲子客群的户外游乐产品也蜂拥而起，因为门槛低、周期短，某些局部已经开始进入区域性的红海，各家乐园开始被价格战的阴影裹挟向前。

从现在到2025年，我们该怎么玩？

在行业正在整体逐渐进入成熟期的当下，人口和发展的红利还能吃多久？低成本、低品质的快钱还能挣多久？有没有更加健康的发展方向？如何给孩子和父母一个更加具有价值性的乐园产品？这些问题是全行业必然无法逃避的问题。

与同时期且发展成熟度更高、竞争压力更大的制造业相参照，我们认为中国亲子游乐行业也终将进入一个类似于制造业4.0的时代。关于制造业4.0这一概念的描述，国内外各种资料汗牛充栋，在此不做赘述。所谓4.0，核心关键在于运用数据与物联网，将生产物流消费等诸多环节整合成闭环，为消费者

---

* 李慧华，季高集团总裁、创始人，季高兔窝窝亲子乐园品牌创始人。
谭亮，华东师范大学学士，季高集团策划总监，长期从事旅游规划行业研究。
孙恬，英国谢菲尔德大学硕士研究生，季高集团研发负责人，长期从事儿童乐园专项研究。
林琰，上海师范大学旅游管理硕士研究生，季高集团项目策划经理，长期从事旅游规划策划。

提供个性化定制与低价格高质量的消费品，从而实现极其精炼的成本与极高的效益。

亲子游乐行业作为无法虚拟运营的行业，一旦投入真金白银落地建设，必然追求成本的精炼与效益的最大化。以制造业4.0为借鉴，我们是否也可以基于对游客的深度再认识，重构亲子乐园从商业设想到落地运营的全新闭环和生态系统？如何在新形势下为游客提供个性化定制与低价高质的亲子游乐产品与服务？这应该是引发全行业思考的问题。

二、反思：时移事易，围绕用户创新闭环

通过对全国多个亲子乐园的观察与了解，我们发现：即使在同一城市、相近区位条件、拥有类似资源基底条件、产品档次相当、门票定价也非常接近的亲子乐园，其经营情况也会出现比较明显的差异。除了交通条件、开发节奏、运营团队的管理水平等影响因素之外，还有如下几个显著的痛点：

（一）对用户需求缺乏更加精细的分层与理解

亲子游市场需求端的持续火爆，使得多数亲子乐园在运营方面尚未进入竞争的“红海”。良好的经营业绩“一白遮百丑”，使得亲子乐园的参与者们，无论是投资者、设计建造者还是运营管理者，都缺乏动力对事实上存在较大差异的用户进行进一步的细分与理解，做不到“用户画像”的持续更新。

实际上3～14岁的孩子对玩乐这项活动的需求差异是非常巨大的，陪同孩子进入亲子乐园的家长因其性别、年龄、职业、教育背景、收入水平等要素带来需求也有显著的不同。再叠加入园的时间段、天气情况等诸多外部条件，会产生更多的细致需求，期待得到响应。做不到对用户需求的细分，就不能创新产品与服务，也就无法应对人口红利逐渐退潮的未来局面。

（二）产品迭代速度低于目标用户审美迭代速度

亲子乐园的目标用户——20世纪80年代出生的父母和2006年之后出生的孩子——身处信息时代的浸润，每天都处在电子显示屏的包围之中，高速处理知识

爆炸与信息过载带来的海量信息。由摩尔定律[①]和安迪·比尔定律[②]带来的虚拟世界正在不断扩张边界，无数的游戏、娱乐、交互，方式不断推陈出新，给用户的刺激也不断加码，这种生活环境推动了他们对于游乐这项活动的审美不断迭代、高速前行。

举例而言，在中国，一款手机游戏通常在推出6个月之后就会逐渐进入疲倦期，甚至有些游戏的生命周期仅有2~3个月时间。虽然手机游戏行业与亲子游乐行业本身的竞争格局大相径庭，但二者所服务的核心用户有相当一部分是重叠的。从这个角度而言，聚合了大量资本与产业链精英人才的手机游戏行业，事实上加速了亲子乐园核心客群的审美迭代速度。按照行业经验，亲子乐园的设备更新周期为“3年小调整，5年大换血”，这个迭代速度未来将越来越跟不上用户的审美迭代速度。

（三）设计过程中场地思维主导和用户思维缺位

在传统的亲子乐园设计过程中，游乐园设计者习惯于采用“场地+设备+景观”的技术路径来完成对乐园空间的构建。在这一过程中，通常被考量的是“场地如何与设备相匹配?”“景观与用户的视觉感受如何相匹配?”“道路交通与人流动线如何相匹配?”三个主要问题。这样的传统设计思路较少的照顾到用户在乐园内部的具体使用需求，例如，儿童在游玩过程中的需要和小朋友保持怎样的距离？家长认为孩子玩耍时距离自己多远才能不那么担心？夏天太阳晒了怎么办？儿童随时要洗手洗脚怎么办？儿童玩耍多久之后会耗尽体力，需要休息和补充能量？诸如此类更加具体而微的用户体验需求在目前的乐园设计中通常并没有得到充分的重视，导致在实际运营中，用户体验成为被吐槽最多的地方。

究其原因，一方面是大多数的游乐园设计者本身并没有真正从“场地思维”向更高级的“用户思维”转变。另一方面是乐园设计、建设、运营三个环节常常由不同的主体来实施，相互之间技术立场不同造就了相互割裂的局面。

---

① 摩尔定律，是由英特尔（Intel）创始人之一戈登·摩尔（Gordon Moore）提出来的。其内容为：当价格不变时，集成电路上可容纳的元器件的数目，约每隔18~24个月便会增加1倍，性能也将提升1倍。换言之，每1美元所能买到的电脑性能，将每隔18~24个月翻一倍以上。这一定律揭示了信息技术进步的速度。

② 安迪-比尔定律，安迪-比尔定理（Andy and Bill's Law）是对IT产业中软件和硬件升级换代关系的一个概括。原话是“Andy gives，Bill takes away.（安迪提供什么，比尔拿走什么。）”安迪指英特尔前CEO安迪·格鲁夫，比尔指微软前任CEO比尔·盖茨，这句话的意思是，硬件提高的性能，很快被软件消耗掉了。

（四）对产品的构建流于设备堆砌而忽视服务融合

乐园设计业界有一种惯性思维，认为只要设备够多、够大、够刺激、够“网红”就能够获得良好的用户反馈和经营收益。不得不说，这种观点已经落后于今天的市场了。

把时间倒推五到十年，是亲子乐园刚刚面世的阶段。在当时的时代背景之下，这种“大水漫灌”的打法确实行之有效。原因有二：一是市场端口拥有巨大的需求空白未被填补，早期进入市场的玩家都有肉吃；二是房地产通过“乐园+住宅”勾地的模式也正大行其道，投入一个乐园产品算的不是自身的“经营账”而是大项目整盘的“溢价账”。

在市场和资本的盛宴狂欢之下，大干快上成为主旋律。全行业都忽略了一个重要的基本常识——任何休闲娱乐项目的体验都是由硬件的打造与服务的提供共同组成的。一家装修豪华、硬件一流的酒店，没有关怀入微的服务难以常年保持高入住率。一座体量庞大、业态丰富的商业综合体，如果缺少了软性的服务与关怀，也很难长久保持门庭若市的经营状况。乐园产品也是同理，在当下市场需求逐渐回归理性的时候，忽略服务与设备的融合，是一定无法立足于市场竞争的环境之中的。

综上所述，从今天直到2025年的时间周期里，亲子游乐行业必将面临由粗放式发展向着精益化发展转变的格局。以“精耕市场、精准投资、用户至上、服务至上”的原则，打破原有的“设计、建造、运营”三方割裂的行业状况，形成新的产业闭环。

三、智造，一心三思，新闭环创造新生态

（一）价值关系的变化，创造了新的闭环和生态

在尝试构建新闭环之前，我们有必要回顾一下老的链条是什么样的。在亲子游乐制造的传统闭环里包括“乐园规划设计、乐园投资/建造、乐园运营”三个环节，这三个环节是以时间发生的先后关系来进行排序的链状结构。而决定这种链状结构的是三层价值关系，即“使用者价值、运营者价值、投资者

价值”。

在三者的价值关系中，除了使用者（游客、用户）之外，后两者通常虽然未必是同一批人，却有着稳固的利益共生关系。因为特殊的发展阶段，决定了很多时候即使不首先确保“使用者价值”最大化，对后两者的价值实现也没有决定性的影响。

由于旧的盈利模式逐步被消解和颠覆，在即将形成的未来的新的价值关系中，必须首先确保“使用者价值”得到极大满足，才能为运营者及投资者实现更大的价值总量。简而言之，用户长见识了，落后的乐园产品就活不下去了；乐园勾地模式越走越窄，乐园也必须自负盈亏了。只有把“让用户觉得好玩，愿意再来玩”这件核心的事情做好了，任何新的商业而模式才成立。

顺应时代和市场的变革，我们认为亲子游乐制造的新闭环应该是“以实现游客心流体验为核心目标，服务设计先行—场景化设计辅助—场地定制设计—乐园投资建造—乐园现场运营服务—运营反哺服务设计和场景化设计—后消费市场增值”。这样“一心七步”形成的新闭环，才能成为亲子游乐智造 4.0 的初始形态，逐步实现“生产消费闭环、个性化定制、低价格高质量、数据与物联网融合”的新生态。

（二）一个核心目标：为用户创造“心流体验”

1. 什么是心流体验

心流的概念是由心理学家契克森米哈（Csikszentmihalyi）提出的，将心流（flow）定义为一种将个人精神力完全投入在某种活动上的感觉，心流产生时同时会有高度的兴奋及充实感①。心流并不是需要刻意强调或是发现才会存在的，它无时无刻都存在于我们的日常活动的行为中。比如我们设计师在进行设计创作的时候，会进入自己的创作情境中，这时是不希望被打扰的。在游戏的过程中，心流是体现最为明显的，任何一个在全神贯注玩游戏的人也不希望受到外界的干扰。如果乐园设计的足够好，在提升游客的游乐体验的同时还能吸引游客重复游玩率。

① Csikszentmihalyim. Creativity：Flow and the Psychelegy of Discovery and invention ［M］. UK：HarperCollins，2009：5 -6.

2. 心流理念应用的必要性

在当今亲子游乐市场竞争日益升级当中，主题化的乐园需求激增。空间环境主题化设计、游乐设备外观设计以及游乐设备的功能性设计都是必不可少的。主题化的空间环境可以愉悦孩子，也能通过新颖的设计氛围吸引家长；游乐设备的外观设计要契合主题，与空间环境设计匹配同时要考虑结构的安全性；新时代的家长在孩子游玩的过程中更青睐能够寓教于乐的产品，因此在游乐设备的功能性也需要在设计时考虑到。

乐园的设计初衷就是让孩子和家长都能参与到乐园的各项游乐设备当中玩耍。3 ~ 14 岁孩子的天性是喜欢奔跑、攀爬，对世界充满好奇心，他们更需要开阔、健康的户外玩耍空间，充分释放儿童的天性。而且孩子的成长需要家长更多的陪伴和关系，而不是孩子在玩耍时家长只是看着或者玩手机，家长也需要跟孩子一起去体验，陪孩子一起去挑战，鼓励孩子勇敢面对困难，挑战自己。在心流状态的作用下，孩子和成人可以更加轻松地参与到游乐设备设计中挑战关卡，有利于参与者获得更为极致的游玩体验。

如何能让游客轻易达到心流状态，是乐园设计者该考虑的问题。首先明确亲子家庭的游乐偏好等信息，基于儿童及成人的不同需求，在空间环境、游乐设备、设备功能设计综合考虑游客的各种感受，明确乐园需要给游客呈现的是什么，需要给游客带来什么样的体验，让设计完美地融合到整个乐园中去。

3. 基于心流理论的亲子乐园产品设计方法

（1）心流理论设计方法的独特性。

心流理论是从感性上升到理性分析层面的一套理论。研究游客达到心流状态时所需要的条件，将一种暂时的、主观的体验经过分析总结变成严谨理性的设计方法，为理性地设计亲子乐园提供理论依据。

户外无动力亲子乐园是为了满足家庭群体户外游乐休闲的需求而产生的，游客以周边亲子家庭以及青少年研学客群为主，为了提高家庭游客的游乐体验以及教育研学目的。基于心流理论的设计方法能突破乐园设计“瓶颈”，从情感意义上去把握乐园设计方向，使游客愿意保持在乐园游玩中的得到满足、愉悦等状态，继而提高乐园重游率。

也就是说，基于心流体验设计的乐园，对于游客而言主题氛围渲染更好，功能体验更加完善可以提高游玩体验的愉悦度；对于乐园而言，可以增强游客的黏度，提高乐园重游率。

（2）基于心流理论设计方法的阐述。

心流理论是一个反应型构念。契克森米哈在他的研究中将心流体验的特征综合为 9 个维度，分别为在体验过程中有非常明确的目标、准确而及时地反馈、个体技能与任务挑战相匹配、行为与意识的统一、注意力高度集中、潜在的控制感、自我意识减弱、对时间的错觉、发自内心的参与感①。另外三位学者则将心流产生的 9 个特征归纳为 3 个阶段：前因、体验、结果②。

根据多个学者的研究理论研究成果总结，也将游客在乐园游乐体验分为 3 个层次：心流前兆、心流体验、心流结果③。如表 1 所示。以心流理论的 9 个特征和 3 个阶段作为指导，为乐园产品设计提供一个可靠的理论基础和指导方向。

表 1　　心流特征分析

阶段	特征	乐园产品体验阶段
前因	有非常明确的目标 准确而及时的反馈 个体技能与任务挑战相匹配	心流前兆
体验	行为与意识的统一 注意力高度集中 潜在的控制感	心流体验
结果	自我意识减弱 对时间的错觉 发自内心的参与感	心流结果

在乐园产品的创新设计中，心流前兆阶段为引导游客参与游乐产品游玩的阶段，为游客提供每个设备正确、安全的操作指示，使游客能够顺利地参与游乐中并能够顺利完成操作，为体验阶段提供条件。心流体验阶段是游客进入游乐体验的阶段，良好的环境氛围、具有一定挑战难度的项目能够保证游客在体验过程中保所保持的体验效果，心流结果阶段是预期达到的游乐效果。

基于心流理论的乐园产品设计方法如图 1 所示。

① Chang Chiao-chen. Examining Users Intention to Continue Using Social Network Games：a Flow Experience Perspective［J］. Telematics and Informatics，2013，30（4）：311－321.

② 欧细凡．基于心流理论的互联网产品设计研究［J］．包装工程，2016，37（4）：70－74.

③ 吴小梅．心流体验研究方法评述［J］．现代管理科学，2014，37（5）：104－106.

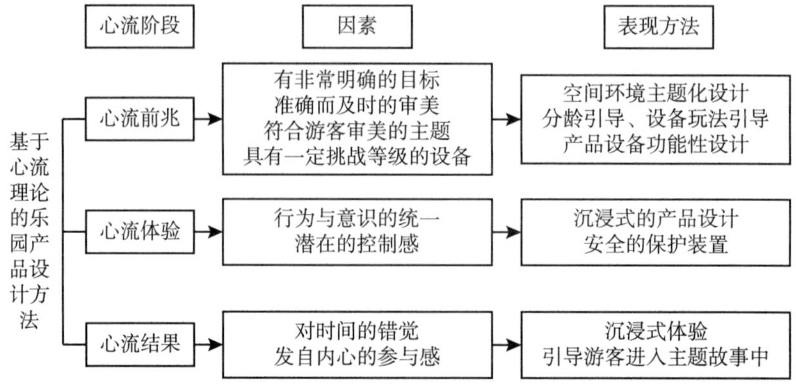

图1　基于心流理论的乐园产品设计方法

游客在参与每个项目游玩中，每个产品设备有明确的使用目标是体验的第一步；准确而及时的反馈能保证游客获知每一个项目体验乐趣并继续游玩下去。可以通过不同颜色，主题的分区以及正确的导览引导游客选择参与，根据不同年龄的儿童的行为特征进行产品设备的分区引导，同一个设备可以分不同的挑战关卡，参与的游客可根据自我的技能去选择相匹配的游玩线路。在体验过程中，行为与意识的统一是达到心流的重要保证，意识与行为的融合能够使游客精神处于高度兴奋的状态，意识为行为铸错指导，行为的回馈会回到意识，形成一个流畅完整的体验，可以理解为沉浸式的体验，即游客充分了解乐园主题故事，将自己代入故事角色中，或由故事里的 IP 角色带领游客进入故事体验中去，去探索、去挑战等。潜在的控制感在体验中也是极为重要的，游乐活动是乐趣的源泉，人们处于心流状态中，对可能出现的情况有一定的预判，能保持心流过程的长久而不用担心会发生安全事故，健全的安全保护功能能减少游客潜在的不安感。良好的游乐体验会使游客产生时间上的错觉，无形中增加游客停留时间，并产生极大的愉悦感和满足感，设备的主题化外观及多种功能玩法对游客的吸引力让游客发自内心的想要再次体验，可以提升游客的满意度，增加乐园的重游率。

4. 如何在亲子乐园设计中结合心流理论

结合星乐度和兔窝窝乐园，就一些具体的乐园设计元素来探讨如何在乐园设计中努力让游客进入心流状态。

首先需要明确乐园设计思路，定位是什么乐园，目标客群是家庭、研学还是其他群体。前面提到乐园的空间环境主题化设计、游乐设备外观设计以及游乐设备的功能性设计。

基于心流理论设计乐园，就要考虑到游客进入乐园场景中、参与游乐设备的玩耍之后应该出现的结果。游客到乐园来是来寻找放松和欢乐的，这需要我们在设计中减少甚至消灭到容易造成心理沮丧的反应或者是安全隐患等元素。有效地空间布局、主题设计、分龄设计、玩法设计、功能设计等可以平衡挑战感和不同年龄层游客的技能等级，让每个来到乐园的游客都能得到极致的心流体验。

挑战感是指在游客（儿童及家长）在乐园里参与游乐设备时对设备游戏挑战难易度的感知。技能等级则是指游客在参与游玩设备过程中的技能水平，也就是完成某些活动的能力。

图 3 相对于图 2 来说是一个理想化的图示。左上角区域高挑战感低技能水平的是焦虑，右下角区域低挑战感高技能水平的是无聊。我们在图中可以看出随着我们面对的挑战越来越难，我们会越来越感觉到焦虑并且失去心流。这时，如果我们增加我们自身的合适于挑战感的技能水平，我们就会重新进入心流状态。同样的，我们如果增加我们的技能水平却获得不了更高的挑战感，那么我们就会感到无聊。

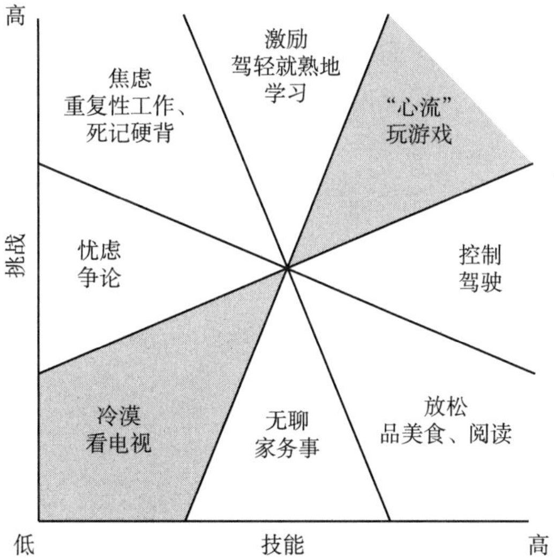

图 2　契克森米哈根据他的研究经验构筑的心流图

资料来源：Massiminif，Csikszentmihalyim，Carlim. The Monitoring of Optimal Experience. A Tool for Psychiatric Rehabilitation［J］. Journal of Nervous & Mental Disease，1987（9）：545－549.

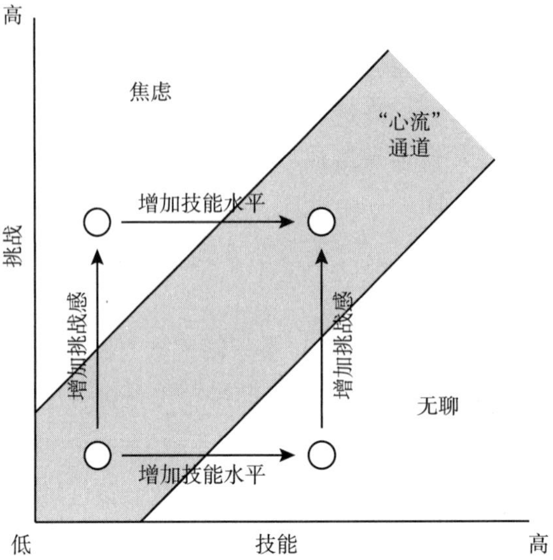

图 3　描述心流通道的概念

资料来源：Kiili，Kristian. On Educational Game Design：Building Blocks of flow Experience［J/OL］.［2018-08-10］. https：//trepo. tuni. fi//handle/10024/114249.

心流理论在乐园产品上的运用是一种开拓性的设计理念，解释了游客在乐园中获得最优体验的成因。从游客进入乐园出发，研究游客在游玩过程中处于最优体验时的各项状态，经过分析研究完成。以心流理论指导的乐园产品设计，让游客获得了更好的游玩体验，增强游客的满意度，提升乐园的重游率，对乐园产品的设计发展方向将有一定的指导作用。

（三）三大新思维之服务设计：设计之前的设计

1. 理解服务设计思维

（1）服务设计思维及定义。

服务设计是 1982 年，美国学者肖斯塔克提出的一种管理与营销层面的概念，是指为了提高服务质量和提供服务者与客户之间的交互，对服务的人员、基础设施、信息沟通和材料组成部分进行规划和组织的活动。服务设计可以是对现有的服务进行更改，也可以是创建全新的服务方式①。服务设计是学科交叉的一种方

① Shostack，G. L. How to Design a Service.［J］. European Journal of Marketing，1982（16）：49-63.

法，更是一个系统的方法论和思维方式，它不仅着眼于局部，更是从全局角度出发来解决问题，其核心是以用户为中心让用户感受服务价值，并且带动整个服务系统的良性优化，它不仅仅关注于“用户端”，同时也需要关注“组织端”，所以去衡量一个系统中的平衡十分重要。简单来说，服务设计就是通过探索系统和流程中的各个利益相关者的需求，构建一个整体服务框架，并对服务框架中的各类触点进行设计，旨在通过服务来为用户及系统中的其他利益相关者创造更好的体验和价值。①

这种交叉学科的实践融合了设计、管理和工程方面的许多技能。在人类社会的发展中，虽然服务这一概念早已存在，但是有意识地去设计服务，整合新的商业模式仍是个新兴领域。目前服务设计主要运用于零售业、银行业、交通和医疗等领域，它让我们从“买得到”“买得值”，升级为“买得爽”②。众多专家在哥本哈根互动设计协会上表示：“服务设计可以了解用户需求并为社会创造新的经济价值”，为了更好地理解服务设计以及其价值，了解其思维的主要核心内容、工作原则及原理显得至关重要。

（2）服务设计的五大原则。

以用户为中心原则：服务应该靠客户去体验，服务是一种无形的东西，和有形或标准化的产品不同，它需要凭借服务提供商和客户之间的互动被创造出来，服务的内在动机是为了更好地服务客户满足其需求。

共创原则：提倡所有的利益相关者都应该参与服务设计过程，比如，前台、后勤、经理、市场营销人员、工程师、设计师、非人工界面和顾客等都需要参与其中，讨论如何设计或改善服务。服务设计者在其中需要有意识地营造出一种环境去促进利益相关者群体想法的产生。这一过程中促进了客户和员工的良性互动，提升了员工满意度及客户的忠诚度。

次序原则：服务像一部电影，它是一个动态的过程，应该通过一系列相互联系的行为表现出来并去思考服务的时间线。每个服务都要经历三个时期，即服务前期，这以阶段需要思考客户如何与服务取得联系并产生期待感；服务期，这个阶段是服务在体验服务时；服务后期，这个阶段主要是售后阶段。

实物原则：旨在让客户察觉到无形的服务，通过一系列可以建立情感联系的人工制品或者实物，激发客户对美好服务时刻的回忆，提高他们对所接受的服务的感知，延长服务体验，促使客户增加对品牌的忠诚度以及传播度。例如，从乐园

---

① 马克斯·迪克多恩，雅各布·施耐德．服务设计思维［M］．南昌：江西美术出版社，2015：22－25.

② 福布斯中国．后产品时代用服务设计打开商业新思维［J/OL］．http：//www.forbeschina.com/business/43567，2019－06－27.

沙坑中挖取的带有乐园商标（logo）的金币或者购买的纪念品等都会让游客充满愉快的回忆，让无形的体验增添了有形成分，从而提升对乐园的认可度及重游度。

整体性原则：整体性指考虑全局，服务发生在实体环境中，客户用所有的感官来感知周围的环境，如听、看、闻、摸、尝，用这些感官感受去形成对所接受服务的整体体验感及记忆从而带动品牌感知①。

（3）服务设计的工作原理。

服务设计听起来较为抽象，但它并非无法触及，相反它是真实的事物，且具有一定的思维工具去指导、协助整个过程的思考，这里着重介绍 AT－ONE 法则。作为促进服务创新调查研究的一部分，AT－ONE 法则在过去取得了一定的好评，它就像是一系列的研究工作坊，以 A，T，O，N，E 这五个字母为核心，每个字母代表了服务设计在过程中一种潜在的创新来源，它们可以单独使用也可以与其他方法共同使用，具有较强的灵活性。

A 代表参与人（actors）：从过去十年苹果公司成功的关键来看，价值的创造越来越依靠合作体系的建立以及资源的整合，而非传统地对各类专业知识的储备。思考的重心转变为需要与谁合作来创造更能满足用户需求的精彩体验，构建庞大的资源平台。

T 代表接触点（touchpoints）：服务设计师们认为服务体验的第一印象，往往由不同触点引发，在整个过程中通过各个触点的设计，从视觉、听觉、嗅觉、味觉、触觉来吸引和打动用户。通常将服务的触点分为：物理触点、媒介触点、服务人触点。物理触点是物理世界中人可以看到的一切元素：标识、Logo、桌椅、空间结构、色彩等；媒介触点是在接触这个服务过程中，我们使用的媒介、例如宣传单、网络、口碑品评等；服务人触点：是服务过程中，对于服务人员与用户接触的服务感知点。通过以上服务感知进行统一调配和把控，传递给用户服务优秀的价值观感。

N 代表用户需求（need）：AT－ONE 法则中的用户需求和以往得到需求的方法不完全相同，它以角色模型为载体引进用户视角，采用多种以用户为中心的方法去收集用户的需求，它不仅让客户回答服务企业想知道的问题，还激发了用户去告诉服务企业他们想要什么，它通过与客户交谈、观察客户倾听客户等方式，跳出传统量化调研方式的束缚，了解更多他们深层次或者潜在的需求，从而得到一系列截然不同的需求答案。

E 代表用户体验（experience）：用户体验聚焦于用户在使用某项服务后回忆时的感受，就像大部分人们更中意苹果公司而不是微软；而迪士尼是人们选择去

① 黄蔚．服务设计驱动的革命：引发用户追随的秘密［M］．北京：机械工业出版社，2019：42－46.

主题公园游玩的首选之地。这并不是它们提供的产品及游乐设备功能更好，而是因为它们能为用户及游玩者带来绝佳的用户体验。

O代表服务提供者（offering）：所提供服务最重要的目的是树立品牌效应。与普通产品品牌不同的是，服务品牌包含一个统一的品牌文化并与所提供的服务紧密联系在一起，这种服务不单单体现在实体产品上，更凸显了企业的理念和定位[①]。

了解服务设计的工作原理，就能很好地理解其核心关注点是什么，从而更好地了解亲子领域如何更好地运用。

（4）服务设计与界面设计（UI）、体验设计（交互设计）、系统设计的不同与关系。

服务设计是门交叉的综合学科，旨在全面的去解决问题，它所产生的成果也是全面而系统性的，比如：他会帮你找到问题所在并提出改进的方法；重新设计你的产品来改善顾客在使用服务时与之交互的方式；设计空间以便更加有效地提供服务；创建印刷品、网站、制服、广告和品牌相关的东西来宣传你的服务。服务设计的涉及面之广，从设计产出中我们可以看出，服务设计师的设计产出有时会与其他学科重叠，这些特征很容易与一些专业混淆，如UI设计、用户体验设计、系统设计等，他们与服务设计也都具有一定的包含关系（如图4所示），区分它们能更好地去认识服务设计。[②]

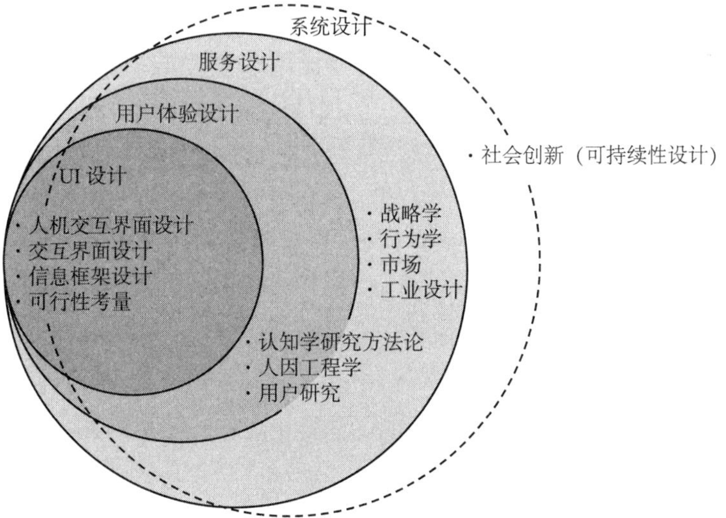

图4 服务设计与UI、体验、系统设计间的关系

---

① 马克斯·迪克多恩，雅各布·施耐德. 服务设计思维［M］. 南昌：江西美术出版社，2015：130.

② 马克斯·迪克多恩，雅各布·施耐德. 服务设计思维［M］. 南昌：江西美术出版社，2015：50.

服务设计与UI、体验、系统设计具有一定的相交，其中UI和体验设计（交互设计）都包含在服务设计中，然而服务设计与他们最大的不同是在于其包含策略、行为学、营销及工业设计。简言说，服务设计具有系统性设计理念与全链路设计的特点，这也是服务设计和其他设计专业比较大的一个不同点，它强调了将服务系统中所有“利益相关者”（内容创造者，服务提供者以及消费者在内的所有参与者群体）都加入设计中的概念。

2. 服务设计在亲子娱乐行业中的重要性与应用

服务设计是一种帮助发展和提供更好服务的设计思维，它改善了易用度、满意度、忠诚度和有效程度等因素，并把这些因素渗透到环境、通信和产品领域，同时也把以人为本的理念贯穿始终。服务设计有助于创新或改善现有的服务，从客户角度看，它会确保接收到的服务更有用、更可用、更满足及贴合需求；从商家角度来看，它能确保所提供的服务更高效、更有效且与众不同[①]。也正如国际著名服务设计事务所31VOLTS（2008）所说：“假设两家价格相同的咖啡店彼此相邻，你选择走进其中一家咖啡店，而不选择另一家，这就是服务设计的意义所在”。总体来说，服务设计在企业保持长久的竞争力中扮演着至关重要的角色。[②]

纵观无动力乐园的发展历史，其最初是以社区及市政公园等公共配套设施形式出现，并持续了很长一段时间。然而，对所有人开放的无动力乐园是户外的公共空间，起初并无运营及服务需求，只需满足产品设计层面的合理性、安全性以及美观性等。但是，随着上海季高兔窝窝亲子园此类新型产品模式的出现，无动力乐园的发展上升到具有运营及“经营”层面的亲子乐园。一方面，“经营”往往伴随着相关的服务需求。另一方面，从角色使命的转化上来讲，它从小区配套康体变为亲子休闲新的生活方式，从单一产品到多业态组合，从设备体验上升到整体服务体验。

再看社会发展趋势，随着“互联网+”时代的到来，人们意识不断地在提升，需求也在逐渐的发生改变及扩大。用户需要的不再是单一产品，而是整体的服务体验，从买产品上升为买服务。所以基于工业4.0下的后产品时代服务为王的理论，服务设计思维在新兴亲子乐园中的运用便应运而生，并在保持亲子园持续竞争力及吸引力上显得至关重要，如表2所示。

---

① Birgit Mager. 服务设计·大咖说［J］. 工业设计，2018，13（11）：8-10.

② 李四达，丁肇辰. 服务设计概论［M］. 北京：清华大学出版社，2018：28-33.

表 2　　产品设计与服务设计的差异

卖产品	卖服务
功能性：造型、色彩、材料、界面	情感：可以独立创造价值
产品：有形检验	服务：无形的活动
可被触摸和感知的前台	组织的前、中、后台
单点或多点	点、线、面
生产和销售先后发生	生产和销售同时发生
买得到	买得爽
参照物：竞品	参照物：人生中所有体验

目前，服务设计思维在亲子游乐相关领域运用最好的例子便是迪士尼。迪士尼以虚构的人物和故事为基础，打造了一个让全球消费者获得最精彩体验的乐园。迪士尼每年能吸引上亿人次游览的魔法都归结于迪士尼自己的一套体系，称之为迪士尼的“优质服务指南”（quality service compass），它以“超越顾客的预期”的服务为终极目标，构建了创造优质服务的组织模型，它主要包含四个要点：宾客学、品质标准、服务提供系统和整合。

（1）宾客学（guestology）：宾客学这一要点较全面地遵循了服务设计的核心，以人为中心，并把所有的参与者都很好的加入到了服务设计当中。就像创始人华特·迪士尼，他经常在园区走动，搜集宾客的意见，并让所有员工也效仿，与宾客们一起排队用餐，去体会服务中的不足、观察宾客在体验过程中的情绪变化以及倾听他们的诉说。在迪士尼，宾客的需求、愿望、看法和情感是一切研究的基础，整个园区的演职人员都会定期收集宾客的意见并整理汇报，然后这些收集来的信息便会汇总到宾客资料库中被描绘成期待蓝图，用以指导后续的工作，调整和改进组织行为，并努力提供超越宾客期待的服务。在品牌服务上，迪士尼在半个世纪前就提出了创造快乐、为全世界所有年龄段的人呈现最好的娱乐体验是迪士尼所有员工的共同目标，围绕这一明确的品牌文化，它让迪士尼有了更加鲜明的公众形象，界定了公司的业务范围，让公司上下有了明确的焦点，同时也让迪士尼分散在世界各地 15 万名的演职人员有了共同的期许和凝聚点。

（2）品质标准（quality standards）：迪士尼提出的品质并非单一的产品品质，它很好地站在服务设计方向去全面的定义及思考了品质并突显其品牌特质，它包含四项重要标准，依次是安全（safty）、礼仪（courtesy）、表演（show）和效率

(efficiency)。其中，迪士尼把安全作为优质服务的第一要项，并贯穿整个乐园，它以远超越安全标准的高度去要求整个迪士尼的建设及日常运营管理；在礼仪方面，迪士尼将礼仪作为优质服务的标杆，要求每一位宾客都能享受到 VIP 待遇，演职人员会接受系统的培训关于如何亲切友善的回答宾客问题、有礼貌的为游客指路等；表演是迪士尼非常出彩的方面，迪士尼从根本上要求每个员工都清楚的认识自己的角色，并在工作中带入自己的角色中去动作、说话及演绎。甚至在日本迪士尼就连扫地工人也会即兴的为宾客来一段表演；迪士尼为了让宾客更加快速方便地到达乐园提供了魔法快车这一服务，免费接驳从机场前来的宾客，甚至在某些国家还有从宾馆接送游客的专车。这所有的一切都体现出了迪士尼品质标准，为宾客创造美好的体验。

(3) 服务提供系统 (delivery system)：服务提供是从演职人员、场景设置和流程这三大方面着手去更好地落实迪士尼品质。迪士尼将员工称之为“演职人员”，从员工应聘开始就加入了造梦的一部分。它不仅根据宾客的独特情况提供个性化服务，让每位宾客都感受到童话般的美好，也让每位在迪士尼工作的员工都体会到宾客般的待遇，感受梦幻场景中的温暖美好以及人性光辉，真正让服务设计流程中各个利益相关者都得到优化并体验到迪士尼文化。在场景的设置上，迪士尼让乐园中每一处都变成舞台，让场景的每一处都能支撑起一场表演。它遵循服务设计中整体性原则，从宾客能体验到的整个环境中入手，如所有的建筑内外部细节、景观、照明、色彩、标识信号、地板纹理、指示牌、音乐、声音、气味、触觉体验、味觉等要素来进行全面的精心设计，真正地站在宾客的立场及角度去反复审核、提升场景；至于流程，迪士尼认为流程是优质服务的动力，并对宾客在迪士尼体验中的流程不断优化，主要是从操作流程、客流及排队体验这三大方面进行优化。

(4) 整合 (integration)：迪士尼的整合是指将所有优质服务的要素整合在一起形成整合矩阵，让整个组织的价值最大化。[①]

迪士尼具有超凡的魔力，而这些魔力背后是服务设计思维的贯穿和落实，正是这些先进方法论及工具的使用，才帮助迪士尼更加接近梦幻与美好，才具有更强大的魔力。迪士尼的成功不仅在于打造了最好的产品，还在于宾客美好的体验和被感受到的品牌精神，这一切都值得亲子行业的学习及思考。

① 迪士尼学院．迪士尼体验：米奇王国的魔法服务之道［M］．北京：北京大学出版社，2016：17－25.

（四）三大新思维之场景化设计：五大要素响应用户真实需求

1. 什么是场景化思维

“场景”一词，来源于戏剧和电影领域，用于描摹在特定的时空环境中出现的人、人物之间的关系以及发生的情节。在场景之中，“人”是贯穿一切的核心要素，围绕人的时间、空间、物品、环境等共同推进整体情节的逻辑进展。

在戏剧和影视剧中，场景作为基本元素，它是由人物、时空、事件（行为）、环境（包括社会环境和自然环境等）等要素组合成的景况，强调的是以人物活动为中心、以塑造人物为主题的动态描写的生活画面。但由于场景包含了人的因素，是在已有环境（包括自然环境和社会环境等）的基础上契合了文化、制度、习俗、行为、心理等要素所构成的生活画面，融入了对人们生活的理解，对人们的生活方式和行为模式的理解。正是因为场景这层内涵，被其他领域所广泛引用，使得其含义也得到了进一步的发展。

在社会学领域中，社会学家埃尔温·戈夫曼（Erving Goffman）认为，“场景”是根据所处的环境、特定角色、特定的行为等因素构成的生活场面，注重的是人类的社会和行为①。传播学领域中，著名传播学者约书亚·梅罗维茨（Joshua Meyrowwitz）基于埃尔温·戈夫曼（Erving Goffman）和马歇尔·麦克卢汉（Mashall McLuhan）理论基础上，提出的“场景”是超越地域的信息系统的“场景”，他认为“场景”是超越物质上定义的社会场合，并且有着自己的规则和角色预期，是由我们扮演的和观看的社会角色综合决定的②。在城市社会学领域中，芝加哥大学社会学教授特里·克拉克（Terry Clark）③ 认为，“场景”的构成是“生活娱乐设施”的组合，这些组合不仅蕴含功能，也传递着文化和价值观④。

而随着“互联网+”时代的到来，“场景”的内涵也逐渐渗透互联网领域，这个时代的“场景”已经超越了原来社会、文化、心理等不同行为所构成复杂多元生活画面的物化概念，在更加强调对人及其行为关注的同时，也非常

---

①② 约书亚·梅罗维茨．消失的地域——电子媒介对社会行为的影响［M］．肖志军，译．北京：清华大学出版社，2002：2.

③ CLARK T. The city as an entertainment machine［M］. Netherlands Boston：Elsevier，2010：98－99.

④ 吴军．城市社会学研究前沿：场景理论述评［J］．社会学评论，2014，2（2）：90－95.

注重行为的时空特性的重要性，并透过具有时空特性的人类行为关系的表象，关注新时代下的“场景”实质——理解人类真实的场景需求，以获得对“场景”的真实认识和评价，注重的是以“人”为主体、以“人”为中心的精准化服务理念。

因此，互联网时代下的“场景”可以理解为：它是基于特定的时空领域范围，围绕以“人”为中心，以需求为导向，以感知设备为载体，以事件为表现形式的行为序列总和。该定义下的“场景”是人物、时间、空间、事件、背景等因素构成的统一体，它更加关注人类行为的时空立体感和行为事件的整体性和关联性（即行为事件发生的来龙去脉），以更好地理解人类生活方式、行为模式、思维范式等规律。

亲子乐园的用户是第一代生长在“互联网+”时代的消费者，生活中的方方面面都已经在互联网思维的影响下被重构与营造，他们已经非常习惯于从场景化思维的角度去感知和思考问题。3~14岁的儿童更是诞生在场景化思维中的一代人，他们接收信息的方式、日常生活的行为、文化娱乐的内容无一不处在场景化思维的影响之下。亲子乐园产品的设计与打造，虽然与他们玩的线上游戏不同，但是终究会朝着强烈的场景化方向发展。前瞻性的研究和讨论亲子乐园产品如何在场景化思维的指导下，为用户提供更加精准的服务，意义重大。

2. 场景化思维的构成要素

人虽然是场景化思维的核心与主线，但是整个场景却是由诸多要素共同构成的。缺少了任何一个要素，场景都不完整，也会对我们展开场景化思维指导下的设计产生负面影响。在引入场景化思维之前，还需要对场景的构成要素进行分析，进而才能对相对多元和随机的用户行为进行系统化和相对确定的处理。

按照通常亲子乐园产品涉及的情况，我们将“场景”的要素分为人、时间、空间、设备和事件5个关键要素（如图5所示）。需要再次强调的是，这5个关键要素之间始终是相互影响、共同作用的关系，通过5个要素的梳理和描述，能比较清晰地呈现出用户的行为轨迹，即“什么人、什么时间、什么地点、做了什么事”，便于理解人们的真实诉求，匹配与他们需求相适应的服务信息，实现精准场景化服务。具体而言，根据用户在乐园消费发生前、消费过程中与消费之后不同的流程环节，五个要素之间的重要性也会有所区别。

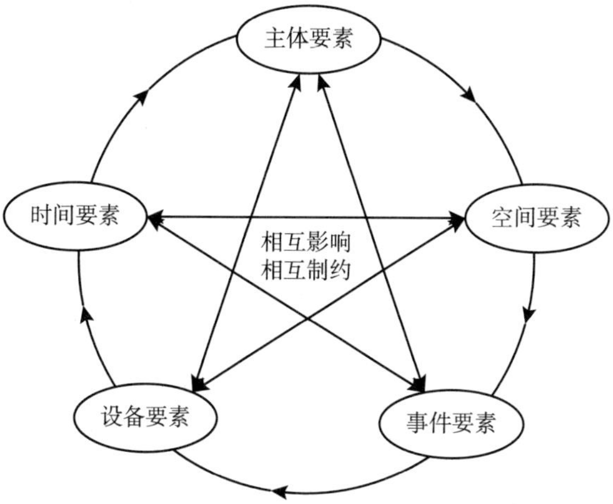

图 5　场景的要素关系

3. 五个关键要素在亲子乐园设计中的应用思考

（1）主体要素。

场景中的主体要素是人，人是场景中最核心的要素，它既是场景化服务的起点，也是终点，体现以“人”为中心的服务理念。关注主体要素就是关注场景中人的价值和作用，人激活了冰冷的场景，赋予场景以人文价值，同时，场景又反作用制约着人的主观能动性的发挥，它们相互制约，共同塑造着场景的多样化。

在亲子乐园大场景中，“人”包括两大类：一类是孩子。他们的年龄结构在 3～14 岁之间，不同的年龄层次会产生出不同的游乐需求。3～6 岁的孩子处在认知阶段，需要通过游乐行为来获取知识。同时他们的运动能力在形成期，对游乐过程中的体能要求是较低的。6～10 岁的孩子处在探索阶段，需要通过游乐行为来探索身边的世界。同时他们的运动能力在有一定的基础，对游乐过程中的体能要求适中，适合强度不高持续时间较长的游乐活动。10～14 岁的孩子处在挑战阶段，需要通过游乐行为来突破自我。同时他们的运动能力已经较强，能满足游乐过程中的各种体能要求。

亲子乐园的用户中另一类是家长。他们的年龄结构在 25～42 岁之间，职业多种多样，收入情况也不尽相同。但是，具有高度共性的是，他们对新生事物的接受度比较高、受过良好的教育同时也非常重视孩子的教育和培养。在性别构成中，女性多于男性，亲子乐园对家长而言，非常重要的直接吸引力就在于“解放老母亲”。这就需要乐园设计中更多考虑设备新颖程度、实践教育功能、设备与景观的美观度、较短的看护半径和足够多且分布各处的休息空间。

（2）时间要素。

时间是场景最基础的要素，它是理解场景结构和需求变迁的关键所在，也是理解场景中主体及其行为的重要工具。时间具有共时性和延续性，共时性侧重考察场景内各部分的相关关系，把握场景的结构，延续性侧重考察场景的发展变迁，把握场景的发展形态。

在亲子乐园的使用场景中。有几组具有对立特征的时间关系。一是一年当中的运营时间，也就是宜游季节与非宜游季节。二是节假日与平日，中国的休假政策决定了所有亲子乐园周末节假日一定是不愁上客的，而且周末往往会有逼近乐园最大承载量的大客流运行。周末之外的平日很多乐园会出现服务人员比游客多的现象。这样的运营难题，就考验如何从乐园设计之初就要设法平衡热点时段与冷点时段之间的人流波动关系。三是一天当中的白天和晚上，因为中国幅员辽阔，各地气候差异明显。例如，珠三角的夏季必须开夜场才能达成用户体感舒适度的最佳效果，在华北地区夏季的夜场就不是那么重要。以上仅仅是非常宏观的时间因素，具体到每个项目，因为不同的可达性带来的入园时间不同，不同的时间点上应该作哪些预先考量，都有非常多的场景化设计的工作要做。

（3）空间要素。

空间是场景的最基本的要素，它是场景发生、发展所依存的生存环境，同时，也是理解场景中主体及其行为的重要工具。这里的“空间”超越了概念化的物理空间，不仅仅指地理范围的空间（由背景和物体构成），还包括地理空间的环境特征（如声音、光线、温度、湿度、气味等）。

用户在亲子乐园中的消费行为，是一个类似于“旅程图”的空间转换过程。这里的空间和时间有非常紧密的关联性。但是空间本身也具有非常独特的属性。一般而言，亲子乐园中的“空间要素”从用户入园之前就应当予以考虑，在游客离开乐园范围之后也没有结束，有一定的前瞻性和连贯性，超越了亲子乐园围墙的物理范围。比如，在进入乐园大门之前发生等候与集散行为的广场空间、进入乐园之后的游戏空间、提供园内消费的室内外商业空间、用来休息调整的游憩空间以及行走转移的道路空间等，都是比较典型的亲子乐园内空间类型，这些空间各有各的功能与特性，与其他要素叠加会形成若干不同的“场景”。

（4）设备要素。

设备是场景不可或缺的要素，它是感知场景的物质载体，可以视为场景中人与物沟通的桥梁。这些按照分龄原则和游戏特性打造的游乐设备，是亲子乐园中为用户提供核心体验的最主要的工具。用户与游乐设备发生的关系，本身就是亲子乐园提供的基础性内容，也是用户对乐园产品的场景中收益多少的核心要素。

在亲子乐园产品设计的过程中，对设备从上述诸多方面进行综合考量就显得尤为重要。

（5）事件要素

事件是场景必不可少的要素，它的重要性就相当于鱼离不开水一样。这里的事件是指人与人、人与物互动关系产生的行为序列，这些行为序列形成了用户在亲子乐园这个巨大的消费场景之下的一个个具体的“像素点”。若干个“像素点”共同形成了一个完整的场景元素。发生在亲子乐园里的一些最具典型性的行为，会极大地影响一个亲子乐园在用户体验层面的质量。例如，从入园流程的发生，如何取票、如何排队、如何检票，到游玩动作的发生，游戏区的功能玩法如何被感知、如何高效地到达想去的地方、玩累了要休息上厕所、玩饿了要吃东西补充能量，这些事件/行为如何发生，都是需要考虑的问题。

场景化思维作为“互联网+”时代的重要思维方法，在社会的各个层面都已经得到了不同程度的应用，这一思维方法也正在而且必将越来越深度的影响亲子乐园产品的制造。只有沉下心来研究用户、研究场景进而营造场景、赢得用户的亲子乐园才能真正立足未来。

（五）三大新思维之后消费市场：结束才是刚刚开始

用户带着满意的体验离开亲子乐园的那一个瞬间，乐园与用户之间的关系就此结束了吗？当然不是！在那一个瞬间，亲子乐园和用户的关系才刚刚开始建立。在所谓的“消费后市场”中，亲子乐园可以为用户提供更多的增值服务。

亲子游乐是一个非常细分的市场领域，越细分的市场意味着越窄众的客群，也就意味着可以更加精准与高效的投放和经营。对细分市场进行充分的精耕细作，或许可以突破亲子乐园本身“门票+二消”的经典盈利模式，通过“破圈”与“跨界”的方式创新出更具有潜力的全新商业模式。下面将尝试着描述几个亲子游乐用户消费后市场的发展方向：

1. IP衍生品

基于乐园开发IP衍生品的售卖服务，是最常见的亲子乐园增值服务方式。在多数成熟IP都有自己的衍生商品独立授权的情况下，新进的每一个玩家都必须选择重复先行者的成功路径或者谋求合作推出联名款衍生商品。这里涉及庞大而专业技术体系，从品牌、营销、供应链管理、销售管理等一系列技术领域，并非轻松就能做大。

2. +教育产品

“寓教于乐”是亲子游乐行业天然具备的基因，也是市场对亲子游乐业态的核心诉求之一。当下已经有“亲子游乐 + 研学”或者“亲子游乐 + 第二课堂”等游乐 + 教育的操作模式。未来可能会有更多场景上融合的可能性。利用亲子游乐产品提供的场地和用户资源，独立开发更加具有系统性与进阶性的 + 教育产品。例如可以将某个亲子游乐产品的 IP 和场景融入在线教育的场景中去，作线上线下课程的融合，让未来更具想象空间。

3. +零售服务

如果亲子乐园产品本身具备了“高安全性、高品质感、高趣味性、高格调”等足以与用户建立情感层面的信任关系的特质，未来不难想象针对中国最具有消费能力和消费潜力的客群，推出以“××严选”思路搭建的特色零售服务会有多么庞大而优质的市场空间。

4. +会员增值

最后是会员增值，亲子乐园产品未来必须走向以会员制为主的服务模式。这里的每一个会员都会成为亲子乐园产品的“粉丝”，通过各种条件和机制，赋予他们全新的角色，使得他们对于乐园的设计、建造、运营环节都产生强烈的参与感。同时，将亲子乐园产品打造成为会员线上线下的家园和港湾，通过种种方式强化他们的归属感。那么自然而然，会员与乐园就会形成具备一定共生关系的共同体，再通过会员去影响更多新用户，被接纳进入会员体系，继续产生良性的互动与发展关系。

四、结语：未雨绸缪，以融智破局者为先

在用户需求全面更迭、竞争环境日益严苛的市场条件之下，只有敢于创变格局的先行者才能赢得未来最大的市场份额。虽然这一过程并非一帆风顺，所有结果并非一蹴而就，但是亲子游乐产品的未来必将从注重“设备和玩法”的常规思维，转向注重“以用户体验为核心，将服务、场景、设计、建设、运营、后市场等环节融合成为一个全新的闭环”。让亲子游乐产品更加精准的契合用户的需求、更加高效的建设落地、更有温度的管理运营以及更加多元化且丰盈的经济效益、更加易得的高品质体验，并以此为基础逐步构建全新的产业生态系统。

参考文献

[1] Csikszentmihalyim. Creativity: Flow and the Psychelegy of Discovery and invention [M]. UK: HarperCollins, 2009: 5 - 6.

[2] CHANG Chiao-chen. Examining Users Intention to Continue Using Social Network Games: a Flow Experience Perspective [J]. Telematics and Informatics, 2013, 30 (4): 311 - 321.

[3] 欧细凡．基于心流理论的互联网产品设计研究 [J]．包装工程，2016，37 (4)：70 - 74.

[4] 吴小梅．心流体验研究方法评述 [J]．现代管理科学，2014，37 (5)：104 - 106.

[5] Massiminif, Csikszentmihalyim, Carlim. The Monitoring of Optimal Experience. A Tool for Psychiatric Rehabilitation [J]. Journal of Nervous & Mental Disease, 1987 (9): 545 - 549.

[6] Kiili Kristian. On Educational Game Design: Building Blocks of flow Experience [J/OL]. [2018 - 08 - 10]. https: //trepo. tuni. fi//handle/10024/114249.

[7] Shostack, G. L. How to Design a Service [J]. European Journal of Marketing, 1982: 16.

[8] 马克斯·迪克多恩，雅各布·施耐德．服务设计思维 [M]．江西：江西美术出版社，2015.

[9] Birgit Mager. 服务设计·大咖说 [J]．工业设计，2018，13 (11)：8 - 10.

[10] 李四达，丁肇辰．服务设计概论 [M]．北京：清华大学出版社，2018.

[11] 黄蔚．服务设计驱动的革命：引发用户追随的秘密 [M]．北京：机械工业出版社，2019.

[12] 迪士尼学院．迪士尼体验：米奇王国的魔法服务之道 [M]．北京：北京大学出版社，2016.

[13] 约书亚·梅罗维茨．消失的地域———电子媒介对社会行为的影响 [M]．肖志军，译．北京：清华大学出版社，2002.

[14] Clark T. The city as an entertainment machine [M]. Netherlands Boston: Elsevier, 2010: 98 - 99.

[15] 吴军．城市社会学研究前沿：场景理论述评 [J]．社会学评论，2014，2 (2).

主题公园二次消费策略浅析

张　萍[*]

我国主题公园的起步时间不长，对于中国这个世界人口大国而言，主题公园的需求还有很大缺口。经过几十年的发展，主题公园已经形成了新的经济增长体。然而，我国主题公园的经营现状也陷入一定的发展困境。主要表现为主题公园主题设计存在模仿和移植，同质化问题严重，缺乏有吸力的IP，主题公园的经营管理不到位等方面。其中，主题公园收入结构单一，二次消费低迷也影响了主题公园的可持续发展。通过对二次消费低迷的现状和成因进行系统分析，研究表明我国主题公园二次消费的影响因素涵盖公园的主题选择、文化内涵挖掘、娱乐设施配套建设和园区管理等几个方面。其中，保持主题公园的自主创新是保持我国主题公园生命力的关键，有效的市场营销是其发展的载体，先进的管理模式和手段是主题公园成功的基础。[①] 破解二次消费的难题应该从以下几个方面着手：主题设计的消费项目的挖掘，体验式的休闲娱乐功能的开发，自身经营管理的提升等。

一、主题公园的概念、现状及发展前景

主题公园是借助现代科学技术和文化艺术有机结合的娱乐项目，设定某个或多个特定的主题，并在主题的呈现过程中通过设置多层次的娱乐活动，将主题公园的主题和价值观念传达给游客，实现娱乐活动与休闲要素及服务接待设施有效地结合在一起。从而满足游客的多元化休闲娱乐需求。主题公园的核心要点在于对主题的选择和呈现，主题需要具有鲜明的创意，能够引发游客的共鸣。将文

* 张萍，中国主题公园研究院研究员，英国西苏格兰大学工商管理硕士，经济师，曾全程参与多个主题公园、旅游景区项目的可行性研究、策划、规划设计、建设和经营管理工作。在成本控制、商业模式创新以及旅游项目的整体运作方面有丰富的经验。

① 李春生．我国主题公园的发展现状与创新［J］．地域研究与开发，2007（4）：73.

化元素等融入情境创意中去，用以满足游客的心理情感等更高层次的需求，满足他们的好奇心。在主题的呈现方面，主题公园需要根据其主题创意，借助复制、移植和展现等手段将具有文化元素和主题活动表现为提供给让游客体验的娱乐场景，以虚拟环境和环境规划为主题的载体，将主题情节贯穿整个游乐项目的活动空间中。

自1989年锦绣中华主题公园在深圳开园以来，我国主题公园产业经历了各个不同的发展时期。从原来的自然风光、微缩景观、都市娱乐阶段进入高科技多元化综合发展阶段，其建设水平逐渐向世界知名品牌靠拢，我国主题公园经过30年的发展和行业内不断的整合，涌现出如华侨城、华强方特、广州长隆、大连海昌、常州中华恐龙园、杭州宋城等一批品牌化程度高、品牌识别度明显的主题公园。近10年来，国外著名品牌主题公园纷纷进入中国，迪士尼乐园2016年6月在上海对外开放，环球影城正在北京如火如荼建设当中，乐高乐园也将落户我国的几大城市。本土主题公园品牌也全力推动中国文化元素主题公园的建设。有关资料显示，目前中国内地共有主题公园343座，主要分布在珠三角、长三角和环渤海地区。近年来，随着经济发展和技术的进步，主题公园的体验形式和内容也在不断地提升。我国主题公园的大发展的时代已经来临（如图1和图2所示）。①

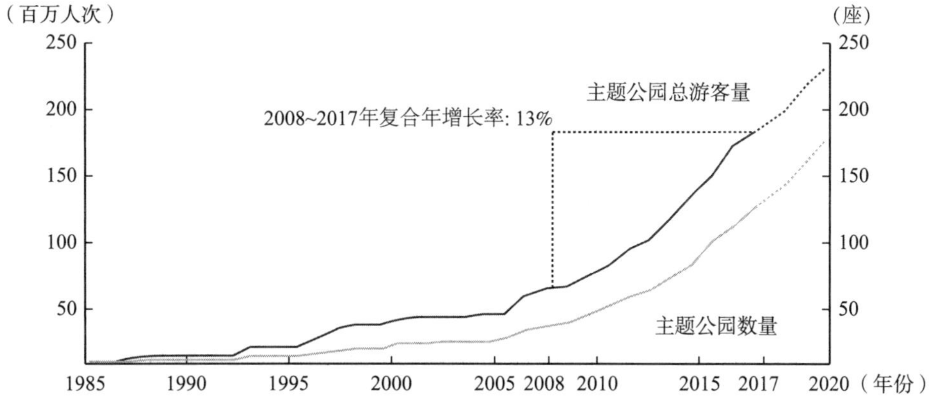

图1　1985～2020年中国主题公园年游客量及数量增长趋势

资料来源：中商产业研究院．2019中国主题公园行业发展现状及发展趋势分析［EB/OL］.（2019－07－08）［2020－01－07］. https：//www. askci. com/news/chanye/20190708/1512211149431. shtml。

① 中商产业研究院．2019中国主题公园行业发展现状及发展趋势分析［EB/OL］.（2019－07－08）［2020－01－07］. https：//www. askci. com/news/chanye/20190708/1512211149431. shtml.

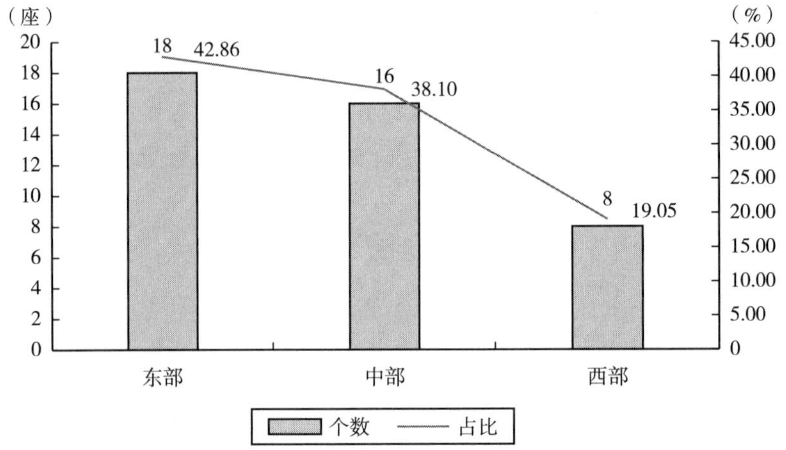

图 2　中国主题公园区域分布

资料来源：中商产业研究院 . 2019 中国主题公园行业发展现状及发展趋势分析［EB/OL］.（2019 - 07 - 08）［2020 - 01 - 07］. https：//www. askci. com/news/chanye/20190708/1512211149431. shtml. 。

二、主题公园的发展困境

虽然主题公园在中国取得了爆发式的增长，但与国外知名的主题公园品牌相比，主题公园的发展存在着产业链较短，产品单一和开发产品附加值低等问题。截至 2019 年 8 月，中国内地共有主题公园 339 座，其中 25% 亏损、22% 持平、53% 盈利。[①] 这些主题公园除了上海迪士尼乐园以外，基本上经营收入都来源于门票，住宿、餐饮以及其他二次消费的占比仍然很低。其发展困境主要有以下几个方面：

（一）主题公园开发缺乏主题创新

主题公园的创意、主题故事和体验形式都非常重要，国内主题公园大多数在开业几年达到某一峰值之后便很难再次超越，开始走下坡路，游客量逐渐减少。造成这一局面的重要原因是主题公园大多数内容和游乐形式没有差异，主题故事没有吸引力，缺乏新意，游客参与性娱乐项目比较少，消费体验感不足，导致难以激发游客消费欲望，更不可能让游客有重复消费的动力。我国的主题公园大多还是主题重复，模拟仿效居多，缺乏像国外知名主题公园的创新意识。根据调研

① 中国 42 座大型主题公园去年总营收超 122 亿元［EB/OL］.（2019 - 11 - 24）［2020 - 01 - 09］. https：//ishare. ifeng. com/c/s/7rrNmCFOyLi. 2019 - 11 - 24.

数据显示，国内主题公园与国外主题公园相比，重游率偏低，如深圳欢乐谷、东部华侨城等，其重游率较高，但也只有30%～38%。而迪士尼和环球影城的重游率高达60%～70%。[①] 国内主题公园园区的主题创新不足，降低了游客的重游率和二次消费的意愿。据公开的2018年财报显示，华侨城A、宋城演艺、海昌海洋公园、大连圣亚四家国内主题公园上市公司总营收为69.85亿元，同比下滑18.79%。除了海昌海洋公园营收由去年同期的－2.9%升至今年的2.36%外，华侨城A旅游综合业务营收、宋城演艺营收和大连圣亚营收的增幅都同比下滑，分别由2017年同期的11.01%降至－27.31%、17.41%降至8.51%、15.17%降至7.86%。

（二）参与性项目少，游客体验感不足

主题公园的消费是体验，游客通过感觉器官与思维活动，对所处场景环境与过程经历的体会与感受。从这个角度上讲，主题公园的消费高低，吸引力的大小在很大程度上取决于主题公园所提供游客的体验内容、体验形式的特殊性及体验效果的高低。游客的体验感是主题公园最为重要的营销助推器，其对游客产生消费的潜在影响十分重要，也是能否促使游客决定消费的关键，是主题公园经营成功与否的重要环节。

（三）门票依赖过高，其他收入不景气

目前，国内主题公园依然停留在门票经济的阶段，主题公园内部的商业多以租赁形式。从收入结构上看，我国主题公园70%是门票收入，而国外大型的主题公园门票收入只占到30%，30%是零售，40%是餐饮住宿。迪士尼乐园主营收入部分中，门票收入约占比为30%，餐饮占15%，住宿占13%，购物占25%，其他占17%。[②] 游客在进入园区后的二次消费才是迪士尼盈利的真正来源，并且，这些二次消费很大程度上来源于对整个文化产业链的开发，以及核心IP的利用。国内主题公园收入结构与国外的差别是目前主题公园经营的一个显著特点，也是业内一直以来都想解决的问题。上海迪士尼进入中国市场之后，也让国内主题公园市场进一步看到了盈利结构的进步空间。

---

① 王峰．主题公园游客重游率提升策略探讨［J］．开封大学报．第33卷1期，2019（3）：12－14.

② 牟岩．我国旅游主题公园业的发展现状、问题与策略研究［J］．中国城市经济，2011（11）：70，72.

（四）市场定位不准确

“文化＋科技”是主题公园的重要发展模式和经营理念，也是主题公园能否吸引游客的核心。但目前我国的主题公园在科技上整体创新还不够，主题公园在策划初期没有针对不同年龄段的游客需求进行项目创意，没有根据游客的兴趣爱好进行消费目标与娱乐性关联设计，缺少利用科技手段创造一些体验式的娱乐项目。许多项目都是为了满足某个城市增加旅游目的地项目的数量而建，缺乏市场定位，主题公园规模设定不合理，造成不少资源的浪费。同时缺少产品创新及与市场同类产品形成差异化，未能在不同的时期让游客有不同的体验感受，没有准确的市场定位使资源得不到优化，不能让游客对品牌认可。

三、主题公园的二次消费产值较低

就主题公园的发展困境中，本文主要对二次消费产值低下进行研究。主题公园二次消费一般是指门票收入以外，游客在餐饮、住宿、购物上的支出。国际品牌公园依靠主题 IP 以购物占比最高，而我国主题公园的二次消费的核心支撑越来越趋向园区内的餐饮和纪念品。主题公园二次消费低迷的原因主要有以下几点：

（一）收入模式单一，门票收入成为主导

目前我国的主题公园的盈利主要来自门票收入，通常情况下，主题公园平均二次消费＝二次消费的总收入÷入园消费者人数。这个数据可以较客观、直接体现主题公园二次消费水平。国内多数主题公园的二次消费则仅有20%比例，甚至更低，例如，在娱乐产品开发，园内销售策略等因素上没有充分做好调查研究，未能及时调整经营方向提升消费总量。主题公园二次消费的提升还亟待一系列改善措施的推进，把更多有内容的 IP 变成衍生品，主题公园内的餐厅和主题是相通匹配的，通过提高的品质和吸引力，让消费者在余兴未尽的情况下更多地消费。①

① 余红英．主题公园品牌营销初探——以欢乐谷为例［J］．现代营销（学苑版），2011（7）：22.

（二）主题公园经营缺乏新意

据有关机构预测，未来几年，全球最大的主题公园市场就在中国。虽然主题公园的市场越来越大，然而近 10 年来国内主题公园的经营收入结构和比例却没有同比的增长。中国主题公园是旅游文化发展到一定阶段的产物，与社会大众的收入水平、娱乐偏好、审美情趣等因素密切相关的。① 由于缺乏对国内主题公园市场的正确认识，一些主题公园的投资者往往高估公园可能带来的收益，忽略了一些主题公园自身发展的局限性，导致初期的经营决策失误，投资回报期延长。

一个成功的主题公园不仅要有一个与众不同的主题，这与初期的主题公园的规划设计分不开。但是我们也看到，国内主题公园发展历史短，多数主题公园在规划设计上模仿性太强，体现不出自己的特色。很多主题公园的游乐项目还是静态景观，游客无法参与其中，制约了二次消费的可能性。有些主题公园的规划设计难以展现其个性化。主题公园的建设不能只重视外在的形式，而忽略了游客实际的心理需求。目前国内大多数主题公园的规划只是将景点简单的排列组合，设计形式单一，施工队伍的技能限制了主题的展现，在娱乐项目的应用中缺乏高科技的融合，完全不能体现主题与独特的文化内涵。

四、促进主题公园二次消费的对策与建议

现代消费者追求的不仅感官体验，还要有心灵震撼的效果，从这个层面上看，独特的主题内涵也是吸引二次消费的核心因素。对本土的历史、旅游资源进行分析，力求主题和文化背景吻合。只有不断地挖掘文化内涵，消费的产品才能得到完善、充实和更新，才能吸引顾客，才能创造二次消费的经济效益。促进二次消费的可遵循以下的开发原则：

第一是主题性原则。游客是二次消费的主体。与众不同的主题才能激发消费者的感官，触动人们的心灵，提升主题公园的品牌和社会效益。

第二是创新性原则。创新要求主题公园的设计力求独特，时刻保持与众不同的个性，不断为各个层次的游客带来不一样的感受，满足其个性化需求。

第三是参与性原则。参与性是主题公园加深游客体验的重要途径，参与可增

---

① 庄学新．我国主题公园产品创新机制研究［D］．合肥：安徽大学，2010：65.

强游客的亲切感和满足感。通过互动，可更深入地体验不同的历史文化，获得更多心理上的满足。

第四是挑战性原则。适度的挑战性活动才能使游客真正忘却自我，以最大限度发挥自己的潜能，追求超越心理障碍时的成就感和舒畅感，这也是近几年极限运动不断升温的原因。

此外，针对主题公园二次消费开发存在的问题，本文提出了以下几个方面的对策建议：

1. 营造二次消费的情景环境

主题公园二次消费关键因素取决于主题相关的产品的设计、开发和创新。主题公园消费的产品大致可以分为基础型、提升型和延展型几个类别。基础型产品是传统的游乐形式，主要是静态景观。提升型产品主要是涉及表演类产品，通过主题与文化的融合，满足消费者多样化消费需求。延展型产品则是需要游客参与体验的产品，通过游客的亲身体验和娱乐参与，不仅为二次消费提供机会，还满足了消费者的个性需求。因此，对于营造主题公园消费环境而言，后二者是我们研究的重中之重。

2. 进行促进二次消费的网点规划布局改造

合理的布局是二次消费的基础。在布局时，要重点消费场所，例如对餐厅、购物点，商业区等主要收入区域进行统一的设计规划。为了提升二次消费的总额，主题公园在设计之初，对游客游玩路线需要进行精确计算，做好科学的规划。经过主题公园的市场调研，可以发现一般游客会在游玩 1 小时左右，便开始有消费的行为，所以主题公园在导览图上进行详细便捷的路线标注，方便消费者随时进行二次消费。例如长隆集团依托珠三角城市群，利用多个主题公园集群，做出一个很独特的样本，基本上很少依靠开发房地产带来的收入而达到盈利，这在国内主题公园中实属罕见。从规划来看，未来的长隆集团，在清远、珠海和广州三地布局，将形成一个“城市主题”“海洋主题”“森林主题”三足鼎立的战略布局。对于主题公园运营而言，流量好比生命线，随着港珠澳旅游金三角日益壮大，珠海横琴游客爆满也属意料之中，据羊城晚报金羊网报道，自 2014 年 3 月开业至 2018 年 12 月，珠海长隆国际海洋度假区已累计接待游客超过 5800 万人次。①

① 珠海长隆：中国主题公园引领者与粤港澳大湾区“同行”［EB/OL］.（2018-12-24）［2020-03-07］. https：//k. sina. cn/article_2131593523_7f0d893302000eaye. html.

3. 进行与二次消费相关的产品体系开发

主题公园创意设计的主题选择是一个主观判断与理性市场分析相结合的决策过程。主题公园创意设计需要有敏锐的市场感觉和充分的消费者调研，通过成熟的商业运作，组织专业人员对主题进行提炼、包装和设计。同时主题公园的产品开发设计也需要选择专业人员，在充分市场调查的基础上进行定位。市场调查可以帮助主题公园的主题抓住游客的需求，摆脱一味地模仿。例如华侨城在超级 IP 培育的路径上进行了诸多探索，不断思考如何将 IP 打造为能够持续满足消费者好奇心和注意力的文旅产品，并逐步构建起多元 IP 矩阵。从火爆抖音、快手短视频平台的“爆笑两姐妹”到华侨城文化旅游节“欢乐橙子”，从海南三亚中廖村“大力神寥寥”到重庆欢乐谷引入“超级飞侠”……近年来在市场上崭露头角的多个 IP 佳作背后，华侨城身影频现，映射其以 IP 为轴心探索 IP 全产业链构建、推动文旅融合高质量发展的实践之举。[①] 现阶段，面对激烈的游乐行业市场竞争，在商品开发时，必须深入分析消费需求的变化，注重为游客提供高品质、有意义、款式新的主题商品；重视细节，不断提高商品质量，保证游客的使用体验。

4. 提升游客二次消费的体验感知

在主题公园二次消费过程中，必须重视主题公园与目标游客之间的互动性。有了这种内在的联系，游客置身其中就能体验到消费的特殊感受。另外，还要不断完善产品体系和提升产品功能。主题公园的二次消费本质上是旅游者寻找自身体验的行为和过程。未来主题公园在娱乐产品选择方面将更加关注消费者的体验需求，突出公园主题的文化性。为了营造良好的娱乐体验，增强娱乐项目的感知性、提高消费者参与性，可以通过一些场景的局部改建，虚拟再现等一些手段，将二次消费的体验主题化、可视化，以游客可感知的方式强化主题内涵，重视对游客心灵的震撼，这样不仅可以激发消费者二次消费的兴趣还可以带来重复性的消费。与此同时，主题公园还可以根据项目提供具有特殊意义活动纪念品，这种产品可以满足消费者带给亲朋好友的需求，极大程度地拓展了二次消费的延伸性。[②]

---

① 李婷．现代主题公园营销策略研究［D］．天津：天津大学，2010：58.

② 张瑾．国内主题公园市场营销策略研究［D］．上海：华东理工大学，2012：68.

5. 打造门店场景化，赋予创意和主题

随着科学技术的加速发展，信息技术和虚拟技术的日益普及，主题公园的二次消费也离不开高科技含量的产品。高科技可以大大提升项目与游客之间的互动性。他可以促进产品和主题之间的相互渗透，相互作用，促进产品形态的多样化。在高科技的支持下，可以实现高度更高、坡度更大、速度更快、眩晕感更强、安全更有保障的娱乐设施的建设，消费者的体验感将更加丰富。随着信息时代的到来和虚拟技术的成熟，主题公园产品形态的智能化和虚拟化将不断加快进程。可以说，在现代技术的导引下，主题公园产品形态已经进入概念创新的发展阶段。2018 年，北京欢乐谷将国产原创动漫 IP“饼干警长”引入主题区，通过优质 IP 赋能游乐，全力打磨“饼干警长”主题商品，逐步壮大原创之路。[①] 目前，北京欢乐谷正加紧联手第三方公司，大力推动“香格里拉宝贝”系列主题产品研发，并调整现有商品结构，更新商品种类、品相，围绕金面王朝主题和三星堆主题研发新款文创主题商品，全面提升剧院商品销售环境，在这样的场景化门店中，消费者更加主动的消费，有效刺激了主题公园的消费总额的增长。

6. 对消费群体进行细分，分区经营

随着个性化消费时代的到来，“90 后”“00 后”将成为主题公园的主要消费群体，年轻人渴望体验一种酷炫的感觉，主题公园也要时刻跟紧潮流，只有新潮的产品才能对年轻人产生了吸引力。主题公园才具有可持续发展的生命力。实际上，主题公园从诞生开始，就致力于通过营造娱乐氛围来强化与传统公园不一样的感觉，可以说，主题就是娱乐氛围，在“玩酷”的“90 后”“00 后”成长为主题公园二次消费的主导力量的背景下，要注重主题公园娱乐氛围的创新和营造，未来成功的主题公园需要具备更加鲜明的主题，将娱乐项目构成剧情化的体系。根据主题体系，实行分区营造，形成商业区与主题氛围的有机组合。需要打造别具一格的场景化，每个场景都展现出独立的个性。强调场景的造型视觉化、多彩化、逼真化，给每一个进入其中的消费者感官上的刺激，从而实现二次消费的创意化。[②]

7. 挖掘 IP 的商业价值，精耕细作商品的营销

世界上成功的主题公园主要盈利点是二次消费的娱乐设施项目，门票收入只

---

① 江燕．中国主题公园发展案例研究［D］．兰州：兰州大学，2011：50.
② 张晓振．主题乐园顾客满意度的理论与实证研究［D］．成都：西南交通大学，2011：138.

作为日常维护费用。正常的主题公园的收入结构中，门票收入只占 20% ~30%，其他二次消费的收入占大头，二次消费主要靠不断提升品牌知名度吸引游客，通过具备知识产权特点的旅游纪念品获得二次盈利，这一盈利模式才是主题公园不断发展的顽强生命力。因此破解主题公园二次消费的难题，拟订合适的盈利模式才是关键。主题公园的另一个成功盈利模式是“产业化发展”，即打造主题公园的商业化产业链，把主题旅游与商业化模式结合起来，突破了单一的旅游或商业的概念，把关联产业相联合，互为依托，相互促进。商业和公园的景观可以互为借用，互为呼应，成为一个融娱乐、商业等要素于一体的完善体系。① 此外，主题公园还推动了周边的度假及旅游等与主题公园相关联的其他产业的综合发展，以发挥整体效益。虽然目前我国的主题公园产业在各种因素的影响下，处于喜忧参半的局面，但我们有理由相信，经过精心规划和设计、不断推陈出新并且管理严格的主题公园必将拥有光明的发展前景。中国具有悠久的历史，灿烂的文化，主题公园品牌要在中国文化元素 IP 方面深入挖掘，尽量用中国文化元素作为主题公园等娱乐 IP。中国元素 IP 可以吸引国内外的游客的目光。这样的中国的主题公园不但要让国内外游客通过主题公园娱乐及旅游体验了解中国文化。

8. 寻找二次消费的刺激点和创新点

从人口统计学的角度看，现实的社会群体根据出生年代的差异，体现出每个群体在价值观和消费特征方面具有明显的差异。未来 10 年或者更长的时间尺度内，中国主题公园游客的主体是八九十年代出生和 2000 年后出生的新新人类，这三类的游客群体是在信息技术不断发展的条件下成长起来的。一方面他们对新兴事物抱有极大的兴趣，另一方面他们的消费心理和消费行为会产生经常性的变动，针对这种特点，主题公园既要不断地创造新兴事物激发他们的消费兴趣点，同时还要不断地改善经营管理手段，为他们经常性变动的消费行为创造便捷的条件，在网络技术的支持下，随着电子化货币的普及，消费的付款方式将进入微信，支付宝时代，与此同时，游客对主题公园产品的消费将选择互动性比较强的超市模式。② 因此，主题公园将通过提供更加丰富的产品形态实现超市化，从而促进游客的二次消费，不断提高景区内二次消费的赢利能力。对于游客服务方面，主题公园通过提升服务品质，赢得消费者口碑。

---

① 陈乐君．深圳市主题公园竞合研究［J］．特区经济，2011（5）：164－165.

② 吴琤珉．我国主题公园的创新设计——以杭州宋城为例［J］．北方经济，2012（24）：62－64.

五、研究结论

随着国际投资巨头纷纷进入中国主题公园的市场，我国主题公园行业竞争将变得更加激烈。我们要深刻认识到主题公园呈现出与文化产业、商业等产业融合发展趋势，高质量、品牌化的主题公园才会有更多的机会和空间，而高科技带来的创新体验将主导主题公园的产业竞争格局。未来五年，我们可以清楚地看到主题公园发挥的社会价值，围绕文化，旅游，地产等行业的主题公园将迎来前所未有的发展机遇。“互联网+”也为主题公园的发展提供了重要思路。主题公园也会逐步改善城市基础设施，推进我国现代化建设进程的速度。国内主题公园二次消费的提升需要一系列改善措施的推进，包括必须提高主题公园项目的IP吸引力以及文化内涵，把更多有内容的IP变成衍生品，或者做成有吸引力的主题酒店、餐厅，且与主题公园的主题故事和场景相通匹配，提高它的品质和吸引力，让游客在体验娱乐项目的过程中，余兴未尽的情况下进行更多地消费。当然，主题公园也要以加强自然生态系统原真性、完整性保护生态系统为基础，以实现全民共享为目标，创新运营机制，强化管理，构建规范、高效的中国文化元素的主题公园体系。

参考文献

[1] 李春生. 我国主题公园的发展现状与创新 [J]. 地域研究与开发，2007(4)：73.

[2] 中商产业研究院.2019中国主题公园行业发展现状及发展趋势分析[EB/OL].(2019-07-08)[2020-01-07]. https：//www. askci. com/news/chanye/20190708/1512211149431. shtml.

[3] 中国42座大型主题公园去年总营收超122亿元 [EB/OL]. https：//ishare. ifeng. com/c/s/7rrNmCFOyLi. 2019-11-24.

[4] 王峰. 主题公园游客重游率提升策略探讨 [J]. 开封大学学报. 第33卷1期，2019 (3)：12-14.

[5] 牟岩. 我国旅游主题公园业的发展现状、问题与策略研究 [J]. 中国城市经济，2011 (11).

[6] 余红英. 主题公园品牌营销初探——以欢乐谷为例 [J]. 现代营销（学

苑版)，2011 (7).

[7] 庄学新．我国主题公园产品创新机制研究 [D]. 合肥：安徽大学，2010.

[8] 珠海长隆：中国主题公园引领者与粤港澳大湾区“同行” [EB/OL]. (2018 - 12 - 24) [2020 - 03 - 07]. https：//k. sina. cn/article_2131593523_7f0d893302000eaye. html.

[9] 李婷．现代主题公园营销策略研究 [D]. 天津：天津大学，2010.

[10] 张瑾．国内主题公园市场营销策略研究 [D]. 上海：华东理工大学，2012.

[11] 江燕．中国主题公园发展案例研究 [D]. 兰州：兰州大学硕士论文，2011.

[12] 张晓振．主题乐园顾客满意度的理论与实证研究 [D]. 成都：西南交通大学，2011.

[13] 陈乐君．深圳市主题公园竞合研究 [J]. 特区经济，2011 (5).

[14] 吴琤珉．我国主题公园的创新设计——以杭州宋城为例 [J]. 北方经济，2012 (24) .

走进故事创造自我

——主题公园沉浸叙事方法在产业旅游中的应用

于　雨　于海鹏*

本文探讨关于主题公园沉浸叙事方法在产业旅游中的应用。以酒庄旅游为例，寻求、探索、讨论在葡萄酒产业旅游中如何通过主题公园讲故事方法，让游客产生沉浸体验，并在体验中创造自我。利用现有文献资料和案例通过对其他学者关于主题公园沉浸叙事研究、产业旅游研究，以及酒庄和葡萄酒主题旅游的相关研究结合实践进行梳理和探讨。该文章对从事产业旅游的从业者尤其是专门从事葡萄酒产业旅游项目开发的从业者具有一定的参考及借鉴作用。可以帮助他们通过主题公园设计方法论的应用，为策划和创意探寻可行的方向。

一、引言

主题公园是现代旅游业在旅游资源的开发过程中所孕育产生的新的旅游吸引物，是一种人造旅游资源，围绕着一个或几个主题创造一系列有特别的环境和气氛的项目吸引旅游者。主题公园通过多种手段满足多样化的休闲娱乐需求和游客的多种娱乐体验，在主题公园的发展过程中为了达到极致的娱乐体验使用并积累了大量的方法和手段，其中主题公园沉浸叙事是主题公园实现良好体验的重要方法。这些方法在其他旅游类项目中经常被借鉴，本文探讨产业旅游中如何运用主题公园方法，并结合笔者多年的实践经验，探索出一个适应当下国家发展和社会环境的发展之路。而在主题公园方法中首先重点被使用的方法是沉浸叙事方法。

---

* 于雨，法国国立工艺学院（Conservatoire National des Arts et Metiers）商业工程项目管理硕士，新西兰奥塔哥大学商学院主题公园研究方向博士研究生，清华大学美术学院特聘讲师，中国主题公园研究院产业旅游研究分院院长，北京世纪千府国际工程设计有限公司产业旅游研究院院长。

于海鹏，英国西苏格兰大学工商管理硕士、中国主题公园研究院主题建筑研究中心副主任、产业旅游分院副院长，北京天工创境国际建筑规划设计有限公司总经理，北京世纪千府国际工程设计有限公司产业旅游研究院副院长。

二、沉浸叙事——“主题公园创造良好体验的方法”

（一）主题公园讲故事

主题公园的最大特点是公园内游乐的内容与形式都是围绕既定主题来营造的，好的故事是主题公园最为重要的灵魂。自古以来，人类就对故事着迷，历史，文学和音乐也通过故事流传下来。我们通过留存下来的史前岩画和壁画，知道他们是如何通过绘画讲故事。故事可以帮助我们了解外界的情况，故事可以分享他人的经验，可以培训我们如何融入社会以及如何与他人交流。好故事有特殊的魅力。讲故事可以使说服和鼓励他人更容易。一个好故事激发我们的情绪，激发我们的想象力，甚至打开我们的同理心。这种沉浸式感觉，心理学上称为“移情作用”（卓执中，2016）。

在迪士尼乐园中，高科技只是用来辅助“讲故事”的工具，而不会喧宾夺主。围绕主题公园 IP 展开的故事创作和故事叙述应该是符合时代需求和当代消费者族群体验习惯的，故事叙述不能仅停留在单方面讲故事环节，还应极大可能地将游客或受众作为故事角色融入创作中，使其体验能浸入更多的能动性和参与性。迪士尼乐园强调的是“用户对故事线的体验”，而不是最高、最大、最快、最多、最贵的设备技术。现在，“故事游戏化”已经成为新一代主题公园的新方向。它与传统主题公园体验的主要差别在于：在特定景点只提供基本故事线，让游客们掌有故事的主动权。比如，在迪士尼的“魔法王国的巫师”这个互动主题中，游客们都是巫师梅林的新学徒，在整个主题公园区为了决战魔王而招募各种人手，究竟会发生什么故事？那只有参与的游客才知道了。无论技术如何进步，讲好一个故事是千古不变的人性，是快乐的源泉。

（二）沉浸体验

1. 心流：沉浸与沉浸式体验的含义

沉浸一词，英文 Immersive。威廉·立德威尔在《设计法则》阐述沉浸是心流理论。美国芝加哥大学著名心理学家米哈里·齐克森哈里（Mihalyi Csikszentmihalyi）在研究中发现个人完全投注在某种活动情境中，会过滤掉所有不相关的知觉，十分兴奋和充实的情绪就像“水流”一样，毫不费力源源不断地出现，他将这种情绪体验称为心流体验或沉浸体验（flow experience）（Csikszentmihalyi，1975）。沉浸体验（flow experience），也叫沉醉感，指个体将精力全部投注在某种活动当中，无视外界存在、自我忘时的状态（Csikszentmihalyi，1975）。个体体验到一种积极的感受，给人以充实感、兴奋感和幸福感，称为最佳体验（optimal experience）。个体在完全被某种活动所吸引时，就会产生满意、平静、享受，内心和谐的主观感知，即沉浸体验（Parker，Bind & Strauss，2010）。

2. 沉浸式体验：感官体验与交互体验

沉浸式体验注重感官体验和互动体验。感官体验主要是指视觉、听觉、嗅觉、味觉、触觉五种感官的刺激，让观众充分沉浸在体验中。在感官体验方面，为了创造一种完全沉浸的感觉，五种感官（视觉、听觉、触觉、嗅觉和味觉）必须将数字环境视为真实的。运用沉浸式技术，让感性体验呈现：全景 3D 显示（视觉）、环绕声声学（听觉）、触觉和力反馈（触觉）、嗅觉再现（嗅觉）、味觉再现（味觉）、体感再现（动觉）。1980 年，加州奥克兰博物馆举办了一个现实主义展览，其中包括电影制作人莱斯布莱克的“大蒜般的十个好母亲”纪录片的首映式。在首映式上，导演建议在电影放映时，偷偷打开博物馆剧院后面的烤蒜头烤箱，整个剧场都充满了蒜味，创造一个超现实的体验，目睹著名厨师爱丽丝水烤大蒜和香肠机压碎几十种辛辣丁香味的肉类，同时闻到烤蒜的味道，这种体验是一个令人难以忘记的特殊体验（王红等，2018）。

交互式体验，又称互动体验，是人类行为的互动体验。观众觉得到达数字环境是真实的，充满了信念，能够以自然、直观的方式与环境互动。人机交互、与作品的人机交互、各种人机交互沉浸式技术（如手势控制、运动跟踪、计算机）（视觉）针对观众的动作，移动大脑控制界面（BCI）响应观众的脑波活动，从而进行一系列的互动。沉浸感是指专注于在当前的情况下感受快乐和满足感，忘记现实世界的心理状态。（王红等，2018）情境虚拟体验和互动体验装置艺术，是最近新媒体艺术最热门的话题。日本的新媒体艺术 TeamLab 团队打造的一系列新媒体沉浸式艺术体验风靡全球，他们的作品美丽、灵动、舒适，给观赏者带来视觉、听觉上的冲击。观赏者处于一个个充满着光影、音符、乐趣的空间，极致的沉浸感，拉近作品与观赏者的距离，让观赏者将自身转换为作品的一部分，将周围的人转换为作品的一部分。作品《油罐中的水粒子世界》（*Universe of Water Particles in the Tank*，*Transcending Boundaries*），在油管的空间中，从天而降形成一个瀑布。水由无数个水粒子的连续表现而出，计算机计算出这些水粒子之间的相互影响，接着根据这些水粒子的移动在空间中描绘出线，形成所构想的超主观空间中的平面瀑布。当观赏者站在作品中时，会阻挡水流的流动，从而改变水流的流向，成为作品的一部分。观赏者可以欣赏到这个由自己和他人的行为而形成的独一无二的作品，让人成为一种积极的存在。

王红和刘素仁（2018）在关于沉浸与叙事的论述中认为叙事的本质就是讲故事，包括叙事者、媒介、受体三个层面，叙事者通过叙事素材，叙事媒介传播信息，受众接收信息并转化认知情感。同时在构建如下几个关键要素的情况下对于沉浸体验最佳：叙事故事的引人入胜和情境化的叙事空间通过叙事媒介沉浸技术数字化和新媒体，多媒体有机的结合传播故事。通过多感官的体验和交互体验游客就可以完全沉浸。使游客从被动接受—主动参与—共同创造的演变。这也是主题公园项目的沉浸叙事方法可以在产业旅游的实践中加以利用和研究。

（三）沉浸叙事

叙事（narrative）在拉丁文中的主要意义为“讲述”和“知道”，即其实际来源于两个单词：narrare 及 gnarnls。叙事可以理解为利用话语或者非语言的形式表达特定意义或想法，它是绘画、雕塑、文学的基本载体，是有人类以来便已经形成的方法它是人们进行自我沟通或者与他人沟通的一种有效的媒介，是人类社会发展意义上的不可或缺的一种工具，它由叙事媒介及接受者组成，而通过赋予空间内涵而进行人为的叙事性设计，使接受者在行为中感知空间的内涵，与空间建立起密切的体验纽带，这个空间会因为人的参与和体验而具有了叙事性的场所精神和历史价值。本质上来说，故事是指“关联事件的描述”（Schwartz & Harris，2014）。一些作者（Weidenfeld et al.，2016）认为，正是由于这种创造性的发展，这些游乐设施才如此成功。即使这些景点没有明显的故事情节，但它们通常仍基于精心设计的故事脚本。

全球各大主题公园在建造过程中会特别关注沉浸场景的营造，随着数字多媒体技术的发展通过沉浸多媒体和沉浸叙事方法为游客创造了令人惊喜的游乐体验项目，如环球影城的哈利·波特魔法世界，迪士尼的阿凡达世界主题景区。把这种体验带到了一个全新的高度。目前中国的旅游消费发展迅速，作为主题类旅游产品葡萄酒庄旅游也同样受到游客的关注。所以在设计中主题公园沉浸叙事方法是可以使用和借鉴的，但是需要不断进行理论探索和实践应用。

综上所述主题公园沉浸叙事方法是围绕一个特定的主题或 IP 首先利用叙事学的理论进行故事的构建，接着依靠叙事主体和叙事空间作为故事内容载体，再通过不断进步发展的科技手段作为叙事媒介，如场景沉浸技术或多媒体沉浸技术进行 IP 植入和转化为参与者的特殊体验，同时游客也作为故事的参与者、接受者和创造者。

三、葡萄酒旅游——“产业旅游各要素融合发展的典范”

（一）产业旅游

1999 年，黄羊山等在《论产业旅游》一文中提到的“所谓产业旅游，就是将产业的生产经营场所、生产过程、生产成果、管理经验作为旅游资源，吸引人们前来参观、访问、考察、学习和购买，主要针对第一产业和第二产业”（黄羊山和任蔚蔚，1999）。

随着社会经济的发展人们对旅游多元化的需求不断加大，世界各地将经营场所和生产过程等作为旅游吸引物进行经营出现了农业和旅游结合的农业旅游、工业和旅游结合的工业旅游，这些以产业为旅游资源的方式在不断完善和发展的过程中为旅游的多元化和旅游者能够得的深度旅游体验提供了丰富的资源保障。由于旅游业属于第三产业，并且组合了很多相关的第三产业，因而产业旅游主要考虑的是第一和第二产业。就目前的情况来看，有两种主要类型的产业旅游：农业旅游和工业旅游。

1. 农业旅游的发展

农业旅游即农业与旅游业相结合的产物，也可以称之为农业生态旅游或者乡村旅游。（付启敏和吴刚，2004）农业旅游有多种称谓，如观光农业、旅游农业、田园旅游、乡村旅游等。农业作为旅游资源是它的生产场所、生产过程，以及生产成果，如梯田景观、参与采摘葡萄并购买。农业旅游陶冶了人们的生活情趣，给游客提供学习农业生产技术、了解农业生产知识和体验农家生活气息的机会（毕婧，2012）。

在 20 世纪 70 年代的法国，城市居民开始建造“第二住所”并开放人造菜园。为了满足这一需求，全国各地的农民发起了农场旅游，并成立了国家联合管理组织。最近几年，法国人发起了一个新的“农业旅游”产业，全国有16000个农场家庭建立了家庭旅馆。3000多名农民还组成了一个联合管理组织，名为“欢迎来到农场”，吸引了许多游客。其中，酒庄旅游或葡萄酒主题旅游是法国农业旅游的重要组成部分（伊衍波，2005）。

美国的农业资源非常丰富，但是为了保证农业的可持续发展，美国非常重视资源的保护与开发利用。政府鼓励将森林和水利等农业资源开发成农业旅游区供人们旅游。政府还制定了有关法律法规，以确保农业旅游业的健康发展。在美国，每年有2000万人参加农业旅游。当苹果、梨、葡萄和西瓜等水果快要成熟时，各种美国农场都在报纸和杂志上做广告，吸引游客去农场摘水果来度假。城市的人们反应热烈，并跟随指示地图的广告开车去那里。在果园内可以随便吃，不需付钱。当游客走近一排排整齐的果树时，看到枝条挂满硕果，每个人都很兴奋。游客要是累了就在树下草地上坐下悠闲地休息、野餐、呼吸新鲜空气、观看果园景色、聆听飞来飞去鸟的鸣声，直到太阳西斜，人们才依依不舍地离去。将采摘的水果在门口的服务区域称重付款，价格比城市的卖场和商店要低很多，最重要的是体验了乡村美景和有度假的美好体验（尹衍波，2005）。

日本农业旅游发展较早。日本各地的旅游业者和农业经营者建立了协会。各地农场结合生产，以诗情画意的田园风光和各具特色的服务设施，创造独特的方式吸引了大批国内外游客。旅行社开发了多种农业旅游产品，组织游客春季种苗、秋季丰收、捕虾、草原放牧、牛棚挤奶等。日本岩水县锦鲤养殖场是一个具有100多年历史的综合性大型养殖场。自1962年以来，农民结合生产经营项目，先后开辟了40多平方公里的观光农场和动物养殖场，让游客在大自然的怀抱中享受各种家畜的天真萌态，增加动物学知识；每天挤奶表演，定期观看奶油加工过程，看完后可以买到各种包装精美、新鲜的乳制品；独特的农具展馆，陈列了各种传统的农业机械。人们可以了解农业发展的历史和农业机械知识（曹林奎和施月欢，2007）。随着工业化和城市化进程的加快，日本农村出现了许多观光农场。只要买票，就可以自由参观农场，看青菜，闻花香，采摘新鲜的野果，领略大地的美景。离开前，你还可以得到一袋你采摘的新鲜农产品（解东，2005）。

真正意义上的中国农业旅游是在20世纪90年代初我国的国内旅游繁荣之后。农业旅游相对较早开始，主要在北京和上海、广州、成都等大城市的周边村庄。例如四川的农舍和北京的民俗招待户。经过短短的20年，国内农业旅游业的发展总体上呈现出“大规模扩张，低水平发展”的状态（辛媛媛，2006）。随着农业旅游迎合了城市居民接近大自然和休闲娱乐度假的消费心理，越来越多的城市居民愿意去乡下“吃农家饭，品尝农家菜，住在农家，做农活，购买农产品”。巨大的旅游市场需求使农业旅游业蓬勃发展。仅北京就有316个民俗旅游村，13819个民俗旅游户。成都还有近5000间农舍。在数量迅速膨胀的背后，“农舍”也存在着规模不同，质量参差不齐的现实。繁荣的农业旅游背后，存在各种问题（韦汉群和徐大勇等，2004）。

各个国家因为经济发展水平和文化背景的不同农业旅游的形式和给游客的感受也不同。但是为旅游者创造一个可以享受自然，感受乡土气息，最后带走农产品有获得感的旅游项目是所有经营农业旅游的经营管理者都有的共识。

2. 工业旅游的发展

（1）国外工业旅游。

工业旅游企业以其独特的生产工艺、生产场所、先进的生产管理经验，吸引着人们。工业旅游具体包括采掘旅游、重工业旅游、高新技术产业旅游、手工业旅游、轻工旅游、建筑旅游等多种类型。比如参观矿山、参观汽车生产工艺、参观矿石冶炼工艺、参观和参与手工艺品生产、参观大型建筑工地、参观日用品生产采购等。工业旅游是工业旅游的重要组成部分之一。

格拉斯哥是英国的一个工业城市，早前发展成为出口市场的重工业综合体。由于严重的失业和随之而来的社会问题，格拉斯哥的经济在20世纪60年代和80年代出现下滑（王小育，2010）。但格拉斯哥正在积极实施经济结构调整，改善城市服务环境，大力投资交通、旅游、文化等产业。在格拉斯哥市中心及周边地区，它拥有丰富的酒吧、餐厅、超市、现代剧院、夜总会和时尚公寓。公共投资建设博物馆、美术馆、音乐厅、会议中心城市标志性建筑，使其成为集港口、文化休闲、会议中心、大学教育于一体的著名旅游城市。

说到工业遗址旅游，我们必须提到德国的鲁尔。它现在是一个极好的旅游目的地，但鲁尔工业区最初是一个以煤和钢铁为基础的重工业区，专门从事化学工业。第二次世界大战后，煤矿和钢铁厂关闭，鲁尔工业区逐渐被遗弃。1989年，鲁尔工业区恢复计划正式实施，旨在通过景观重新设计使其恢复生机。如今，鲁尔工业区已经变成了一个崭新的科技园区。它不仅保留了钢厂、煤渣山等老生产基地，还留下了大片绿地和湖泊，大大增加了旅游吸引力。在工业区第一铸造厂废弃的土地上，还建了一个大型购物中心，里面有咖啡馆、酒吧、美食广场、各种娱乐设施和娱乐中心。在鲁尔工业区的奥伯豪森市，随处可见瓦斯罐。这里是欧洲最大的储气罐，直径67米，高118米。它建于1929年，使用60年后于1988年停止运行。这些大容量储气罐内部改造后，形成独特的展览空间，成为欧洲最大、最具替代性的展厅。通过采光天窗，整个展厅创造了一个巨大的全封闭空间。这种戏剧性的展览空间体验，就像科幻电影中的外太空世界一样，常常让参观者大吃一惊。有一部电梯直达顶部，可以俯瞰罐内全景这是世界上罕见的空间体验。（曾沁等，2013）根据每年不同的主题需求，大气罐每年夏天都会举办一次专题展览，吸引众多游客，成为奥伯豪森的文化地标。

好时巧克力世界坐落于宾夕法尼亚州的巧克力小镇——赫尔希镇（好时镇），于1973年对外开放，名字源于好时巧克力的创始人米尔顿·好时先生（Milton Hershey），1894年在他出生地巧克力小镇——赫尔希镇上创建了世界一流的巧克力工厂。好时巧克力世界利用独特的互动式展览把好时的历史展现给参观者，让游客可以了解到好时先生的生平，以及他创造的糖果王国和好时镇。（朱翊敏，2009）进入好时世界，游客乘坐一部游览小轨车，首先参观模拟的巧克力原料可可豆生长的热带雨林，在成熟后被跨洋过海运抵位于美国宾夕法尼亚的星球上生产甜食的圣地——好时。然后，随着可可豆的脚步穿过生产好时巧克力的模拟工厂，亲眼看看巧克力的生产过程，享受美妙的巧克力工业气息。游客可以观赏到可可豆是如何被一步步地被加工成美味的巧克力，观赏那些神奇的机器设备，从视觉、触觉、听觉三方面感受将可可制作成牛奶巧克力的全过程。游客可以在好时制造项目进行巧克力个性化制作，从选择包装，配料开始在小型生产线上经历巧克力制作的每个步骤。好时巧克力世界旅游项目如图1所示。

图1 好时巧克力世界（Hershey's Chocolate World）旅游项目

资料来源：笔者根据好时巧克力世界官网整理所得。

1958 年 8 月 25 日，在日本大阪府池田市，安藤百福先生发售了世界上第一包方便面。1999 年，纪念安藤业绩的拉面博物馆在池田市设立。[①] 如今安藤先生从前的家改建成为方便面博物馆，每天接待大量的游客和学校的校外教学团体。博物馆内展示着 52 年前制作方便面的工具以为日清集团的历史，日清事业版图上展示着日清集团每一个时代销售过的各式各样的方便面，十分有趣。而且在馆内可以自己做（DIY）方便面想象一下，自己动手制作属于自己的世界上独一无二的方便面。

日清杯面博物馆内的 DIY 项目分为自己绘制包装杯和手工制作方便面两种。自己绘制包装杯，首先要在自动贩卖机买一个拉面杯子，然后在杯子上绘制自己想要的图案。画好后，就要往杯子里填充内容啦，可以自己选择想要的口味和配料，然后拿到 FACTORY 区押盒盖包装。做好的杯面，保质期约一个月。

手工制作体验工坊，从和面到最后形成方便面都是自己动手制作的。首先要穿围裙、绑头巾，然后会说明制作过程，接着看影片动作教导，再然后就要开始制作，制作过程中是两个人一组，步骤为：和面、擀面，用机器再压面、醒面，然后再用机器辗面、制面，然后称面、蒸面，接着调味，然后炸面（可以隔着玻璃观赏），在醒面和蒸面时的空隙可以去画装面用的袋子。最后装袋领奖，她们会把碎屑倒在你手中，就可以立即品尝了。国外部分工业旅游项目主题特点，如表 1 所示。

表 1　　国外部分工业旅游项目主题特点

序号	国家	名称	主题特点
1	德国	拉默尔斯贝格矿	废石场遗址、拉特施蒂弗斯特坑道、费尔格泽尔拱顶、马尔特迈斯特塔、吕德尔坑道、原始水车、地下采矿设施
2		关税同盟煤矿工业建筑群	动力机房设计中心、设计博物馆、科学技术和艺术园地、炼焦厂和第十二号矿井
3		大众汽车城	汽车生产线参观、客户服务中心、大众汽车博物馆、汽车塔及各品牌的汽车展馆、360 度环绕影院、汽车公园、儿童游乐区、主题互动景观
4		奔驰博物馆	奔驰历史文化、奔驰汽车发展历史、纪念品
5		宝马博物馆	生产线参观、宝马历史文化、宝马汽车发展历史

① 兴旺．安藤百富与方便面的诞生［J］．农产品加工，2013（2）：47.

续表

序号	国家	名称	主题特点
6	美国	福特工厂	生产线参观、企业历史发展
7		波音公司	博物馆、总装线参观、波音未来飞行工厂之旅
8		可口可乐世界博物馆	生产线参观、配料保密库、世界各国可乐品尝
9		休斯敦约翰逊航天中心	指挥中心参观、培训中心参观，参观太空舱、航天飞机、太空站等实验室和火箭、展览馆
10		好时巧克力工厂	好时巧克力发现之旅、好时制造、巧克力梦工厂、巧克力课堂、好时电车之旅、甜品创意工作室
11	日本	丰田产业技术纪念馆	纺织机械馆、汽车馆、技术乐园、丰田集团馆、科技乐园
12		朝日啤酒名古屋工厂	生产参观、品尝啤酒
13		日清杯面博物馆	历史文化博物馆、DIY 杯面
14		白色恋人巧克力工厂	巧克力博物馆、巧克力小屋、梦想体验工坊、生产线参观、白色恋人小火车、梦幻拍照、玫瑰花园
15		富冈制丝厂丝绸产业遗产	富冈制丝厂、荒船风穴、田岛弥平旧宅、高山社迹遗址
16	英国	大矿坑威尔士国家矿业博物馆	地下之旅、矿区博物馆
17		威士忌文化遗产中心	威士忌生产参观、威士忌历史（黑暗骑乘）威士忌品尝
18		卡德布里世界	巧克力历史、巧克力生产
19		爱思布里奇峡工业博物馆	铁桥峡谷博物馆、铁桥参观
20		森德兰国家玻璃中心	参观玻璃制作车间、玻璃制作表演、儿童玻璃制作

资料来源：笔者整理所得。

（2）国内工业旅游。

798 艺术区（ArtDist）位于北京朝阳区酒仙桥街道大山子地区，故又称大山子艺术区（英文简称 DAD – Dashanzi Art District），原为原国营 798 厂等电子工业的老厂区所在地。如今 798 艺术区已经引起了国内外媒体和大众的广泛关注，成了北京都市文化的新地标。此区域西起酒仙桥路，东至酒仙桥东路、北起酒仙桥北路，南至将台路，面积 60 多万平方米，因当代艺术和 798 生活方式闻名于世。艺术区的名字是由北京国营电子工业老厂区的名称沿用而来。在 798 艺术区的发展过程中形成了 798 共识，因此，也指这一艺术区引申出的一种文化概念，以及

LOFT 这种时尚的居住与工作方式，简称 798 生活方式或 798 方式。798 方式成为国内很多工业旅游项目改造争相模仿的对象（董承华，2014）。

国家相关部门对于产业旅游的发展和创新也非常重视，2016 年 11 月 28 日，全国工业旅游创新大会在青岛召开。会上提出，欧美、日韩等发达国家均已进入后工业社会，其最明显的特征就是工业经济向服务业经济转型，欧美发达国家有 15% 以上的大中型工业企业都在开展工业旅游。相对于世界发达国家，我国的工业旅游目前还处于萌发阶段。但我国已经形成了完整的工业体系，现有 262 个资源型城市、145 个国家级高新技术开发区和 219 家国家级经济技术开发区，工业旅游空间广阔，潜力巨大。特别是近年来发展形成的特色工业小镇，将生产展销、文化创意、休闲游憩等功能有机融合，为工业旅游开辟了全新的发展空间。（郝幸田，2018）大会发布了《国家级工业旅游区（点）规范与评定》行业标准以及《全国工业旅游发展纲要（2016～2025 年）》（征求意见稿），并为 22 家首批国家工业旅游创新单位授牌（见表 2）。其中陕西省张裕瑞那城堡酒庄、贵州省茅台酒厂（集团）有限责任公司黑龙江省大庆市、新疆维吾尔自治区克拉玛依市、河北省唐山开滦国家矿山公园、山东省青岛啤酒公司、山东省海尔集团、山东省东阿阿胶旅游景区等 22 家企业获得首批国家工业旅游创新单位（伍策和刘亚湖，2016）。

表 2　　国家首批工业旅游创新单位项目主题特点

序号	单位名称	类别	主要体验项目
1	陕西省张裕瑞那城堡酒庄	酿酒	酒窖历险（黑暗骑乘）、梦幻剧场、快乐工厂
2	山东省东阿阿胶旅游景区	医药制造	阿胶知识长廊、全息剧场、4D 动感影院、飞行影院（建设中）
3	新疆维吾尔自治区克拉玛依市	石油化工	黑油山地质公园、矿史馆、新疆石油地质陈列馆
4	河北省唐山开滦国家矿山公园	采矿	井下探秘、开滦博物馆、中国铁路源头
5	内蒙古自治区伊利实业集团股份有限公司	食品加工	草原乳文化博物馆、现代化智能生产车间、生产区参观、养殖区参观
6	江苏省隆力奇工业旅游区	日用化工	工业 4.0 智能化工厂、“江南奇兵”国防训练场、有机农场、真武观、东方红木馆、特色餐厅
7	安徽省奇瑞工业园	汽车制造	企业文化展示、生产线参观

续表

序号	单位名称	类别	主要体验项目
8	福建省七匹狼集团	服装加工	七匹狼男装博物馆
9	江西省萍乡安源景区	采矿	老工业遗址、安源路矿工人大罢工的谈判大楼、毛泽东来安源的旧居
10	山东省青岛啤酒公司	酿酒	青啤历史、品尝鲜啤酒
11	山东省海尔集团	家电制造	海尔科技馆、海尔立体库、海尔彩电生产线、海尔时空飞碟、海尔特种冰箱生产线、海尔开发区物流中心、海尔商用空调生产线
12	贵州省茅台酒厂（集团）有限责任公司	酿酒	中国酒文化景区、杨柳湾酒文化风情街、酒具 DIY、生产车间、酒库车间、包装车间
13	河南省中国一拖集团有限公司	机械制造	东方红农耕博物馆、拖拉机总装线
14	湖北省十堰汽车城	汽车制造	生产线参观、汽车文化
15	湖南省株洲醴陵瓷谷	陶瓷制造	国际陶瓷展览中心、图兰朵酒店、醴陵瓷谷美术馆、醴陵市陶瓷博物馆
16	广东省罗浮宫国际家具博览中心	家具制造	家具展览
17	广东省中山大涌红木文化博览城	家具制造	红博城博物馆、棋书画四馆、家具展览、文化展示
18	海南省海南核电有限公司	电力	核电科普展厅、车览核电厂区、近距离参观核心厂区
19	重庆市周君记火锅食品工业体验园	食品加工	重庆火锅文化、企业文化展览馆、生产线车间参观、火锅文化演艺厅
20	黑龙江省大庆市	石油化工	大庆石油技术博物馆、大庆市工业遗产参观、纪念馆、创业遗址、工作现场
21	云南省红塔集团	烟草加工	红塔文化走廊、玉溪卷烟厂卷包二车间、红塔山烟事文化馆
22	新疆生产建设兵团伊帕尔汗香料股份有限公司	日用化工	薰衣草景区参观、精油工业游览

资料来源：笔者整理所得。

本文探讨的葡萄酒产业旅游是包括农业旅游和工业旅游的独特产业旅游形式，葡萄园美景的参观，葡萄品种的品尝、葡萄种植知识的学习这些都属于农业旅游的范畴。到了酿酒环节参观如发酵、储酒、调配、桶储、罐装、陈酿、封装环节又属于工业旅游参观。有些酒庄设置了餐饮、住宿、会议、游乐等内容又是第三产业。所以葡萄酒产业旅游是横跨一二三产业的独特产业旅游形式是产业旅游各要素融合发展的典范。

（二）葡萄酒旅游

"葡萄酒旅游"在现有的研究文献中还没形成公认的定义，但绝大多数的定义都与旅游者的动机和体验相关，葡萄酒旅游包括制酒、品酒、赏酒、健身、美食、购物以及游览参观酒厂周围的葡萄园等景点，还包括了解产酒地区的文化和生活方式的一系列的娱乐活动（李世泰，2005）。

盖茨（Getz，2006）将葡萄酒旅游定义为"游客对葡萄酒厂及葡萄酒产地的访问和体验。它是一种新型的旅游目的地开发和营销方式，也是葡萄酒业直销的最佳机遇"。

威廉姆斯（Williams，2001）则把葡萄酒旅游视为"喜爱葡萄酒的人到产地去探寻葡萄酒感知体验的一种旅行形式"。

1998 年在澳大利亚举办的第一届澳大利亚葡萄酒旅游会议（the First Australian Wine Tourism Conference），充分证明了葡萄酒旅游研究得到迅速发展。将"葡萄酒旅游业"定义为"对葡萄园，酿酒厂，葡萄酒节及葡萄酒展览会的访问，这种访问是把品尝葡萄酒和对葡萄酒产地特征的体验作为主要访问目的"（Hal and Macaronis，1998）。

澳大利亚葡萄酒酿造商联合会（Winemakers Federation of Australia）也将葡萄酒旅游定义的重点放在游客体验上，但更广泛的定义是："葡萄酒旅游是游客对葡萄酒厂及葡萄酒产地的访问，以体验其独特的与品尝葡萄酒相关的生活方式，包括饮食、景观及文化活动"。

综上所述，葡萄酒旅游是以葡萄酒的生产地或销售地为旅游资源，进行的了解葡萄种植、酿造、生产、销售、酒文化以及地方文化的旅游形式。游客可以参观体验或者参与到葡萄酒的生产过程中。可以参观葡萄园、酒窖、品饮葡萄酒，品尝美食，参与葡萄酒节日等旅游活动，游客在相关的旅游活动中，可以获得各种具有项目地特征的主题文化体验。

1. 国外葡萄酒产业旅游与发展趋势

世界葡萄酒的传统产地主要集中在欧洲国家，包括法国、德国、意大利、西班牙等，随着葡萄酒在全世界的流行，一些新兴国家也开始大力发展葡萄种植和葡萄酒的酿造，其中代表性的有美国、南非、澳大利亚、智利等。这些国家同时将葡萄园、葡萄酒文化、葡萄酒、旅游产业进行有机结合，取得了令人瞩目的成绩。扩大了本国葡萄酒在国际市场的占有率和影响力。

20 世纪 80 年代以来，传统葡萄酒产区在政府的引导和支持下，走上了与旅游业融合的道路。以法国为例。勃艮第葡萄酒是法国最著名的葡萄酒。为增加庄园收入，实现经济来源多元化，法国葡萄园直接向公众开放，以旅游业为媒介，打造采摘、酿酒工艺学习与观赏、葡萄酒文化展示、品酒、葡萄酒营销与采购等庄园参观项目，实现了庄园与消费者的直接联系，创造了可观的经济收入。新兴葡萄酒产区随后也加入了葡萄酒与旅游相结合的发展道路。随着葡萄酒旅游的兴起，澳大利亚猎人谷、巴罗萨地区和维多利亚东北部都成为热门旅游目的地。加州的纳帕谷葡萄酒旅游年营业额高达 3 亿美元，新西兰国家旅游形象宣传文件也将葡萄酒旅游列为重要宣传栏（彭喆，2016）。

经过多年的发展，国外葡萄酒旅游积累了不少发展经验。葡萄酒旅游是葡萄酒产业和旅游产业集群发展的结晶。在经济全球化背景下，葡萄酒生产企业依靠旅游业进行国内外营销，直接向消费者进行宣传和销售活动，取得了良好的经济效益和社会效益。在许多葡萄酒产区，葡萄酒产业、旅游业、餐饮业、销售业、文化艺术业、体育休闲业等产业得到有效集聚，通过各种形式的横向或纵向联盟，形成了良好的集群效应，促进了各行各业的科学合作和良性循环，最终造就了一批成功的葡萄酒旅游基地。

综上所述随着社会需求的发展，传统的葡萄酒主题旅游和新型旅游共存，共同的特点就是都开始强调越来越多的参与、体验、娱乐、文化推广活动，多功能主题化已经成为新形式。美国的纳帕谷（Napa Valley）共有 15 个葡萄酒产区、400 多家酒庄，产区的葡萄酒品质优良、产量低、产值高，在注重结合科技改良酿造工艺的同时，除了保证葡萄酒的品质以外，酒庄的建设特点鲜明各具特色，同时将休闲娱乐作为旅游的主要发展方向吸引更多的游客参观体验购买葡萄酒。

2. 中国葡萄酒产业旅游发展现状及趋势

（1）中国葡萄酒旅游。

中国的葡萄酒旅游出现较晚，随着葡萄酒业和全球旅游业的蓬勃发展，葡萄酒旅游作为一种特殊兴趣的新兴专项旅游，日益得到人们的普遍关注。葡萄酒逐渐成为一个新的旅游发展亮点。据中研普华产业研究院不完全统计，中国葡萄酒旅游行业市场规模约为 103.1 亿元，同比增长 5.96%，增速有所放缓，主要是受国内宏观经济的影响。2019 年中国葡萄酒旅游行业营收同比增长率约为 5.96%，在旅游行业中，处于上游水平，行业发展能力较良好。2019 年中国葡萄酒旅游行业净利率约为 9.32%，对于大多数行业而言，行业盈利能力较强。2017～2019 年中国葡萄酒旅游行业营收同比增长率和净利率情况如图 2 和图 3 所示。

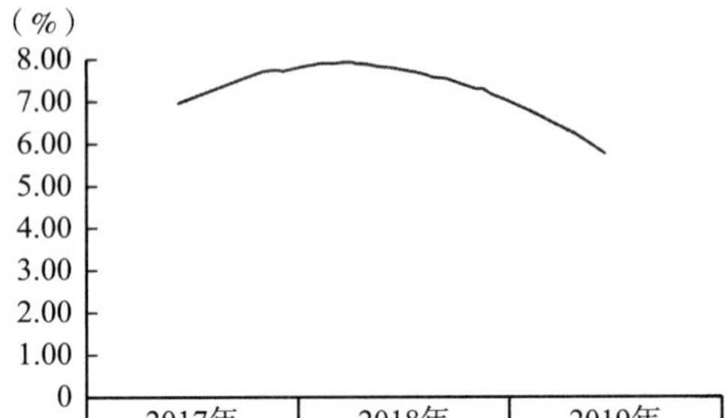

	2017年	2018年	2019年
—— 营收同比增长率（%）	7.06	7.87	5.96

图 2　2017～2019 年中国葡萄酒旅游行业营收同比增长率情况

资料来源：笔者根据中研普华产业研究院数据整理所得。

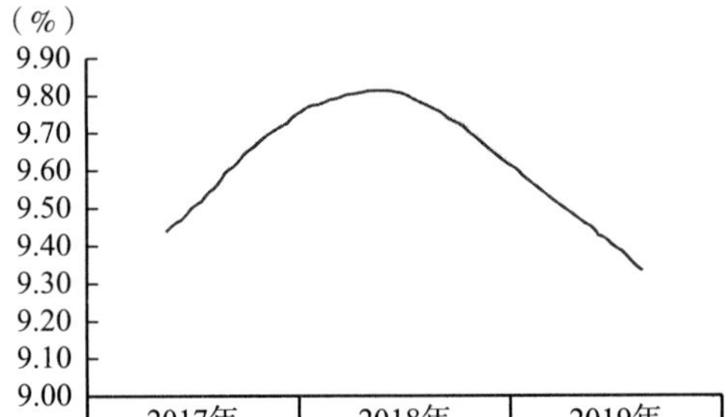

	2017年	2018年	2019年
—— 净利率（%）	9.46	9.81	9.32

图 3　2017～2019 年中国葡萄酒旅游行业净利率情况

资料来源：笔者根据中研普华产业研究院数据整理所得。

（2）中国葡萄酒酒庄。

目前，国内主要的葡萄酒庄有山东烟台张裕卡斯特酒庄、瑞事临酒庄、山东蓬莱·南王山谷君顶酒庄、青岛华东·百利酒庄、河北昌黎朗格斯葡萄酒庄、河北昌黎华夏酒庄等。北京张裕爱堡国际酒庄、北京市房山区波龙堡酒庄、山西太谷怡园葡萄酒庄、新疆天山新疆西域酒庄。宁夏张裕摩塞尔十五世酒庄、新疆张裕巴保男爵酒庄、陕西张裕瑞那城堡酒庄（车晓军，2013）。中国知名酒庄分布如图 4 所示。

新疆区域： 新疆张裕巴宝男爵酒庄 唐庭霞露酒庄 天塞酒庄 楼兰酒庄 蒲昌酒庄 瑶池西夜酒庄	**宁夏区域：** 宁夏张裕摩塞尔十五世酒庄 贺兰晴雪酒庄 银色高地酒庄 巴格斯酒庄 西鸽酒庄 迦南美地酒庄	**山东区域：** 张裕烟台卡斯特酒庄 张裕烟台丁洛特酒庄 张裕烟台可雅酒庄 君顶酒庄 蓬莱拉菲酒庄 西夫拉姆酒庄 盛唐酒庄 安诺酒庄 逃牛岭酒庄	**河北区域：** 酒庄瑞云酒庄 马丁酒庄 长城桑干酒庄 迦南酒庄 茅台昌黎葡萄酒庄
云南区域： 香格里拉酒庄 云南红酒庄	**山西区域：** 怡园酒庄 巨燕凤翼酒庄 戎子酒庄		**内蒙古区域：** 汉森酒庄 沙恩酒庄
东北区域： 张裕黄金冰谷冰酒酒庄	**天津区域：** 王朝酒庄 西夫拉姆（天津）酒庄	**北京区域：** 北京张裕爱斐堡国际酒庄 北京房山波龙堡酒庄 北京房山丹世红酒庄 北京房山莱恩堡酒庄	**甘肃区域：** 莫高葡萄酒庄 紫轩酒庄

图4　中国知名酒庄分布

资料来源：笔者整理所得。

（3）中国酒庄的代际——以张裕为例。

在国内作为葡萄酒产业旅游的先驱张裕投资的酒庄从卡斯特开始到西安瑞那城堡酒庄再到规模宏大的烟台张裕国际葡萄酒城经历了几次迭代。第一代卡斯特是代表，最早的旅游和参观是非常传统的形式，有葡萄园参观，酒窖参观、葡萄酒品鉴。在开发二期时在酒庄增加了命名为“酒城之窗”接待大规模游客的以酒文化传播、企业文化展示、葡萄酒销售，旅游特色餐饮、葡萄酒个性化、旅游纪念品为主要服务功能。在三期时增加了葡萄酒主题餐饮和主题婚宴，构成了全方位立体式的葡萄酒主题旅游和主题餐饮酒庄。

北京张裕爱斐堡国际酒庄是张裕也是国内第二代际酒庄旅游产品的代表。酒庄位于北京市密云区，投资7亿余元，于2007年6月全力打造完成。酒庄建设得到国际葡萄与葡萄酒组织（OIV）的鼎力支持，并由OIV主席罗伯特·丁洛特先生担任酒庄名誉庄主。酒庄总占地1500余亩，其中建筑面积400亩，葡萄园1100余亩，为国家4A级旅游景区，全国休闲农业与乡村旅游五星级园区、北京市科普教育基地。酒庄是一个集葡萄种植及酿酒、葡萄酒主题文化旅游、休闲度假以及葡萄酒知识培训功能为一体的综合性国际酒庄。其中爱斐堡旅游文化部门主要面向葡萄及葡萄酒爱好者提供给葡萄酒主题文化旅游、葡萄酒销售、葡萄酒知识培训以及葡萄、葡萄酒以相关延伸品、礼品的销售和服务。国际会议中心是集住宿、餐饮、会议、娱乐、休闲、旅游度假为一体的法式风情小镇。小镇划分为街道生活区、餐饮服务区、娱乐休闲区、教堂博物区四个功能区。设有总统套房、酒店标准客房、中西综合餐厅、会议室、电玩中心、杂货铺、咖啡厅、雪茄吧、红酒吧、KTV、等经营项目。

宁夏张裕摩塞尔十五世酒庄、新疆张裕巴保男爵酒庄是第三代际酒庄，新疆和银川是中国葡萄酒主要的两大原料基地，所以形成了酿酒厂加酒庄的模式。进入酿造车间参观葡萄酒的生产过程、通过球幕电影，多媒体互助体验葡萄酒的历史文化和酿造发酵相关知识，通过4D影院了解企业的历史和文化。在酒窖里了解葡萄酒的储存，在酒窖迷宫里体验不同的主题文化和葡萄酒的品尝。在葡萄酒餐饮主题中心感受美酒与美食的搭配。同时因为建筑和景观都三欧式城堡风格也吸引了大量新郎新娘来拍摄婚纱照。

陕西张裕瑞那城堡酒庄代表着中国酒庄进入第四代际。陕西张裕瑞那城堡酒庄是集葡萄种植、葡萄酒生产、观光旅游、葡萄酒销售、餐饮、会议、娱乐等多功能于一体的综合性葡萄酒主题庄园，由百年张裕与意大利著名酿酒世家—瑞那家族合作建成，酒庄占地1100余亩。

瑞那城堡包含的旅游项目有：意大利托斯卡纳风格建筑、百亩鲜食葡萄采摘园、15000平方米地下大酒窖、世界级葡萄酒科技展览馆、爱神雕塑广场、汉白玉love主题墙、趣味儿童乐园、4D巨幕影院、张裕故事、酿造传奇、红酒秘密、酒窖迷宫、艺术长廊、梦幻葡萄酒大学、DIY葡萄酒生产线、黑暗乘骑、葡萄酒商业街等。多个项目完美呈现都市田园文化、葡萄酒品鉴文化与百年张裕企业文化，共同形成酒庄的鲜明主题——为游客开启一段难忘的“浪漫意大利梦幻城堡”之旅。本项目开始借鉴主题公园的一些技术手段和科技馆的手法来满足游客的娱乐体验和教育体验。

如“梦幻葡萄酒大学”是主题公园常用的全息互动剧场，通过演员和虚拟影像的表演来讲述一个生动的故事。“黑暗骑乘”（DARK RIDE）是游客乘坐轨道游览车，沿着既定故事路线，在一个虚实景结合的主题故事环境中穿行体验的大型室内娱乐项目。通过这种主题公园常用的沉浸式体验项目来讲述张裕百年来的历史故事，突破了传统的展览馆博物馆类讲述企业历史的方式。

张裕瑞那城堡“快乐梦工厂”是酒庄新增的一项DIY私人定制项目。梦工场包含“梦幻吧台、3D艺术区、DIY酿造车间、VIP私人订制区”等部分，游客可在梦幻吧台完成购票和姓名输入，在3D艺术区拍摄自己喜爱的照片（或选择手机美照），上传后将爱照做成艺术酒标。然后走进全自动化DIY酿造车间，亲手参与葡萄酒的灌装生产，整个过程您可以看见空瓶从清洗、烘干、灌装、压塞、缩帽、贴背标到葡萄酒灌装完成的整个过程，在生产线的最后环节，还可以通过激光打印机将自己的姓名打印在酒标上。最后在贴标区贴上带有自己照片的艺术酒标，得到一瓶完全属于自己的私人定制红酒带回家，馈赠亲友或者留作珍藏，都是很好的选择。在项目功能板块划分、游客动线设计、故事的编撰、等过程中都融入了主题公园的方式和体验手段。这些手段在酒庄的应用为世界和中国酒庄产业旅游提供了方向和参考。

第五代是烟台张裕丁洛特酒庄和烟台可雅白兰地酒庄，这两个酒庄位于烟台张裕国际葡萄酒城。烟台张裕国际葡萄酒城占地5500亩，酒城包括葡萄与葡萄酒研究院、葡萄酒生产中心、丁洛特葡萄酒酒庄、可雅白兰地酒庄、葡萄种植示范园、先锋国际葡萄酒交易中心、海纳葡萄酒小镇共七大主题功能区。到目前为止葡萄酒生产中心、丁洛特葡萄酒酒庄、可雅白兰地酒庄已经生产运营，其中可雅酒庄是中国第一个白兰地酒庄。酒城将打造葡萄酒现代大工业酿造示范区，打造中国原产地标准的种植酿造示范区，打造中国葡萄酒工业旅游5A级景区。

中国葡萄酒主题旅游虽然起步晚，但是在像张裕这样的有百年历史企业的不断探索和发展当中借鉴主题公园的一些方法和体验手段，把酒庄主题旅游推到了世界葡萄酒主题旅游的具有中国特色的新高度，为国际葡萄酒主题旅游项目提供宝贵的探索经验和发展方向。国内知名酒庄旅游项目特点如表3所示。

表3　国内知名酒庄旅游项目特点

序号	地区	酒庄名称	功能特点
1	山东	张裕葡萄酒博物馆	张裕历史文化展厅、百年大酒窖、国际葡萄酒博物馆、葡萄酒品鉴
2		张裕卡斯特酒庄	葡萄园参观、酒窖参观、葡萄酒品鉴、餐饮
3		西夫拉姆酒堡	酒窖参观品酒、3D立体画互动拍照、童话城堡
4		君顶酒庄	高尔夫球场、葡萄园参观、酒窖参观品酒、酒店餐饮、跑马场、凤凰湖、湿地公园
5		文成酒庄	城堡建筑参观、葡萄园参观、酒窖参观
6		苏格兰酒庄	苏格兰风格城堡酒庄、葡萄园参观、自然重力生产参观、酒窖参观品酒、住宿餐饮
7		逃牛岭酒庄	酒窖参观品酒、酒店餐饮、葡萄园参观
8		蓬莱拉菲珑岱酒庄	酒窖参观品酒、葡萄园参观
9		台依湖酒庄	温泉度假、酒窖参观品酒、酒店餐饮、葡萄园参观
10		国宾酒庄	汉唐风格酒庄、酒窖参观品酒、酒店餐饮

续表

序号	地区	酒庄名称	功能特点
11	河北	朗格斯	酒窖参观品酒、酒店住宿、餐饮娱乐、养生、葡萄园参观
12		长城桑干酒庄	酒窖参观品酒、酒店住宿、餐饮、葡萄园参观
13	宁夏	张裕摩塞尔十五世酒庄	生产车间参观、酒庄文化历史参观、酒窖参观、美酒美食、球幕电影
14		志辉源石酒庄	废弃矿场改造、葡萄园参观、酒窖参观、建筑参观、葡萄酒品鉴
15		贺兰晴雪酒庄	葡萄园参观、酒窖参观、葡萄酒品鉴
16		巴格斯酒庄	欧式园林、葡萄园参观、酒窖参观、葡萄酒品鉴
17		西鸽酒庄	现代酒庄建筑、葡萄园参观、酒窖参观、酒店住宿、美酒美食
18	陕西	陕西张裕瑞那城堡酒庄	意大利风格酒庄、葡萄园参观、4D 电影院、酒窖历险（黑暗骑乘）、梦幻剧场、快乐工厂（生产线 DIY）
19	北京	北京张裕爱斐堡国际酒庄	法式城堡、欧洲小镇、葡萄园参观、酒窖参观、酒店住宿、餐饮娱乐
20		北京波龙堡酒庄	葡萄园参观、酒窖参观、葡萄酒品鉴
21	新疆	张裕巴保男爵酒庄	法式城堡参观、生产车间参观、酒庄文化历史参观、球幕电影、4D 电影、酒窖参观、美酒美食
22		楼兰酒庄	葡萄园参观、酒窖参观、葡萄酒品鉴、餐饮娱乐

资料来源：笔者根据相关资料整理所得。

四、主题公园沉浸叙事方法在产业旅游中的应用——以葡萄酒旅游为例

以上章节分析了产业旅游的发展及葡萄酒产业旅游的国内外发展现状，以及主题公园沉浸叙事的相关理论和方法。下面章节以西夫拉姆（天津）酒堡最具代表的项目为例从叙事主体、叙事媒介、叙事空间、叙事故事、叙事受众几个方面探究主题公园沉浸叙事方法在产业旅游中的应用。希望从理论出发联系实践探索这些方法的实用性和可行性，可以为相关行业提供一些借鉴和思路。

（一）葡萄酒旅游案例（介绍）——西夫拉姆（天津）酒堡

项目位于天津市津南经济开发区打造葡萄酒灌装生产基地。项目占地 152 亩，总建筑面积 10 万平方米，包含灌装生产线和保税仓库。除了生产功能，将为游客们提供一个了解红酒文化、了解企业文化、品酒交流、旅游休闲的好去处，将成为津南区以及天津市著名的工业旅游名片。成为辐射京津冀环状大区，具有人文艺术气息的魅力中心酒庄。

项目分为五大功能区域，分别是：酒庄主楼，葡萄酒乐园，婚庆楼，生产厂房，地下酒窖。其中生产厂房作为灌装生产线和保税仓库，其余四个功能空间分为不同的主题区。其中主楼分为七个主题区：一层主楼大厅（酒魂圣殿），一层东侧葡萄酒公共知识展厅（神谕甘露），一层西侧西夫拉姆文化展厅（神谕良田）。二层公共空间（神谕魔盒）。二层东侧葡萄酒学院（酒魂师学院）。二层西侧经销商服务区（西夫拉姆恒星）。三层办公空间。四层会所（圣鼎）。葡萄酒乐园（金藤王国），婚庆楼（神谕天缘），地下酒窖（神谕地缘）。通过利用主题公园沉浸叙事方法策划规划设计打造一个葡萄酒主题沉浸体验乐园。

（二）主题公园沉浸叙事方法的应用

1. 叙事故事

叙事的本质就是讲故事，是人类本能的表达方式。叙事意味着一种通过体验和行为的偶然性来获得知识的一种方式。“叙事”包含叙事者、媒介、受体三个层面，叙事者提供叙事素材，叙事媒介传播信息，受众接收信息，并转化认知情感。在西夫拉姆天津酒堡项目的开始阶段根据企业的历史背景进行了作为大纲的故事构建。把原企业历史文化结合项目板块和体验重新进行故事化的创作由编剧老师和方案设计师沟通交流反复对板块要表现的故事主题使用的媒介手段和传达给游客的信息和最终要达到的体验进行全方位的考量。

（1）故事基础素材。

企业提供的一些历史和传说可以作为故事的碎片化素材，在了解考察的过程中对相关资料进行分析取舍，通过挖掘整理关键性的时间、事件、人物为故事的创作积累信息节点，为构架故事打下稳固的基础。

“索恩领地的开拓者：勃艮第 · 西夫拉姆一世。他在 14 纪法国政教分离的斗争中协助查理六世与罗马教皇的讨伐军作战。戎马一身的他不仅因为赫赫战功开疆拓土，还开发了索恩河流域富饶的土地，收编当时属于神圣罗马帝国的难民，在支流建立了城堡。葡萄藤也就此发芽，即将谱写一个家族的神话。勃艮第・雷诺・西夫拉姆四世。正值大航海时期的西夫拉姆四世不仅继承了曾祖父的军事天才，更随之把家族的贸易扩展到了法国的殖民地，尤其是此时领地的葡萄树龄甚至多数超过了 50 年。贸易所换来的财富更加稳固拉姆家族在法国的地位，西夫拉姆四世所开辟的贸易路线为红酒奠定了源源不断的出口国家。克里斯蒂娜・安塔妮，西夫拉姆四世的妻子，克里斯蒂娜是波尔多公爵的长女，其家族为摆脱英国势力的影响而迁往内陆，并与拉姆家族联姻对抗当时维京海盗的贸易入侵。克里斯蒂娜的到来为拉姆世家注入了新鲜的血液。她的家乡就是后来法国红酒的著名产地，波尔多的圣达美莉安。从小在葡萄园长大的她不仅擅长创作乡村的诗歌，而且随嫁的人群中汇集了数量众多的酿酒师与农夫。从此波尔多地区最附盛名的葡萄种植与葡萄酒酿造技术与拉姆世家富饶的领地结合。至此优先的条件为拉姆四世的葡萄酒贸易开辟了无人能比的优势。勃艮第・里奇・西夫拉姆六世。拉姆世家发展到六世时已经以葡萄酒的美名传遍了整个法国。勃艮第・里奇・西夫拉姆六世除了继承伟大家族的产业，更是当时法国国会的议会议员，在他的参与下，15 世纪的法国议会通过了海外贸易与股份制契约的签订。至此拉姆六世第一次把家族的产业扩展到了欧洲的各个角落，拉姆世家的葡萄酒也随之扬名海外。”

通过调研进行整理后的这些人物及背后的故事为构思故事提供了非常多的信息，有了这些信息接下来就会根据项目要满足的旅游体验使用的叙事主体、所利用的科技手段进行故事的编写。

（2）主题公园叙事。

编剧经过对原素材和现有企业的文化符号、项目地建筑形态功能布局以及策划团队对项目叙事空间和媒介的要求，以及线下互动游戏的设置进行主题公园化的故事创作。故事的背后会隐藏旅游空间、旅游路线、旅游体验、旅游衍生品产品、游客沉浸互动、葡萄酒文化知识的众多结构和信息。

“勃艮第・西夫拉姆一世在一次和讨伐军作战中亲自救出一个牧羊女，建立城堡有了葡萄种植园后，一次战役结束返回城堡，发现一头雄狮伴随队伍同行，勃艮第・西夫拉姆一世受到心灵感召，下马扔掉兵器，甩掉护卫独自跟着雄狮从另一个岔路走了下去，走入一个山谷，两旁都是野生葡萄藤蔓，在豁然开朗的夜色中雄狮把他带到一片一望无垠的良田前，随着良田的逐渐展现，雄狮慢慢长出双翅，绕良田飞跃一周后遁入天际，化成一颗恒星，这就是后来的西夫拉姆星。

勃良第·西夫拉姆一世被眼前的良田吸引，心有所属已经想把它变成自己的另一片葡萄园，更被飞入天际的雄狮所惊呆，仿佛看见西夫拉姆家族的形象就此诞生，他长跪地头，亲吻大地，这时才发现进来时右手手腕已经被葡萄藤蔓划破一个口子，有五滴热血伴着泪水洒入西夫拉姆家族新的良田。勃良第·西夫拉姆一世随手掏出手帕系在右手腕上返回城堡，不慎把随身佩剑遗忘在那里，后来再也没有找到，从此西夫拉姆家族有个不成文的规定：这片新开垦的葡萄园禁止任何外人进入！西夫拉姆家族为了纪念这段传奇，从此在右手腕都系一块手帕来标明家族身份。”

“同时这片葡萄园也是西夫拉姆家族醇美葡萄酒的原汁开创之地，它开创了西夫拉姆葡萄酒的一切口味传奇。勃良第·西夫拉姆一世返回城堡后，追寻雄狮的样子，想起滴落那片土地的五滴热血，在城堡门前筑起五狮雕塑，作为西夫拉姆家族的永久纪念。五只狮子分别代表人类五种品质：金狮子代表高贵，银狮子代表慷慨，铜狮子代表勇敢、铁狮子代表阳光，锡狮子代表威猛。五狮雕塑永久地树立在西夫拉姆庄园，它与天上的西夫拉姆恒星遥相呼应，每一只雄狮仿佛都要随时振翅高飞巡检葡萄园，找出那枚遗落的神秘佩剑，西夫拉姆注定要成为一段不朽传奇寰耀宇宙，经典是她的代名词！无可替代——永续辉煌！”

在故事的设定中埋伏了整个项目的主要知识点和项目体验点，葡萄园的由来和雄狮的出现，划破的手臂、掉到葡萄园的佩剑都为项目的沉浸体验和信息传达线下游戏做好故事铺垫。五只雄狮为开发五款葡萄酒产品进行了故事铺垫。同时出现在酒庄空间中的雄狮雕塑也同故事融合了起来。神谕良田叙事故事导图，如图 5 所示。

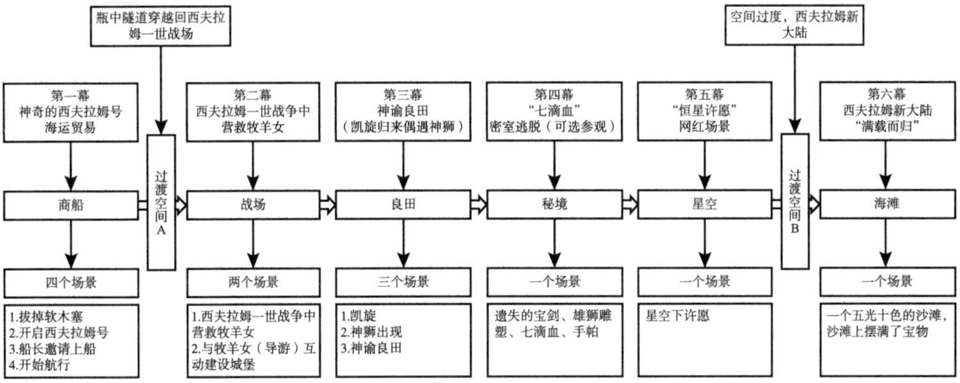

图 5　神谕良田叙事故事

资料来源：笔者根据相关资料整理所得。

2. 叙事主体

空间叙事理论中的叙事主体是指叙事过程的主要参与者。叙事主体在叙事过程中扮演着不可或缺的角色，也是空间叙事中的重要组成部分。作为酒庄空间中的参观者是最直接的参与者和体验者。参观者在进入酒庄的参观过程中会通过不同的感知系统来感知收集叙事主体通过多种手段营造出来的信息来感受空间传达的叙事内容，同时产生属于自己的参观感受和精神情感上的共鸣。可以从园区环境建筑、景观和空间几个维度对项目的叙事主体进行探讨。

游客从项目外部看法式的城堡是参观者的第一印象，进入园区法式城堡结合法式园林景观和雕塑将游客带到了一个异域的环境中。为接下来的参观体验、互动创造了沉浸环境。这些都是叙事主体为体验服务的重要组成部分。

地下酒窖是葡萄酒旅游的重点体验参观项目，幽暗神秘是主要的基调。传统的酒窖参观一般不会做太多的故事，我们在策划地下酒窖项目时在主体故事的基础上创作了分支故事—神谕地缘。在入口设置了 5 个雄狮的巨大装置，每一个都神态各异对应主体故事的金银铜铁锡 5 种特质五只雄狮。第一个环节就利用多媒体还原投影技术讲述了故事的内容，整个酒窖和数量庞大的橡木桶以及音乐、灯光的变化都让游客沉浸在故事当中，沉浸在葡萄酒文化的主题下带来避世的体验。

企业的历史和文化体验部分位于主楼一层同样在主体故事的基础上创作了分支故事—神谕谕良田。当游客在右手腕系上印有西夫拉姆家族标志的手帕即故事中西夫拉姆一世被葡萄藤划破鲜血掉落在葡萄园里。游客已经是第一人称角色参与到故事中。入口巨型的漂流瓶通过动态投影出西夫拉姆号在惊涛骇浪的大海航行运输葡萄酒，游客作为西夫拉姆一世在模拟船上甲板的视角通过观看环幕投影，穿越到历史的长河进入故事发生的时代。沉浸式戏剧的方法也用在项目体验到过程中。在进入利用电影、戏剧布景的手段实景搭建的中世纪古战场，盔甲和城堡废墟通过灯光和声音使游客沉浸到环境当中，穿着盔甲的武士突然的走到游客中以西夫拉姆一世麾下武士的身份向西夫拉姆一世（游客）汇报战况，游客的体验是高度沉浸的。在项目的主厅区是全方位多媒体沉浸，讲述西夫拉姆一世偶遇雄狮，利用多媒体体感跟随技术实现雄狮跟随。通过机械装置释放香气和刮风下雨、通过灯光电闪雷鸣感受葡萄园四季变化，了解西夫拉姆神谕良田的传说，最后雄狮幻化成一颗恒星消失在夜空中。这些手段的应用提高了游客对主题项目的参与度，和叙事主体的沉浸度。神谕良田沉浸体验如图 6 所示。

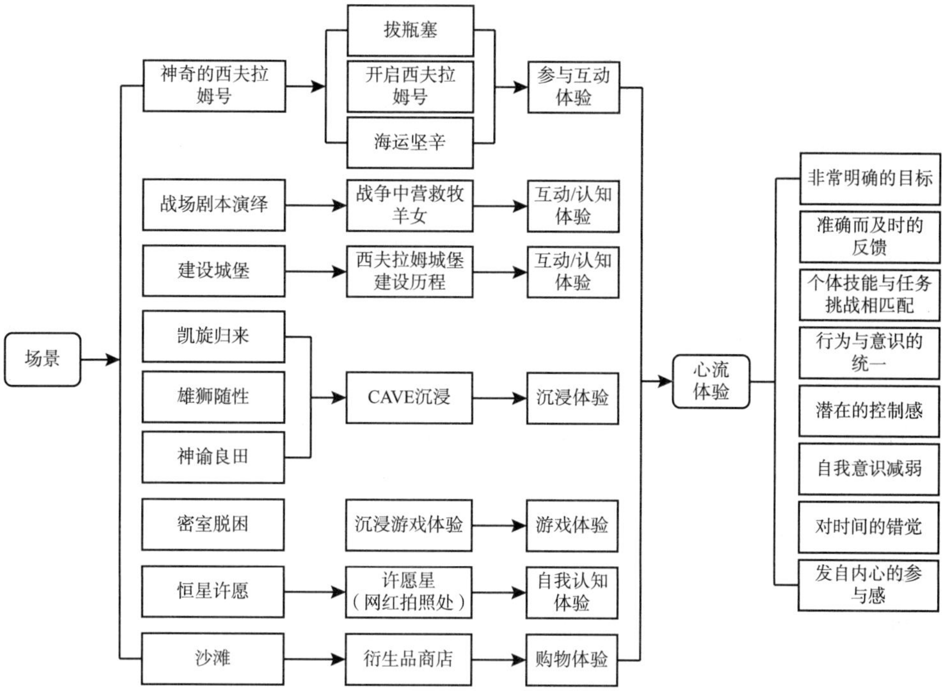

图 6　神谕良田沉浸体验

资料来源：笔者绘制根据相关资料整理所得。

建筑环境园林景观、酒窖多媒体沉浸空间、释放香气、刮风下雨电闪雷鸣这些全方位的叙事主体各自发挥独特的作用一起讲述故事实现沉浸体验传达娱乐化的信息和知识。通过叙事主体和场景，利用主题公园方法表现主题故事多方位的体验如：娱乐体验、审美体验、互动体验、认知体验、沉浸体验、游戏体验等，这些体验最终的目的是让游客达到心流体验。

3. 叙事媒介：多媒体沉浸技术

媒体（media）就是人和人之间信息交流的介质，也就是说媒体是信息的载体，也可以称之为媒介。多媒体是媒体的多重意义，可以了解统称为人类的感官性状的影响，图形、动画、声音和视频，多种信息载体的传达方式和表现形式。乔治·梅尔（2000）认为计算机技术和视频技术的结合产生了多媒体技术，实际上它是两个媒体的组成；声音和图像。多媒体技术自身有两个方面，和全部当代技术一样是由硬件和软件，或者是机器和思维混合构成。多媒体是计算机领域的一种形式，不只是视频、声音、图形，在计算机系统中，两个或两个以上的媒体互动的信息和媒体。媒体的使用，包括文本、图像、声音、动画、视频、互动功能和程序提供。它不单是多媒体的简单组合，而是他们合理的搭配与协调，通过不同的角度、不同的形式展示信息，增加人们对信息的理解和记忆。而多媒体技术也就是“多种媒体综合的技术”了。这个定义表明了多媒体的实质，但还是不够确切。我们还忘了最重要的一点，多媒体还包括参与者—游客自身。对于多媒体技术，游客不再是一个被动的观众。多媒体技术的不断发展作为叙事媒介在娱乐项目的运用提升了主题公园的趣味性，新奇性使游客完全沉浸在以主题故事为核心的情景中。

3D 电影《阿凡达》，其精致的画面，立体的视觉感受给观赏者带来了有史以来最冲击的视觉体验，在《阿凡达》之后在多媒体技术上出现了特种影院。现在大致出现了五种形式，分别为环幕影院、立体影院、3D 影院、4D 影院、球幕影院。环幕影院与一般的电影屏幕不一样，是将观赏者围绕在中心，通过采用柱面投影屏幕，超长的画面充满着观赏者的视野，声音与画面完美的结合，观赏者将沉浸在美妙绝伦的视听享受当中。4D 影院是在 3D 立体影院的基础上，将更多的自然现象如：水、风、上升、坠落等效果引入其中，根据影片的内容做出气味、羽毛、泡泡等效果，让观众从而得到视觉、触觉、听觉、嗅觉等多方位的感受，体验最真实的沉浸感。作为叙事媒介的多媒体和特种影院技术的不断发展，为沉浸体验的实现提供了技术支持。

神谕良田项目在设计中结合了环幕和 4D 影院的一些形式和技术。在多媒体沉浸场景内营造叙事性多感知体验。主厅区是全方位多媒体沉浸，通过影像讲述西夫拉姆一世偶遇雄狮，利用多媒体体感跟随技术实现雄狮跟随互动性和沉浸感同时为故事服务。春天的百花盛开释放香气，葡萄园生机勃勃。夏天艳阳高照，刮风下雨、电闪雷鸣。秋天硕果累累百鸟欢歌，冬天的大雪纷飞使游客沉浸在一年四季的变化中。同时了解西夫拉姆神谕良田的故事，手帕的来历、为下一个环节寻找丢失佩剑提前埋设悬念。

4. 叙事空间：潜移默化的接收信息

在主题公园叙事性里，将故事的主题与空间环境如电影场景一样进行融合，打造复原历史故事场景、再现故事中的人物、事件、多媒体技术配合的场景空间，是叙事空间的主要功能特征。主要的目的是使游客脱离现实沉浸到空间所营造的氛围中，通过感知系统潜移默化的接收信息。在神谕良田项目中利用电影场景手段和数字化的形式让千年前的场景和人物“重生”，使故事在眼前发生。获得沉浸式的体验。营造情境的空间位置、空间氛围、复原景观、观众在体验中进入故事加强观众感受和情感记忆。叙事空间的互动是主题公园经常采用的方式，人和物、观众和游乐设施之间适时发生互动关系，通过让观众直接参与的方式去了解故事内容、企业文化或酒文化知识，从中获得所需要的知识和信息，产生教育体验。

5. 叙事受众：接受者—参与者—创造者

随着新媒体影像技术和游乐设备硬件技术的发展，主题公园游乐项目里的故事、游乐设施、道具物品、体验观众、空间环境的存在形式都发生了变化，观众的身份与体验也发生了变化。观众身份经历一个由被动接受者到主动参与者再到共同创造者的演变。作为产业旅游的明星项目葡萄酒主题旅游由于有葡萄酒这个有型的可以品尝的产品和无形的葡萄酒文化，同单一主题游乐项目的接受者有着不同的体验目的，但由被动接受到主动参与再到共同创造者的发展和需求是更加的有必要和重要了。

（1）被动接受者。“游客—主题”模式，传统的葡萄酒旅游观众就如同去往博物馆、艺术馆那样站在一幅画（或文物）面前静静欣赏，接受纸张标签注释理解艺术。在酒庄就是通过企业展览馆、产品展示柜、文物收藏柜或者导游的讲述历史、文化、故事、产品，以旁观者的角度去被动地接受葡萄酒文化、企业文化。

（2）主动参与者。“游客—主题—游乐设施—互动”模式。游客通过游乐设施叙事媒介与之交互、互动，产生沉浸体验，观众介于单向个体与少数群体之间的互动之间。

（3）共同创造者。沉浸交互创造性娱乐体验，“游客—主题—互动—其他游客”模式，游客是活跃的、积极的参与者，并成为游乐体验的一部分，参与创作并和其他游客一起进行创造性表现。在沉浸交互项目中游客更容易意识到其他游客的存在，形成游客之间的超级联结。在神谕良田沉浸项目中的密室逃脱项目是要参与者根据主题知识和线索同其他参与者一起合作进行互动完成故事中的游戏设定，还会看到西夫拉姆一世遗失的圣剑以及破解七滴血的秘密，大家一起积极参与沉浸交互共同表演产生情感连接，也共同创造了主题叙事情景下的沉浸体验。对主题文化的再造和传播起到了更具创造性的作用。

6. 叙事身份：沉浸的自我

在主题公园多媒体沉浸体验项目中，通常会把游客作为叙事故事中的主角人物交织在游乐的叙事情节和游乐的整个过程中。如迪士尼的阿凡达世界游乐项目，在主题体验项目的故事不是原版故事。设定是第四部续集百年后游客来到潘多拉的故事。通过优秀的3D技术和先进的动作捕捉技术的结合，卡梅隆创造了惊艳绝伦的潘多拉星球。卡梅隆称，3D技术让人实现了真正的“身临其境”。要想获得比3D更加真切的体验，唯有将观众带入到潘多拉星球了，或者超级逼真的沉浸场景。

阿凡达世界项目中飞行和乘船体验是整个主题公园沉浸体验中最关键的一笔，飞行体验的独特之处，不仅在于利用了影片中“阿凡达”的概念，为主题公园最重要的飞行体验，则使用了飞行影院技术和类似“摩托车模拟器”的技术来模拟斑溪兽（banshee），让观众戴上3D眼镜，骑上就像在呼吸的斑溪兽的后背随着模拟器的晃动通过观看高清球幕电影体验飞行在潘多拉星球的快感。此时你是观众，还是故事中的人物主角沉浸式体验让你身临其境创造了一个全新的自我。多媒体影像技术和主题游乐设备的结合促使观众积极参与到沉浸式设计的叙事中，获得深度、互动、完美的沉浸体验。

项目案例中神谕良田的叙事手法通过入口发现酒瓶里的西夫拉姆号运酒船，多名游客合作通过对知识的互动答题，利用影像和多媒体技术把西夫拉姆号从漂流瓶中释放。接着游客进入360度环幕区域，通过多媒体虚拟人物西夫拉姆一世讲述西夫拉姆号的传奇故事，游客开始逐步进入叙事的初步沉浸。在预演结束提示游客将手帕系在右手腕处进行身份标定游客开始成为西夫拉姆一世进入沉浸状态。这时的游客已经身处西夫拉姆号的甲板上经历由环幕和动画影像营造的惊涛骇浪的大海，以倒序的手法进入故事的世界。

五、结语

沉浸叙事是当今主题公园获得良好体验的重要方法，沉浸式体验与旅游项目相结合拓展了旅游的内涵和边界，葡萄酒旅游是产业旅游各要素融合发展的典范。葡萄酒几千年来的文化厚度和独特的产品属性以及葡萄酒旅游企业对葡萄酒旅游产品的前瞻性思维都为在葡萄酒旅游项目设计上借鉴和应用主题公园沉浸叙事方法提供了机会。通过对主题公园沉浸叙事的梳理可以说叙事故事是主题公园沉浸叙事方法里的灵魂，需要在前期进行大量的资料和信息收集再根据项目特点和企业及市场客群需求进行艺术化主题化处理。得出关键性故事主题内容后再结合项目的叙事主体、叙事媒介重新构建一个主题公园式的叙事故事，这个故事为沉浸体验服务为项目的独特主题内容服务。主题公园项目一般投资巨大但葡萄酒旅游项目相对较小，为了更好地营造沉浸效果在选用叙事媒介和进行叙事空间的构建时尽可能选用成熟的技术，性价比相对较高的设备。避免太过创新式的技术，这些技术在运营过程中的不稳定性会使项目效果大打折扣，企业运营者的信心也会受到影响。在关于叙事受众的考量过程中秉承将游客从接受者的状态通过主题公园的方法转换为互动者参与者，为有深度沉浸体验需求的游客创造更高的沉浸体验。在达到一定的沉浸时设置必要的线下游戏环节使参与者又向创造者这样的路径跨上一个层次，达到了完美的心流体验、走进了故事、创造了全新的自我。

参考文献

[1] 卓执中. 迪士尼的秘诀是什么 [N]. 解放日报，2016 - 11 - 7 (15).

[2] 王红，刘素仁. 沉浸与叙事：新媒体影像技术下的博物馆文化沉浸式体验设计研究 [J]. 艺术百家，2018 (4).

[3] 黄羊山，任蔚蔚. 产业旅游研究 [J]. 南京化工大学学报 (哲学社会科学版)，2000 (2).

[4] 钟贤巍. 欧盟产业旅游发展对我国东北老工业城市转型的启示 [J]. 社会科学战线，2007 (5).

[5] 毕婧. 中国产业旅游等地域发展研究——以全国工农业旅游示范点为例 [D]. 西安：西安外国语大学，2012.

[6] 尹衍波. 略谈国外农业旅游的发展 [J]. 世界农业，2005 (8).

[7] 付启敏，吴刚. 简论乡村旅游与生态旅游 [J]. 大连教育学院学报，2004 (12).

[8] 曹林奎，施月欢. 国外农业旅游发展透视 [J]. 广角，2007 (12).

[9] 解东. 临沂市农业旅游现状分析及发展对策研究 [D]. 北京：中国农业大学，2005.

[10] 辛媛媛. 国内外农业旅游研究的比较 [J]. 黑龙江对外经贸，2006 - 11 - 25.

[11] 韦汉群，徐大勇. 从国外农业旅游发展现状正视国内农业旅游的升级换代 [J]. 西昌师范高等专科学校学报，2004，16 (4).

[12] 王小育. 黑龙江省工业遗产旅游开发研究 [D]. 哈尔滨：东北林业大学，2010.

[13] 曾沁等. 浅析国内外既有工业建筑可持续发展道路——以鲁尔区瓦斯罐改造和江南造船厂装焊车间改造为例 [J]. 城市建设理论研究 (电子版)，2013 - 3 - 5.

[14] 朱翊敏，李蔚．好时的美国式体验营销［J］．新营销，2009（3）．

[15] 董承华．北京文化创意产业发展模式研究［D］．北京：北京工业大学，2014.

[16] 伍策，刘亚湖．李金早：丰富升华全域旅游大力推进我国工业旅游［EB/OL］．(2016－11－28)［2020－01－09］．http：//travel. china. com. cn/txt/2016－11/28/content_39803384. htm.

[17] 李世泰，魏清泉，李庆志．葡萄酒旅游研究开发——以烟台张裕葡萄酒旅游为例［J］．经济地理，2005（1）．

[18] Getz D.，Browng. Bench marking wine tourism de-velopment：The case of the Okanagan Valley，British Columbia，Canada［J］. International Journal of Wine Marketing，2006，18（2）：78－97.

[19] Williams P. *The evolving images of wine tourism desti-nations*［J］. Tourism Recreation Research，2001，26（2）：3－10.

[20] Hall，M.，Macionis，Wine tourism in Australia and New Zealand. //：Butler，HallJenkins（eds）. Tourism and recreation in rural areas［M］．Chichester，1998：197－224.

[21] Winemakers' Federation of Australia. Australian wine industry fact sheet：Wine industry at a glance－1998［M］. Winemakers Federation of Australia. Adelaide，1998.

[22] 王玲．酒文化旅游开发模式初探——以宜宾五粮液为例［D］．重庆：重庆师范大学，2012.

[23] 车晓军．基于游客创意体验的葡萄酒旅游产品开发以烟台张裕葡萄酒旅游为例［D］．北京：首都师范大学，2013.

[24] 彭喆．国外葡萄酒旅游对我国茶旅游的启示［J］．福建茶叶，2016（4）．

[25] 兴旺．安藤百富与方便面的诞生［J］．农产品加工，2013（2）：47.

数字科技时代带来的主题公园新发展新动能解析

胡少鹏*

一、引言

第四次工业革命推动了数字化信息时代的到来，伴随德国提出工业 4.0 计划，中国提出 2025 智能制造标准体系，以物联网、大数据、机器人及人工智能等技术所驱动的数字化高新科技正不断地赋能到各个产业当中。

主题公园作为以大型游乐设施为主体的游乐园，大型微缩景观公园，以及提供情景模拟、环境体验为主要内容的各类园区的总称。现代科技的发展对于其主题演绎方法、娱乐体验设计、情景模拟实现与环境体验设计有着巨大的推动作用。主题公园的设计由以往的图纸绘制为主，现在实现了建筑信息模型（Building Information Modeling，BIM）的数字化交付与设备设施的数字孪生交付。

主题娱乐景点的数字科技含量也在逐年攀升，以迪士尼为例，从经典的飞跃动感影院项目到 2017 年投入运营的奥兰多阿凡达与 2019 年投入运营的洛杉矶星球大战项目，都是最新数字科技催生的新一代娱乐景点解决方案。

同时，数字科技时代的物联网技术、大数据分析、云服务等正在改变着主题公园经营者的运维与营销思路。传统的旅行团模式向个性化自由行的模式转变的过程中，如何运用数字科技有效的吸引游客选择主题公园作为旅游目的地，也成为当下主题公园经营的一个重要课题。

---

* 胡少鹏，中国主题公园研究院文化商业总监，上海交通大学设计研究总院文旅与主题娱乐研究中心营销总监，浙江大学工学硕士，长期负责娱乐行业商业机会的资源整合、项目开发、规划服务。成功参与国内多项重大外资类娱乐项目设计、建设、施工；为主题公园与家庭娱乐中心提供商业咨询、设计、实施方案。

二、主题娱乐方案的数字化设计

（一）BIM 设计推动园区设计效率

BIM 将传统的平面设计图纸立体化，同时叠加相关的分析、优化、渲染工具，目前已经广泛用于主题公园设计工作。基于 BIM 进行协同工作，有效提高了工作效率、节省资源、降低成本、以实现可持续发展。

BIM 工具的引入，可以强化主题公园设计的如下目标：

（1）主题元素的可视化。

BIM 为主题元素的设计提供了可视化的思路，让人们将以往的线条式的构件形成一种三维的立体实物图形展示在人们的面前；传统的设计也有设计方面的效果图，但是这种效果图不含有除构件的大小、位置和颜色以外的其他信息，缺少不同构件之间的互动性和反馈性。而 BIM 可以实现的可视化是一种能够同构件之间形成互动性和反馈性的可视化，由于整个过程都是可视化的，可视化的结果不仅可以用效果图展示及报表生成。更重要的是项目设计、建造、运营过程中的沟通、讨论、决策都在可视化的状态下进行。

（2）未来施工的协调性。

各业务部门的协调是主题公园建设中的重点内容，不管是施工单位，还是业主及设计单位，都在做着协调及相配合的工作。一旦项目的实施过程中遇到了问题，就要将各有关人士组织起来开协调会，找出各个施工问题所发生的原因以及解决办法，然后作出变更或相应补救措施等，直到解决问题。在设计时，往往由于各专业设计师之间的沟通不到位，出现各种专业之间的碰撞问题。例如，暖通等专业中的管道在进行施工布置时，由于施工图纸是由不同的工程师绘制在各自的施工图纸上的，那么在真正施工过程中，可能在布置管线时正好遇到有房梁等构件阻碍管线的布置，像这样的问题的协调解决就只能在问题出现之后再进行解决。BIM 的协调性服务就可以帮助处理这种问题，也就是说 BIM 主题公园信息模型可在主题景点改造前期对各专业的碰撞问题进行协调，生成协调数据，并提供出来。

（3）运营场景的模拟性。

BIM 可以针对运营场景模拟不能够在设计阶段真实世界中进行操作的事物。在设计阶段，BIM 可以对设计上需要进行模拟的一些东西进行模拟实验。例如：节能模拟、紧急疏散模拟、日照模拟、热能传导模拟等；在招投标和施工阶段可以进行 4D 模拟（三维模型加项目的发展时间），也就是根据施工的组织设计模拟实际施工，从而确定合理的主题公园施工方案来指导施工。

（4）主题设计方案的优化性。

主题公园设计、施工、运营的过程就是一个不断优化的过程。虽然优化的工作依赖于创意工程师与施工工程师的配合，但 BIM 平台可以辅助优化这个过程。优化受三种因素的制约：信息、复杂程度和时间。没有准确的信息，做不出合理的优化结果，BIM 模型提供了主题公园的实际存在的信息，包括几何信息、物理信息、规则信息，还提供了主题公园变化以后的实际存在信息。复杂程度较高时，参与人员本身的能力无法掌握所有的信息，必须借助一定的科学技术和设备的帮助。主题公园的复杂程度大多超过参与人员本身的能力极限，BIM 及与其配套的各种优化工具提供了对复杂项目进行优化的可能。

（二）娱乐项目的数字孪生

数字孪生是充分利用物理模型、传感器更新、运行历史等数据，集成多学科、多物理量、多尺度、多概率的仿真过程，在虚拟空间中完成映射，从而反映相对应的实体装备的全生命周期过程。数字孪生是一种超越现实的概念，可以被视为一个或多个重要的、彼此依赖的装备系统的数字映射系统。

图 1 所示为一个典型的数字孪生支持娱乐项目开发的过程。项目从创意设计到项目正式上线运行过程中，数字孪生方案从娱乐项目模型建立完成后便可以仿真、分析输出未来项目执行过程中的若干可能的条件抑或目标效果。传统的项目实施方案，当设计图纸完成设计，最多完成到 3D 数字模型建立就会开始进行设备生产制造，调试过程也是在不断的试错中积累经验，进而逼近最优调试参数。数字孪生技术有效地降低设备从制造、现场安装到设备调试的试错成本，通过孪生模型的仿真、分析得到优化值与优化方案，极大地降低了项目落地风险，进而提升效率。

同时，数字孪生在辅助娱乐项目落地的同时，也可以为主题公园运营团队在娱乐项目运营过程中提供培训支持与运营维护指导辅助。

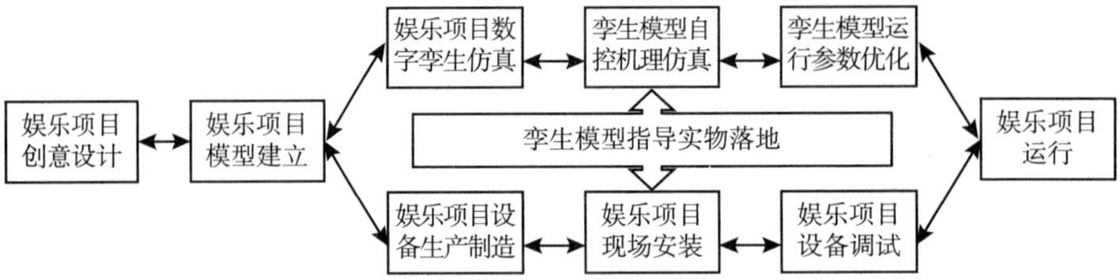

图1　数字孪生服务主题娱乐项目模式

三、赋能主题娱乐景点

现代主题公园大多都是多种科技交叉融合的产物，成功的主题公园更是依赖于现代数字科技的完美融合。依托主题品牌传播的优势，结合创新与服务不断优化升级，形成拥有商业感召力的品牌娱乐景点。在吸引游客眼球与最大限度给游客带来愉悦体验的同时，强化了主题公园游客吸引力。尤其是近些年科幻主题的兴起，对于新的数字科技提出了更加高的要求。

一个成功的现代主题娱乐景点的构成一般由运动控制系统、秀场控制系统、特效控制系统、音频控制系统、视频控制系统这五个重要控制系统构成。五大系统的有机配合保证了娱乐效果可以在精确的时间呈现给到体验者，从而让游客在动感、嗅觉、视觉、听觉、体感方面达到最大限度的娱乐体验。

图2所示的主题公园信息技术与运营技术融合（OT & IT）典型架构描述了当下科技类主题景点项目的数字化层级架构。项目内部由景点娱乐效果控制系统与设备设施的配套系统共同构成。配套系统为景点娱乐效果控制系统创造了最佳的通风、湿度等运行条件，而秀场控制系统如上一段中所描述，要保证游客的最佳娱乐体验。在整个景点运行的同时，主题公园运营需要基于数字化平台和运营管理系统对每个景点进行增提管理与协调，下面对此将做出更加详细的阐述。在整个架构中，几种数字科技方向极大地影响着整个主题公园的发展。

（一）传输介质

主题娱乐景点关键任务的视频、语音和数据需要专网联网方案，传统的传输介质一般采用光纤与网线的模式，优势在于数据传输效率高，稳定性好。但是随着娱乐项目设计越来越复杂，物理网线的布线工作，网络架构的搭建工作越来越复杂，同时在一些特殊的运动场合，如果没有布线工作，会极大地提高设备的灵活度。

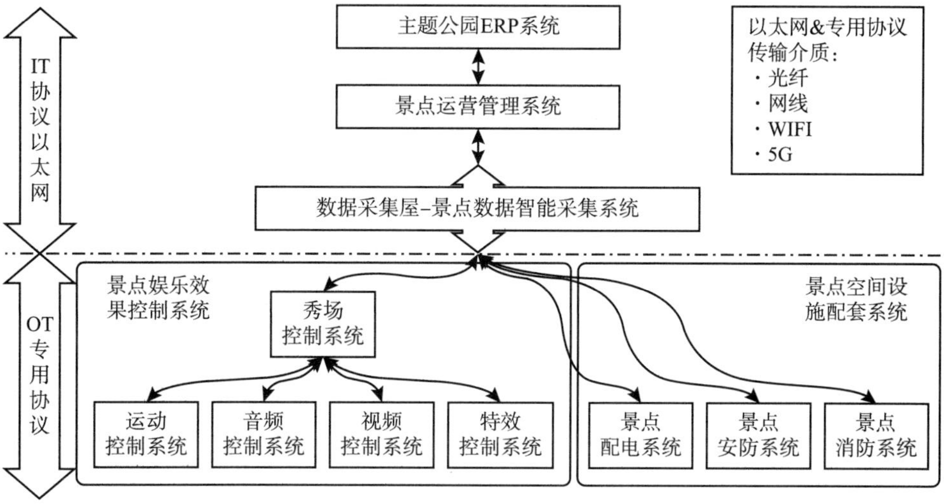

图 2　主题公园 OT & IT 典型架构

1. 稳定的 WIFI 传输

WIFI 在无线电技术中是无线保真度（wireless fidelity）的缩写。现在，WIFI 这个词已经是一种短距离无线电技术的代名词了。使用 WIFI 传输数据的原理是在有线局域网的基础上，通过无线集线器、无线网桥天线和网卡等设备便可实现无线方式上网。它是将娱乐效果控制系统发出的信息分组（包），然后转换为微波信号，精确的分配到对应的接收设备，从实现对应设备的连接。但是娱乐设备在运行状态下，由于多普勒效应等的存在与 WIFI 热点切换的过程会导致数据丢包和暂断现象，如何有效地避免这些数据丢包的现象成为当下 WIFI 在主题娱乐景点应用的核心技术难题。2019 年开业的洛杉矶星球大战项目即采用稳定的 WIFI 传输实现其控制信号的传输。

2. 5G 传输

5G 即第五代移动通信技术（5th – Generation）。5G 最突出的三大性能指标如下：

①5G 的用户体验速率可达 100Mbps 至 1Gbps，① 是 4G 的 10 倍以上。

②空口时延低至 1 毫秒（ms），通常 4G 的时延为 30 ~ 70 毫秒（ms）。

③连接数密度可达到 100 万连接/平方公里，在同等频谱资源条件中达到 4G 的 50 倍以上。

---

① Mbps、Gbps 为传输速率单位，Mbps 为兆位每秒，1Gbps = 1000Mbps.

5G 的商用推广对于娱乐景点本身的自控通信实现，与主题公园内部所有系统之间的连接，都会是一个变革。其传输数据的速率与低时延属性可以有效地保障主题公园运营的稳定，同时极大地减少主题公园现场网络布线。

（二）运动控制系统新科技

运动控制系统作为主题娱乐景点的游客骑乘设备的运动控制核型。对于保证娱乐效果骑着核心决定作用。如何在特定的娱乐场景下实现失重、加速、减速、旋转、爬坡等运动体验，对于控制系统与执行器提出了高的要求。运动控制中控制器与执行器的新科技发展尤为重要。

当下运动控制主要采用的模式包括变频电机技术、伺服电机技术、AGV 技术、RGV 技术、磁悬浮、机器人技术。其中变频电机、伺服电机、RGV 已经是成熟科技。近些年开始引入主题公园运动控制领域的技术主要是 AGV、磁悬浮与机器人技术。这几种技术的加入，极大地丰富了运动的控制效果，可以实现更加多的娱乐创意效果。图 3 为一个运动控制系统可以设计的运动控制领域技术汇总。

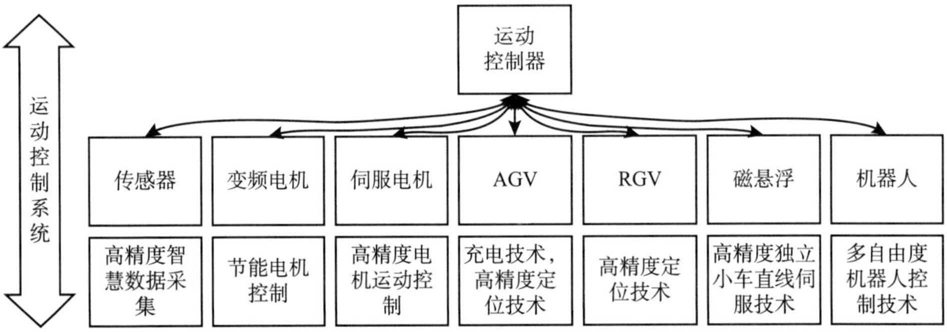

图 3　运动控制系统技术路线汇总

（1）运动控制器。

运动控制器的研究 20 个世纪就已经得到了世界上各主要工业国家的重视与支持，其中比较有影响力的研究计划有日本的 OSEC（open system environment for controller）计划、欧洲的 OSACA（open system architecture for control within automation system）计划，以及美国的 OMAC（open modular architecture controller）计划和 NGC（the next generation workstation/machine controller）计划。各国在运动控制系统方面的研究都取得了相当显著的成果，也提出了构建开放式控制系统的

一些模式和方法。这些模式和方法大体来说采用的都是闭环控制，具有高精度、高安全性和高可靠性等特点，同时在控制系统的软硬件上也具有很好的开放性。当下运动控制器多采用 PLC 抑或是 IPC 进行控制。

（2）AGV 电池技术发展。

AGV 技术中非常重要的一项技术为电池技术，AGV 小车采用什么样的电池可以有效地保证 AGV 小车可以按照预设轨道完成动作。同时在 AGV 小车回到准备区时如何快速充电进而可以为下一场做准备。这对与电池储能本省与充电器有了很高的要求，同时也需要在整个项目中有高性能的 BMS（battery management system）电池管理系统，对整个充、放电过程进行管理。

（3）磁悬浮技术。

传统的轨道运动控制一般采用电机驱动齿条或者链条进行运动位置的控制。对于复杂的运动轨迹，机械设计难度巨大，同时针对运动过程中的定位，小车之间的运动关系，都需要开发人员投入大量的时间进行设计。磁悬浮轨道小车的技术可以解耦不同小车之间的机械关系，用软件编程的模式实现小车运动的轨迹规划。同时由于路径规划是基于软件设计，机械设计的任务被大幅度减少。当下迪士尼上海乐园的加勒比海盗项目即典型的采用磁悬浮技术实现运动控制的娱乐项目。

（4）多自由度机器人技术。

多自由度机器人技术凭借其多自由度灵活运动的属性，可以更加真实的模拟主题娱乐场景中要求的运动场景，如飞跃、加速飞跃、坠落、漂移等运动体验。奥兰多迪士尼的阿凡达即采用多自由度机器人技术。良好的运动路径规划性能是评价一个多自由度机器人是否成功的重要指标。就机器人路径规划技术而言，国内机器人研究起步较晚，技术创新相对落后于国外，其中代表性的机器人工业巨头如德国的库卡机器人，日本的发那科、安川机器人，瑞士的 ABB 机器人等。但是，随着我国对机器人领域发展的重视，国内学者及专家们在机器人避障技术领域取得了长足的进步，例如，新松机器人，哈工大机器人，大疆科技等都实现了自主研发创新，并取得了丰硕的成果。

（三）视频控制系统新科技

随着视频清晰度由 4K 向 8K 发展，视频的呈现模式也在发生着革命性的变化。传统的平面视频播放模式，或者主题公园中大量采用的球幕播放模式正在成为经典。当先 AR/VR/MR 模式正在重新定义视频呈现模式。

1. VR科技

虚拟现实技术（virtual reality，VR），又称灵境技术，是20世纪发展起来的一项全新的实用技术。虚拟现实技术囊括计算机、电子信息、仿真技术于一体，其基本实现方式是计算机模拟虚拟环境从而给人以环境沉浸感。

沉浸式体验分为非交互式体验、“人 & 虚拟环境”交互式体验和“群体 & 虚拟环境”交互式体验等几类。该角度强调用户与设备的交互体验，相比之下，非交互式体验中的用户更为被动，所体验内容均为提前规划好的，即便允许用户在一定程度上引导场景数据的调度，也仍没有实质性交互行为，如场景漫游等，用户几乎全程无事可做；而在“人 & 虚拟环境”交互式体验系统中，用户则可用过诸如数据手套，数字手术刀等的设备与虚拟环境进行交互，如驾驶战斗机模拟器等，此时的用户可感知虚拟环境的变化，进而也就能产生在相应现实世界中可能产生的各种感受。

如果将该套系统网络化、多机化，使多个用户共享一套虚拟主题环境，便得到群体—虚拟环境交互式体验系统，如大型网络交互游戏等，此时的VR系统与真实世界无甚差异。

2. AR科技

增强现实（augmented reality，AR），是一种实时地计算摄影机影像的位置及角度并加上相应图像的技术，是一种将真实世界信息和虚拟世界信息“无缝”集成的新技术，这种技术的目标是在屏幕上把虚拟世界套在现实世界并进行互动。这种技术最早于1990年提出。随着随身电子产品运算能力的提升，增强现实的用途越来越广。

AR系统具有三个突出的特点：首先，真实世界和虚拟世界的信息集成；其次，具有实时交互性；最后，在三维尺度空间中增添定位虚拟物体。基于增强现实游戏可以让位于全球不同地点的游客，共同进入一个真实的自然场景，以虚拟替身的形式，进行网络对战。人们在浏览、参观的同时，通过增强现实技术将接收到途经主题元素的相关资料，观看主题的相关数据资料。

3. MR科技

混合现实技术（MR）是虚拟现实技术的进一步发展，该技术通过在虚拟环境中引入现实场景信息，在虚拟世界、现实世界和用户之间搭起一个交互反馈的信息回路，以增强用户体验的真实感。系统通常采用三个主要特点：首先，它结合了虚拟和现实；其次，在虚拟的三维（3D 注册）；最后，实时运行。

混合现实（MR）的实现需要在一个能与现实世界各事物相互交互的环境中。如果一切事物都是虚拟的那就是 VR 的领域了。如果展现出来的虚拟信息只能简单叠加在现实事物上，那就是 AR。MR 的关键点就是与现实世界进行交互和信息的及时获取。

四、数字化营销策略

随着智慧城市和智慧旅游的兴起，国内的旅游业已大范围的运用网络技术和新媒体资源宣传景区。由于新媒体的独特性能，它与传统媒体有着截然不同的营销理念和营销效果。主题公园要转变企业营销理念，拓宽企业营销思路。创新不只停留在园区设备上的更新，创意的更新，更是贯穿于营销理念中。企业内部管理中，要对机构设计有所改变，增加新媒体营销的管理和实施人员，构建相应的技术环境和设备，并且将新媒体营销的观念以规章制度确立起来。同时，在推广形式上要推陈出新，传统媒体与新媒体结合，数字营销与线下营销相互结合，依据大数据来确定更加精准的市场，在细分化市场上做足文章。

（一）数字化营销平台简介

根据当数字媒体在各行各业中的使用情况以及国内主题公园对其应用现状，本文将主题公园惯用的数字营销方式归纳为四类：网络平台营销、电商平台营销、微营销、直播平台营销。如图 4 所示展示了当下主流的数字营销平台方案。当下主题公园的营销策略基本围绕如下的平台进行数字化营销策略的展开，同时配合主题公园的活动、事件、爆款等线下营销策略进行。

当下主流的数字营销平台在执行营销策略的同时，后台可以完成对于其对用户的数据的整理梳理。单个访问用户的如图 5 所示的部分数据抑或更多数据可以通过平台进行搜集整理为单个用户的营销策略做出参考，基于搜集数据的属性可以采用人工智能匹配的模式进行对应平台内容与消费连接的推送，从而做到对于单个用户的精准营销策略。

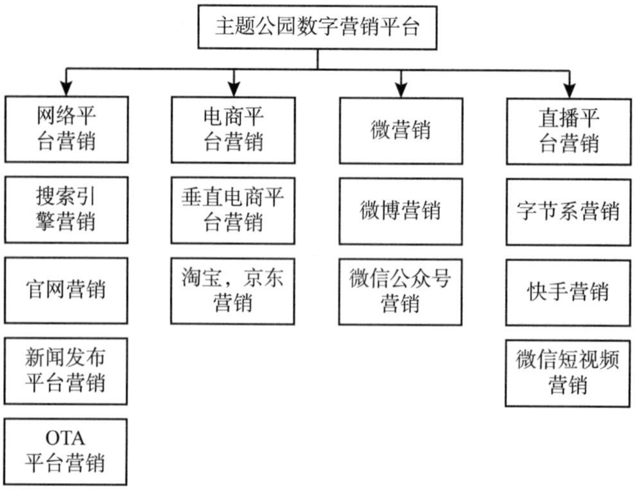

图 4　主题公园数字营销平台汇总

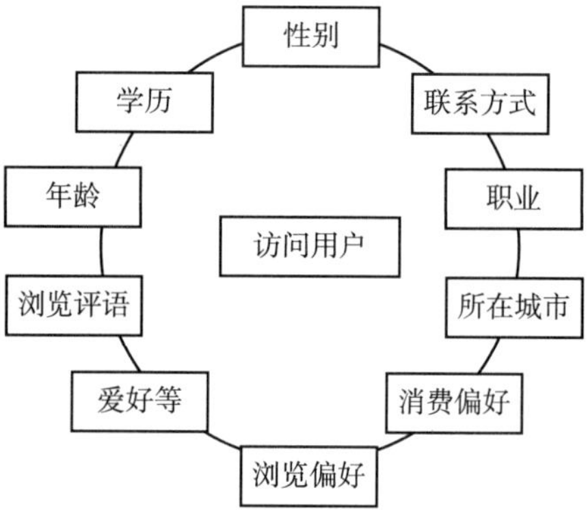

图 5　单个访问用户的数据构成

单个访问用户的数据经过平台汇总之后，营销平台便可以基于平台积累的大数据的归档统计进行大数据分析。图 6 为平台可以基于营销策略做出的整体汇总数据部分反馈内容，从而指导营销策略的制定。图 6 只是列出了部分旅游大数据汇总的报告信息，主题公园经营人员亦可以基于自己的营销习惯，基于基础数据的列表进行数据之间的相关性分析，这是当下大数据平台支持的定制分析的功能选项。例如，可以基于区域分布与年龄分布做相关性可以得到不同区域中浏览用户的年龄分布情况，也可以区域分布与性别分布做相关性可以得到不同区域浏览用户的性别分布。主题公园经营者也可以利用大数据平台工具，得到近期对应数字营销平台的热搜词汇与消费习惯关键词等。

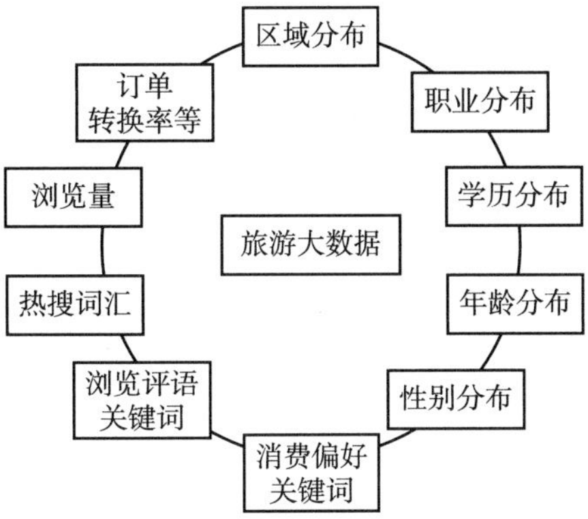

图 6　旅游大数据汇总

（二）数字化营销策略

现代主题公园的数字化营销技术的引入，是为了最大限度让主题公园运营人员了解市场、客户以及竞争对手的情况，继而借助数字营销平台与传统营销策略结合影响客户的消费习惯，从而实现主题公园品牌形象提升与客流量的提升。图7描述了一个基于数字化营销平台决策的数字营销实现路径。

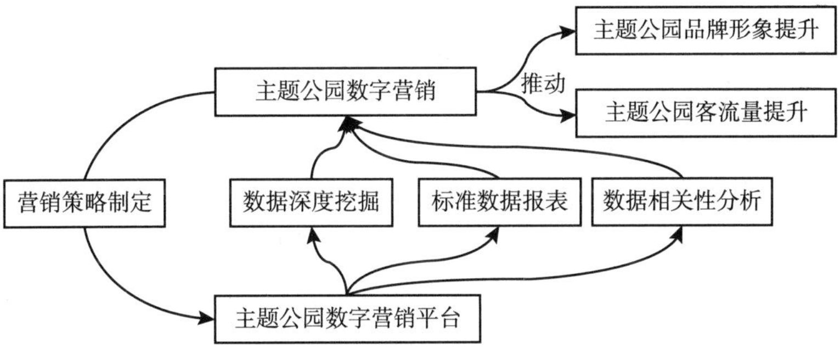

图 7　数字营销策略制定逻辑

由于当下数字化营销平台的存在多样性与同质性共存的状态，摆在主题公园运营者面前的一个非常重要的话题就是如何选择合适的数字营销平台进行组合营销策略的落地。主题公园运营团队首先必须具有相对应数字营销的基础知识储备。同时针对营销过程中需要掌握的数据类型有清晰的定位与定义。这个数据表的来源需要主题公园运营者基于传统营销模式的数据定义做出整理，同时与数字营销平台企业进行讨论分析得出最终的数字营销的目标数据，数据的可获得性与准确性与数据对于营销的指导性等基本需求，进而确定数字营销平台的选择。

在选定多个数字营销平台之后，给到主题公园运营者的一个问题也相应产生。如何高效地进行多数字平台营销策略的制定与跨平台之间数据的打通与数据分析。这需要主题公园运营者有丰富的数字营销经验，同时有对应的分析工具可以打通不同数字营销平台给出的数据反馈，并在这个数据的基础上做出针对自己主题公园的综合性数据分析报告，进而才能制定出整合的数字营销策略进而与线下的营销活动互动。图 8 为此过程的示意图。

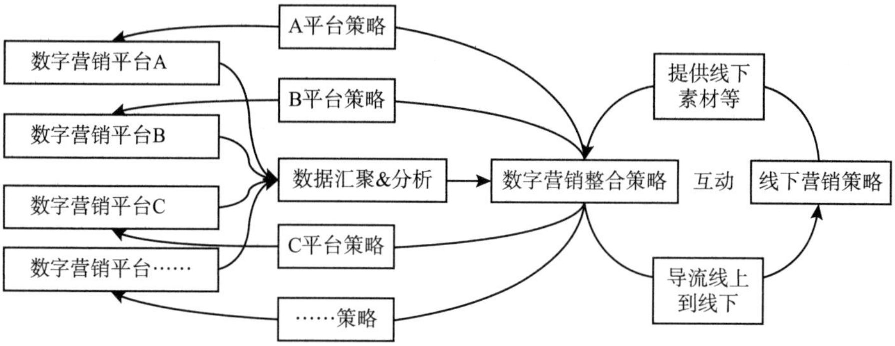

图 8　多数字营销平台整合营销流程

五、数字科技时代带来机遇与挑战

数字科技时代的到来对于主题公园本身产品吸引力的提升，对于主题公园设计施工高效便利性的加强，对于主题公园迅速让广大消费群体熟知并精确的营销到潜在客户群体起到了巨大的推动作用。特别是数字科技的进步拓展了主题娱乐项目的传统娱乐范畴，可以实现更高、更快、更酷炫、更刺激但又更加安全的目标娱乐效果。

首先，在设计阶段，设计师有了更加丰富且实用的设计辅助工具，设计师可以天马行空地进行创意思考，通过数字孪生的手法进行虚拟化设计与仿真验证，进而对于设计师的创意理念进行验证。同时在施工过程中也有了更多的施工指导依据，确保设计师的图纸也可以高实现度的状态的被施工建设落地。但是新科技的引入对于设计人员的要求与施工指导人员也提出了更高的平台工具使用能力要求。

其次，在具体主题娱乐项目的新数字科技的引入，也让创意者的思想插上翅膀。例如，宏大的潘多拉星球的阿凡达项目可以成功落地，充满奇妙幻想的哈利·波特也可以完美呈现。中国的传统文化故事也可以以更加酷炫的方案呈现给游客，像是梁山伯与祝英台、水漫金山寺、大闹天宫等脍炙人口的中国传统故事也可以让游客身临其境的进行沉浸式体验。但是主题故事到娱乐项目除了科技赋能之外，还需要有可以有效将创意解构为相应科技的新专家团队方可以完成一个主题娱乐项目。

数字营销平台的推陈出新，也为主题公园运营人员提供了更加多的工具，基于大数据的精准营销概念已经非常普及。但是如何优选数字营销平台，并且对于数字营销平台给出的数字反馈做到符合特定主题公园的营销策略制定。同时又可以最大化传统营销策略的影响力，使得数字营销与传统营销手段互相促进、相互借力。这对于主题公园运营者提出了更高的要求，也需要有更多的数字营销专家团队资源的建设。同时对于无法跟进数字营销的主题公园，在新一轮的竞争也将面临挑战。

总之，数字科技时代的到来给主题公园发展带来新动能的同时，也对于经营者提出了更高的要求。

参考文献

[1] 林焕杰. 中国主题公园与区域经济 [M]. 北京：经济科学出版社，2013.

[2] 王欢. 现代主题公园的设计方法探析 [D]. 西安：长安大学，2009.

[3] 李志飞. 主题公园开发 [M]. 北京：科学出版社，2000.

[4] 柏新予，苏艳霞. 现代“主题公园策划”初探 [J]. 新建筑，2000.

[5] 余敏. 旅游主题公园系统开发剖析——以深圳华侨城为案例透视 [J]. 西南民族大学学报，2020（10）.

[6] 杨正泰. 旅游景点景区开发与管理 [M]. 福州：福建人民出版社，2000.

[7] 王旭旭. 动感影院系统研究与设计 [D]. 武汉：华中科技大学，2014.

[8] 万江晗. VR 动感娱乐平台控制系统设计与研究 [D]. 西安：西安建筑科技大学，2018.

[9] 蒋仕龙，吴宏，吕恕，等. 通用运动控制技术现状、发展及其应用 [J]. 电工文摘，2009（1）.

[10] 朱啸. 新型磁悬浮系统控制方法研究 [D]. 杭州：杭州电子科技大学，2009.

[11] 刘倩倩. 国内主题公园的新媒体营销研究 [D]. 西安：西安外国语大

学，2014.

［12］刘莹旭. 智能运维中心信息集成技术研究［D］. 上海：上海交通大学，2013.

［13］董观志，吴侯位. 主题公园连锁经营探析［J］. 商业研究，2011.

［14］魏小安，刘赵平，张树民. 中国旅游业新世纪发展大趋势［M］. 广州：广东旅游出版社，1999.

［15］林焕杰. 主题公园创新前沿——2019 中国主题公园研究院理论与实践文集［M］. 经济科学出版社，2019.

后疫情时代，中美主题公园经营战略比较分析

尹 立*

一、前言

公共空间是相对于私人空间而设置的一个概念，其本身又可以拆分为室内公共空间和室外公共空间。从巴斯的古代浴场到雅典的神庙余晖，从温布利的球场到好莱坞的戏院，公共空间承载了文化的积淀和生命的年轮。新冠肺炎疫情（以下简称“疫情”）的暴发，改变了人们的生活方式和消费方式，也改变了人们出入公共空间的行为习惯。对于主题公园企业而言，疫情对其经营方式具有巨大的影响。本文将从疫情对主题公园的影响入手，深入剖析国内外主题公园的应对措施，并提出切实可行的对策建议。

二、研究背景

主题娱乐从业者以及投资人的心理波动其实在疫情暴发之初就开始了，资本对市场天生的敏感度使得其对疫情的感知雷达格外灵敏，以上海迪士尼为例，实际访园人流量的下降，其实在关于武汉发现不明肺炎之时就已经开始了（整个1月份其访园人数下降了约30%①）。而当新冠病毒重创武汉乃至整个中国时，彼

---

* 尹立，加州大学洛杉矶分校（UCLA）表演建筑硕士，合肥工业大学建筑学学士。《中国游乐》特约作者，《新旅界》特约评论员，TEA 北美分会会员，立世界（Lisland）创始人。在洛杉矶学习工作多年，熟悉美国主题娱乐特点，主要从事主题公园、戏剧舞台的设计与咨询工作。

① 根据统计网站 Statista 2019 年和 2020 年 1 月访园数据计算所得。

时 1 月份的美国加州阳光明媚，笔者当时所在的美方设计公司坐落在洛杉矶的帕萨迪纳北郊，我们担忧的不是疫情传播到美国，而是公司老板的中国出差之行恐将被取消。

在美国的主题娱乐设计圈子里，一般每年 8 月至 12 月很忙，每年 1 月到 6 月则比较闲。原因在于 7 月是美国国庆月，大多数美国家庭会用国庆假期度假或团圆，7 月一过，则是圣诞前的倒计时，各个公司都会加快进度，排满日程，赚钱迎接圣诞节。这几个月一般会比较忙，而当圣诞一过，一个月左右便是农历新年，中国也放假了，项目重新启动一般也要等到正月初十以后，前后跨度有一个多月。一般这个时间美方公司会开始开发美国本土项目（私宅，主题展馆，拉斯维加斯赌场内装，巴哈马/关岛群岛度假区等）、参加国际竞赛（以海湾国家项目居多）等。等春节一过，国内大客户悉数归位，则继续推进项目。

只是 2020 年这个春节，过得似乎格外久。据世界旅游组织预计，这接下来的一年，全球旅游数量将比上年度下降 20% ~30%，国际旅游收入将减少 3000 亿 ~4500 亿美元，全球旅游业将有多达 1 亿人面临失业，各大主题公园公司的季度财报反映了疫情对收入的沉重打击。笔者当时作为美方团队参与设计了国内某大型室内主题公园，想到疫情肆虐，不禁为这些室内景点捏了一把汗：原本是为了规避天气影响、便于全天候使用，此时它的全室内特点却成为一大软肋。说到这里，不得不感到讽刺的是，2 月底 3 月初与国内团队进行视频会议时，我们还在开玩笑国内的团队在复工复产的环境下戴着口罩参加会议，记得他们的外籍总监半开玩笑说：“你们这些美国人不要笑，这场派对迟早会开到你们家”（Don’t laugh you American，y’all will join the party soon or later）。一语成谶。

在听到这句话后不到一个月，对疫情的恐惧就开始对普通美国民众的生活产生负面影响。当第一例北美本土病例在华盛顿州的西雅图被确诊时，笔者便先后取消了洛杉矶长滩港爱荷华战列舰博物馆的参观票，低价出售了安纳海姆迪士尼—加州冒险公园一日门票；当美国政府撤离武汉使馆人员的专机降落在洛杉矶东部空军基地时，洛杉矶的口罩和洗手液已经捉襟见肘；当 3 月初洛杉矶帕萨迪纳发现第一例病例时，各大超市的卫生纸和鸡肉（美国民众认为鸡汤有助于治疗感冒）也基本售罄；3 月 10 日，笔者开始居家办公，3 月 20 日，整个大洛杉矶地区开始实施交通管制，公共场所实行严格限流。至此，2020 年最大的“黑天鹅”正式降临。

三、中美主题公园现状分析

（一）中美主题公园的外部环境分析

让我们首先把目光投向太平洋东岸——美国的西部。地中海气候的南加州如往常一样，阳光明媚。一号海岸公路沿太平洋展开，沿岸既分布有迪士尼、环球影城、乐高乐园、纳氏草莓乐园（Knott's Berry Farm）等传统巨头度假区，也有六旗等特色鲜明的主题游乐园，更穿插布置着诸如玛丽皇后邮轮、爱荷华战列舰博物馆等诸多主题展览馆。纵然棕榈树依然高耸挺拔，阳光依然灿烂耀眼，可今年主题娱乐行业的气氛却还是让所有人不禁打了一个寒战。疫情阴霾下，美国的主题公园巨头们最近做的一次调查显示，仅有8%的受访美国人觉得自己最近会去主题公园，大约60%的受访美国人觉得可能还要至少3个月，他们才会考虑重返主题公园。人们对疫情的恐慌心理可见一斑，而恐慌情绪的恢复、信心的重建则是一个漫长的过程。

中美两国人民其实都有自己的一套极端条件下的生存逻辑。以中国为代表的东方文明安土重迁、解甲归田的传统源远流长，前段时间视频平台上很火的李子柒就诠释了自给自足的东方生活是一幅怎么样的情景。时至今日，但凡有一亩三分地，勤劳的中国人民都能种上各种瓜果蔬菜，不用担心温饱问题；而在大洋彼岸的北美大陆，从之前的马背上的民族再到后来车轮上的民族，强调个人主义的美国似乎永远不担心一个人宅着的生活会有多无聊，只要汽车正常工作，只要有汽油，药品、食物可以通过Drive-through（免下车购买）获得，看电影可以去汽车影院，甚至住宿也可以通过拖挂式房车来解决（全美28000处露营地），从某种层面上讲，极高的汽车普及率充当了美国人民健康的第一道防线（不戴口罩的前提下）。但是一旦涉及车辆无法抵达的地点，且其活动需要人们不得不离开车辆徒步来参加时，问题便出现了。

这个问题便是新冠病毒传播，而正是这个问题日夜困扰着主题娱乐行业的从业者们。正是因为这个问题，众多人员聚集场所都被强制关闭或缩短运营时长，而这又直接意味着没有了客流量，没有了消费，这对于资本沉淀很重、维护费用颇高的主题公园行业无疑是致命的。我们不妨用浅显的语言来归纳一下我们的痛点：

我们需要很多的游客来做很多的“线下 & 线上”消费！

开发并保证稳定的现金流在此处我们定义为“开源”。很简单的逻辑。有了消费带动的现金流才能支撑主题公园的各项运转和升级，从而在未来带来更多潜在的消费。

如果说感染人口较少，我们可以通过强力的隔离将疫情扼杀在摇篮里，阵痛过后即可恢复社会稳定，主题公园分阶段安全的开放营业，可美国显然错过了最佳防控窗口；如果人口已大面积感染，且传播速率随着病例基数的扩大而继续增加，那么短时间内消灭疫情的想法便显得不切实际了，这样下去有一个后果，人们会逐渐麻木，每天平均新增 5 万 + 的数据将仅仅是一个数据，超过 7 个月的居家办公也已经超过了大多数民众的生理和心理承受极限，人们需要释放、需要公共空间、需要娱乐，即便做这一切的风险是以被病毒感染为代价，比如迪士尼和环球影城就明确告诉了大家：在公共场合人员聚集处有被感染的风险，我们无法保证您在游览行程中不会被感染（Exposure to COVID – 19 is an inherent risk in any public location where people are present; we cannot guarantee you will not be exposed during your visit.）。渐渐的，笔者身边也已经有越来越多的人开始戴着口罩出门了，一开始是去海边去公园，慢慢的是去“自认为安全”的家庭聚会，慢慢再到重返游公园，这就是美国目前普遍的社会现状，戴着口罩恢复“常态化的生活”正慢慢变成主流。这是餐饮行业、主题娱乐行业为了生存所不得不去做的，诚然，各主题公园都使用了严苛的检查手段，但有没有间接扩大了疫情传播，从目前掌握的资料来看我们无从知晓。

（二）疫情对主题公园的影响分析

鉴于大型主题公园行业的全球化、模块化特点，众多主题公园的防疫举措也保持了较高的相似性。以美国洛杉矶和奥兰多这两座娱乐之都为例，我们来聊聊美国各大主题公园在疫情的阵痛期和分阶段重启阶段，都采取了哪些举措，也供国内从业人员对比参考。

是开启魔法的时候了——迪士尼度假区将重新开张！（It's Time for Magic – Disneyland Resort is Reopening!）在 2020 年 6 月 24 日，加州迪士尼度假区网站上喊出了这句重启这座梦幻世界的口号。然而响亮的口号背后，即一天前的 6 月 23 日，加州单日确诊突破 6700 人，是自疫情暴发来的最高数字。[①]

同为美国本土企业的六旗娱乐集团旗下目前有 18 家主题公园，其中 16 家位

---

① 数据来自美国约翰·霍普金斯大学疫情统计研究组的相关调查。

于美国本土。六旗娱乐集团原本对2020充满了信心，在六旗公园因疫情关闭之前，第一季度六旗客流量增加了19%，游客平均支出增加17%，但从第二季度财报来看，该集团的众多业务无一例外全部滑坡，其中三个最大的公园每天的损失可能更大，他们分别是六旗魔术山（加利福尼亚），六旗大冒险（新泽西州）和六旗大美国公园（伊利诺伊州），这三个公园占六旗娱乐集团年度游客量的1/3。① 随着疫情震中从纽约州转向西海岸，加州的六旗发现王国将仅开放部分海洋世界的动物表演，至于加州的六旗魔法山和六旗飓风码头，很遗憾，它们都将无一例外仍处于临时关闭状态。而在遥远的东海岸，巴尔的摩、华盛顿特区的六旗公园由于地区疫情情况较轻，它们那里的六旗公园于2020年7月1日、2日面向会员和年卡持有者开放，并在7月3日面向所有公众开放。

海洋世界（SeaWorld）“乐园 & 娱乐”部分重启了其位于佛罗里达、得克萨斯和弗吉尼亚的乐园，加州的乐园因为疫情的加剧将仍处于关闭状态。海洋世界和布希花园的关闭导致了海洋世界集团收益损失严重。

迪士尼的特殊性在于它太庞大了。迪士尼旗下涵盖了电影，主题公园，流媒体，音乐，地产等众多业态，轻资产、重资产并存，上游IP研发和下游终端服务业链条完整。这就如同桌子的支撑腿，一个有四条桌腿的桌子失去一条腿很大概率仍能站立，但即便庞大如迪士尼，疫情的爆发，也使得它的主题公园业务在第二季度的营业收入损失约为10亿美元，根据往年数据预估，平均每个单一公园每天的损失就接近610万美元。随着人流量的骤减，以往依赖线下游客消费的迪士尼周边商品业态也遭遇寒冬，体验（比如THE VOID线下VR体验）和消费产品部门收入大约下降了6.28亿美元。同时由于新冠肺炎疫情走向的未知性，2020~2021年度预算也不得不做较大调整，迪士尼已暂停了主题公园翻新和建设方面大约9亿美元的投入（这里指的即是加州冒险乐园扩建项目和其他景点的更新改造），自3月以来，共有约12万名员工在家休假。② 即便迪士尼开始了阶段性的重启，基于疫情的不确定性，自9月开始，位于奥兰多迪士尼世界的四处主题公园将缩短运营时长，原本8月重启的度假酒店也将日期推迟至秋季乃至更晚。而随着10月万圣节季的到来，迪士尼也已经决定取消今年东西海岸所有迪士尼的万圣节活动。

而康卡斯旗下的环球公司也并不好受。从宏观上来讲，新冠肺炎疫情的暴发已迫使环球公司停止了计划于2023年开园的Epic环球影城主题公园的工作，疫

---

① 六旗娱乐集团相关数据整理所得。

② 根据Factset数据咨询公司报告及CNBC美国消费者与新闻频道文章整理所得。

情对环球的影响不仅仅是财务，更多是对未来的消极预期。奥兰多的环球影城宣布其度假区将在 6 月 5 日开始分阶段重启，但位于西海岸的洛杉矶环球影城则因为加州疫情加剧未公布其重启计划。除了缩短运营时长，东西海岸的环球影城和迪士尼一样，均取消了今年的万圣节主题活动，而位于日本的环球影城也处于关闭状态。

从微观上讲，环球影城除了作为主题公园，其作为影视剧制作片场的这一核心职能也因为影视业受到的冲击而遭受巨大挑战。巨大的财务压力下，开源节流势在必行。唯一的例外要数环球影城（北京），虽然母公司遭受较大经济损失，该项目在经历了 3 个月的停滞后仍将按阶段继续建造并预计 2021 年春季开业试运营，于 2021 年下半年正式开业。该项目未能在疫情暴发前开业，某种程度上对于仍在建造阶段的环球影城来说是一件幸事。

四、疫情后主题公园的战略分析

（一）餐饮和零售创新

从主题公园消费模型上看，买门票来体验游乐设施的是较高需求层次的终端消费，你可以不玩游乐景点，但到了现场一待一天你不能不吃饭，失去了景点门票收入的公园方面将更多的精力投入到餐饮和周边服务上，结合洛杉矶政府对于部分餐饮和商场解禁的大环境来看，率先于 7 月 9 日开放迪士尼小镇便成了“开源”的第一步，从财经角度来说，除开门票收入，餐饮和零售的收入正是主题公园的重要收入来源。如果大家看一下迪士尼度假区的业态组成，便不难看出其基本分为三大块：迪士尼乐园、迪士尼酒店、迪士尼小镇。加州迪士尼度假区首先开门迎客的将是 7 月 9 日开放的迪士尼小镇，这片以餐饮、零售为主的主题步行商业街区将为度假区凿开资金回流的第一条水渠。而与此同时迪士尼度假酒店、迪士尼乐园以及加州冒险乐园也将等候联邦和州政府的最新行政通知，继续保持关闭。

类似于迪士尼的迪士尼小镇，位于好莱坞的环球影城则拥有一条名为环球影城步行街（Universal City Walk）的商业街区（以下简称为“City Walk”）。City Walk 可以看成是环球影城公园的延伸，它作为公园的入口广场，填补了从停车场到主题公园之间的空白区域。洛杉矶环球影城的 City Walk 建筑风格更多融入了经典现代的好莱坞主题，而奥兰多环球影城的 City Walk 则是全新的建筑设计风格，它们都融入了餐饮、购物和娱乐的功能，是环球影城商业运营布局中的重要一环。在大家停好车进入到 City Walk 以后，你们会发现并非所有商家都开放，只有部分商家开放，且有的不允许堂食，营业时间也有缩短，只从每天中午 12 点至晚上 8 点，具体商家的具体营业时间又会有细分差异。

从笔者的角度来看，迪士尼小镇和 City Walk 的特点在于，它们虽然作为主题公园的配套但绝不仅仅是附庸，他们很大程度上是可以独立成一个商业形态供众多不打算到公园游玩的游客们消费。简单来说就是：我要确保哪怕没有一个人来我的公园，哪怕没有标志性的烟火表演，他们也有驻足停留乃至消费的地方。它们本身就是一个目的地性质的存在，周末和三两朋友约在迪士尼小镇的某个酒吧/咖啡馆吃个早午饭，或者去 City Walk 的影院看场电影非常普遍，本质上和去商场消费并没太大区别，多的只有迪士尼或者环球影城的氛围加持，如果您是会员，用完餐随时进公园溜达溜达也是顺理成章之事，只是目前让这块餐饮区域与公园无奈的割裂开来。

（二）疫情防控与管理机制创新

以迪士尼、环球影城、乐高乐园和海洋世界为例。这里的迪士尼、环球影城，包括我们后面将谈到的六旗公园、乐高乐园以及海洋世界在入园检测环节都逐步完善健全，具体规则的解读因公司不同而略有差异，但都大致遵循了类似的流程：

1. 采用预约系统

迪士尼立即暂停了新门票/年卡会员的销售，转而使用新的预约系统，而环球影城则表示任何门票，只要其日期属于闭园期间内，都将自动延期至 2020 年 12 月 18 日。因为特殊时期政府对人流量管控的需要，迪士尼使用的新的预约系统将有助于公园进行人流控制，这项政策不仅适用于普通游客，也适用于迪士尼年卡顾客。这一点和上海的迪士尼略有不同，上海迪斯尼小镇并没有被要求使用预约系统。

关于预约系统，这项举措其实大家不难理解，国内景区在 2020 年 5 月份也大范围使用了网上预约系统，举黄山景区为例，清明节假期的黄山景区对安徽籍游客免门票，加上事先未进行有效的人员控制，一时间景区人满为患，黄山被点名批评。风波过后不久的五一小长假，落实了预约制度的黄山风景区为游客们奉上了一场惬意舒适的旅游体验。

2. 车辆管控管理

迪士尼方面在停车场进行了停车数量限制，在通往迪士尼小镇的入口进行管制引导；在目前疫情的情况下，环球影城方面同样只是有限度的开放 City Walk 街区，其之前的人工代停车服务将暂停，但是正常的自助式停车在疫情期间将免费，这算是一个小福利。

3. 防疫措施

（1）佩戴口罩的措施。迪士尼和环球影城的工作人员和游客都必须佩戴口罩，所有游客进入园区前都要进行体温监测，工作人员则需每天进行健康检查和体温监测。环球影城方面在这里给出了他们家的具体体温评价标准：参观者体温大于等于 100.4 华氏度，即 38 摄氏度将不准入内（guests with a temperature of 100.4 degrees or greater will not be admitted）。另外，全程佩戴口罩各个主题公园也有不同的政策。六旗公园两岁及以下儿童不需要佩戴口罩，乐高给出了详尽的说明：

①两周岁以下幼儿。

②听力受损的人员，或者需要通过看口型来交流的人员。

③由于用药、精神健康或残疾等原因无法佩戴口罩的人员，这些人员如果想进入度假区则需要出示医生的说明，证明他们不适合佩戴口罩。

④这些无法佩戴口罩的人员将佩戴一个手环，并保持其可见。

国内主题公园则未对佩戴口罩的人群进行细分。

（2）物理距离控制，具体包括：排队区域间距，休息落座区域间距，特定地点会设置有护栏等障碍。社交距离我们这里一般指的是至少 2 米，为了贯彻这个 2 米距离控制，环球方面的确也在地面用胶带的形式标明了具体距离；而说到对病毒传播途径的封堵，这里有一个有趣的案例和大家分享一下：日本某一过山车游乐项目喊出了一个“在心中尖叫”（Screaming in your heart）的口号，这份考虑的初衷便是减少过山车运行期间游客因大声尖叫造成的飞沫传播。

（3）增加消毒防疫设备。各个主题公园都增加了消毒防疫设备的投入。消毒防疫设施包括在关键区域增加洗手台，配备更多手部消毒液等。环球影城在给游客的卫生建议中提到洗手要用肥皂和水，每次最少 20 秒。国内再消毒设施提供方面则较为欠缺。

（4）采用临时的运营措施，包括缩短某些地点的营业时长，停用某些高触碰率的景点设施。聚集性质的开园游行被取消，儿童游玩区域和剧场关闭；同时，在保留刷卡支付这一选项时，减少现金支付，大幅增加无线支付手段的应用（如使用 Disneyland App，Google Wallet，Apple Pay 等）。无线支付和在线点餐将避免顾客接触被频繁触碰的现金、菜单等物品，降低病毒传播概率，也更为环保。当然，在谈到无线/无接触支付方面，出于各种原因，国内在构建无接触支付系统上比国外更为先进。

（三）经营策略创新——以迪士尼、环球影城、六旗公园和加州乐高乐园为例

时间推移到 10 月份，全球在疫情阴影下熬到了第 8 个月，国内主题公园从业者可能已经是最幸运的那一批人，前景依然不明，下一个爆雷的城市可能就在你我之间，稳住阵线、活下去再来考虑怎么活得好。美国民众的普遍心态还是和国内不太一样，以加州为例，疫情对于普通民众造成的巨大恐慌在 7 月之后稍微缓和了一些，但民众对其危害性的理解也绝不仅仅是“大号流感”这个程度。感染者在痊愈后多多少少都会有一些后遗症，这些症状显示了病毒对大脑、内脏等不同程度的损伤。但由于感染人数巨大，在社区里竟然也出现了一种诡异的心理平衡——我的邻居们很多都感染了，也没见到太多去世的，生活还是要继续嘛，比如万圣节要来了，今年的万圣节可能不能带小孩挨家挨户要糖果，但我们可以去鬼屋玩呀，怎么玩？开车玩。

1. 交通工具的更多可能性

这是目前洛杉矶地区万圣节主题景点一个真实案例，类似这样的体验其实在疫情之前就存在，洛杉矶有几处灯光展，这些灯光展结合了隧道、装置和植物，人们可以驾车以缓慢的速度进行游览。说到这里，大家可能会联想起国内已经比较普遍的野生动物园自驾游览活动，本质上是一个道理，只是观看的内容变了，观看的场所可以更加多样。回到万圣节夜间活动这个话题，在过去，无论是环球影城、纳氏草莓乐园，还是玛丽皇后邮轮乐园，鬼屋迷宫（Haunting House）是需要人进入的、序列式的游览体验，设计的尺度也是参照人体尺度进行打造，现在由于疫情，部分商家开发出驾驶汽车穿过鬼屋街区的万圣节体验项目，项目里有真人演员与车辆进行“互动”。

类似这样以汽车为载体/保护体去置换正常生活情景的例子在美国越来越多，在规则范围里办事是这一类活动的特点。笔者在加利福尼亚大学洛杉矶分校

（UCLA）学习期间的教授马克·迈克（Mark Mack）住在洛杉矶西边临海的威尼斯市，他的家就位于一片迷你运河区，院子毗邻小运河（10 米宽左右），周围一派意式园林景观。上个月他在这个社区牵头组织了一场音乐晚宴，宾客们坐在小船上，船上布置有餐桌，一共四艘，每艘船相隔约 2 米，宾客们可以驾船在运河里游荡，也可以聚在马克·迈克先生家院子前，享受他带来的现场唱片骑师（DJ）表演。

就像笔者在文章开始时提到的，衣、食、住、行、玩五大类，不考虑网购和外卖这类纯线上生态的存在，现在可以“免下车”服务（Drive through）买吃的买药买日用品，可以去国家公园开车露营，可以去汽车影院观影。我们不能说汽车的使用能多大程度避免病毒的传播，但至少它为人类提供了一个行走的躯壳，避免了人群的直接接触。我们国家的汽车使用有自己的特点和问题，普及率、城市密度等都是影响汽车使用情境的限制因素，但我相信这一载体在未来会有更多的使用情境等待我们去发现。

2. 细分顾客类别，建立盈利模型

稳住当下阵线的同时，我们也应利用这段宝贵的时间去研究客户的类型和经营模式。客户的类型有年卡/季度卡持有者和当日票顾客；度假时间有一日的，也有数日甚至数周的；游客的来源地有来自周边地区，也有来自较远的城市甚至国家。他们的消费模型值得我们做更多更深入的研究，对消费者这部分研究做得越充分，经营方在面对变数时可以给出的盈利方案也就越多样。位于佛罗里达的迪士尼世界是最大的迪士尼度假区，“相比于持年卡在度假区消费一天至两天的游客，那些从外地赶来佛罗里达的度假区并住上 5 ~ 7 天的游客，会在商品、饮食上消费更多，某种意义上，这类消费人群的商业价值会更高，”迪士尼 CEO 鲍伯·查伯克（Bob Chapek）说道。

六旗公园对顾客的问卷调查也显示了顾客/会员类型对他们财报的影响。根据六旗娱乐集团对于游客们的每周调查显示，有些游客会倾向于出门，前提是如果他们看到疫情增长放缓，还有一部分游客表示，如果他们信赖新推出的疫苗，他们也将选择多出去走走。不过让六旗娱乐集团 CEO 斯潘纳斯（Spanos）真正想表达感谢的是那些持有六旗季卡和忠实六旗成员卡的游客们，是他们每月持续的会员费让现金流源源不断地进入公司的运营体系中并减少了六旗娱乐集团在疫情期间的大量损失，这两类人群大约占了六旗公园 63% 的客流量。

反观国内，我们其实也能看到很多国内的文旅企业在制定票价和年卡套餐时考虑到了这一点，对年卡的办理和消费寄予了较高的期望并给出了相当有诚意的报价；有些演艺公司则在门票上花心思，力争从“一台剧目、一个公园、一张门票”的模式向多剧目、多种票型组合的演艺平台转变、升级。我们还看到有些文旅企业推出了2+1、2+3、2+4这类为不同家庭成员出行模式准备的家庭套餐，通过改变门票搭售模式等争取未来潜在客户群。所有这些举措都是为了给游客提供灵活的出行方案，丰富消费产品线，旨在鼓励游客在未来多次游览园区。我们一直说潜在消费，这里的关键就是重游，如何让游客们来了还想来，如果游客来了一次就不再想来，那么即便他会继续支付年卡费用，主题公园方也将失去未来潜在的一笔可观收入。

3. 增强客户黏度，提升服务品质

我们刚讲到重游，重游率离不开卓越的景点硬件和人性化的服务水平。我们除了要定期升级更新主题景点，还要在线上线下持续与游客建立联系、保持黏度。疫情对每一个主题娱乐企业的客户黏合度都是一个大考，有的时候能不能生存下去并不是同样的事务你做得比别人好多少，而是做到一些别人没有做到的事情。

那么在这种行业内普遍与游客失联的半休克状态下，怎么以一个新鲜有活力的面孔出现在消费者面前便是我们接下来想和大家交流的。乐高加利福尼亚度假区位于南加州，毗邻圣迭戈，由乐高酒店、乐高乐园以及一个主题水族馆组成，目前由于疫情原因，旗下仅有海洋生物中心（SeaLife）水族馆对外开放线上预约购票（每份预约的人数上限为8人）。作为一个老牌玩具厂商，乐高集团在做乐园时自然更多地考虑了少年儿童这个群体，而说到主要目标群体是少年儿童，就不能不谈到乐高乐园在疫情期间对这一人群的持续关注。乐园本身是需要人们去亲自体验的，在孩子们都被困在家中没法去乐园的情况下，乐高乐园使用了一个媒介成功地将消费人群和自己的主题联系在一起，而这个媒介就是——乐高积木。

这是一个很好地保持品牌热度和用户黏度的方式，通过自己的产品让消费者足不出户便能享受品牌的乐趣，并为品牌带来营收已经越来越普遍的成了主题娱乐行业的趋势。搭配这个伟大“积木”计划的是一系列很棒的积木搭建指导视频，来自乐高的帝姆（Tim）会通过视频教授如何搭建，每周三更新，孩子们可以在线购买主题乐高积木并选择寄送到家（加州居民免运费）。乐高鼓励孩子们分享他们所搭建的成果，并愿意聆听他们对下一周该搭建什么的主意，这一系列活动的标签是“#LLCBuildingChallenge!”，孩子们可以很容易地在社交平台上找到。

无独有偶，上海海昌海洋公园也在官微信平台推出免费的“海博士在线咨询”服务，像海昌公园这种水族馆、动物园在遭遇疫情时，面临的一个更棘手的问题便是动物的饲养开支，公园可以通过减薪的形式节约人力成本，但动物需要每天不间断的资金投入以确保生存。所以海昌的“海博士”代表公司鱼类饲养团

队在线帮助鱼友解决动物饲养、疾病等咨询问题，让客户群始终保持活跃，为接下来的宣传和重启保持一个健康的舆论氛围，可以说是一种创新的营销模式。

而在提升服务品质方面，为了在“零接触”的大背景下保证游客体验的便利性，早在“五一”黄金周前，和阿里巴巴达成战略合作伙伴关系的环球影城（北京）就开始了数据存储器和脸部识别系统的安装调试，此举措是为了达到互联互通，加强对游客的数据统计和研究。游客们将有机会选择阿里巴巴开发的脸部识别系统，享受从进入校门到储藏柜再到消费的一站式解决方案，共同打造“智慧乐园”。

4. 改变体验形式，开发线上流媒体

疫情对主题公园行业的冲击将相当一部分潜在资金推向了游戏机产业。今年北美的索尼 Playstation，Xbox 以及任天堂的多类产品销量猛增；与此同时 VR 产业也以其独特的免接触游玩特点深受投资方欢迎，VR 游乐园/图书馆/博物馆等项目日渐繁多，其也为一众 VR 硬件设备商带来了提前的春天。这类 VR 产品通过开发线上消费的资源获取流量，结合“旅游 +”的融合趋势，与线上直播结合营造自己的小生态。这种线上直播包括“云游”园区虽然都是公益性质的，但能保持顾客黏性，让无法亲临园区的游客能够借助网络一览乐园，为疫情结束后的重新开园做准备。

而迪士尼近年来强势推出“Disney + 流媒体”服务，不仅仅只是在线看电影这么简单，而是其主题娱乐帝国从线下到线上的全覆盖，深挖掘。笔者觉得“Disney +”在这次大考验之下，并非充当盈利的急先锋，而是尽其所能为迪士尼这个庞大的帝国缓缓回血。遭遇重创的迪士尼影视板块不得不将《花木兰》《冰雪奇缘 2》《汉密尔顿》等影视、戏剧作品搬上流媒体平台，资金回笼来看的确赚了一些“快钱”，但也实属弃车保帅的无奈之举。但无论如何，在主题公园、邮轮业务和院线纷纷暂停的巨头迪士尼帝国里，“Disney +”这类在线流媒体板块能成为为数不多的黑马业务，更说明了开发多类型业务板块，增强自身风险抵御能力，打造线下线上相结合的完整产业体系对每个企业生存的重要性。

五、主题公园应对疫情的对策与建议

疫情的阴云随着秋冬季的到来又逐渐弥漫开来，人们担心着它的卷土重来，消除人们的恐慌心理最终需要全世界一起根除这场疫情。根据咨询公司 Performance Research 和 Full Circle Research 的一项联合数据调查，近 2/3 的游客将是否卫生清洁作为重返乐园的首要考虑因素。“换句话说，人们在决定重返一些地方的时候，首先是想确认环境是舒适且安全的，这个卫生在这个语境下可以等于没有病毒存在。从全球范围来看，人类显然并没有战胜这种病毒，建筑物倒了可以重建，但这场灾难给人类社会造成的心灵创伤和经济紊乱需要相当长时间来愈合。在这段时间里，我们或许可以在这些方向多做准备：

（一）资金上“开源节流”

削减开支，这是经济危机下最直接的方式，特殊时期往往现金为王。海昌海洋公园执行总裁王旭光先生的总结很精辟，即：控制好内部的开支，保证刚性支出，评估好其他支出的必要性，此为“节流”；而“开源”很多时候意味着贷款，有些时候指的是税收减免或递延、相关财政补贴等，而为贷款融资提供便利又在很大程度上依赖于政府决策。其实早在今年三月，文化和旅游部便与中国工商银行签署《助力文旅企业纾困推动产业高质量发展战略合作协议》。根据协议，中国工商银行将为文化和旅游行业提供 1000 亿元新增授信额度，对受疫情影响的文化和旅游企业做到不抽贷、不断贷、不压贷。这部分贷款利好将有助于部分文旅企业度过艰难的现金流短缺困境，有助于帮助企业实现自救。

（二）接受新常态、迎接新科技

技术将更无缝地贴合进主题公园的运营之中，比如人们将减少现金的使用（这一点在中国早已实现），售票和预约也将逐步电子化。从中期来看，科技手段也将逐步替代很多现在需要人工去做的工作，比如清点人数的工作将被自动闸机取代，点餐也将逐步电子化。触摸类设施将逐渐减少，因为这次疫情会让人们养成一种不随便触摸公共设施的习惯，这不意味着触碰类设施将消失殆尽，如果某些设施的触碰功能设计能显著增强体验效果，那么他们将得到保留。从长期来看，公园方面甚至会在游乐设施的设计层面做出一些改变。比如游乐设施排队区，为了获得更大人流量而进行的密集的人员集聚设计将被改变。但公园方也要更有创意，去权衡好游客的舒适体验和单位时间客流量之间的关系。谈到科技就离不开数据，关于刚才说到数据统计，我想多提一点：由于数据采集的方法大多基于移动设备（WIFI 跟踪，GPS 定位服务等），所以在需要进行精确的游客流量统计时，我们希望能排除那些移动设备打开的工作人员，同时算入那些没有移动设备的少年儿童，让数据更加精确真实。同时笔者也在想，商业预测模型只基于常规数据来预测风险是不够的，对于战争、天灾以及像新冠肺炎疫情如果没有特定的预案进行估量，只会让接下来的数据分析徒有其表。

（三）鼓励行业协会的领导作用

在这段艰难的时光里，行业协会也在尽全力为会员企业提供力所能及的服务。国际游乐园及景点协会（international association of amusement parks and attractions，IAAPA）和笔者所在的TEA主题娱乐协会都在各自官网发布支持信息。比如IAAPA针对新冠肺炎的产品和服务页面，就有各种会员企业提供诸如防护设备、消毒设备、健康流动站、体温监测和安全技术、铭牌标识设计、智能人流量管理、设计统筹等各种服务，如果有企业愿意被加入这份助力名单中，可与IAAPA取得联系，发送企业名称，产品/服务描述以及网站等，共赴时艰。TEA主题娱乐协会也在其网站组织了大量免费线上讲座，涵盖了从市场运营、政府资助、心理健康、行业谋划等多个领域，为企业和个人提供复工就业、资金补贴等众多关键信息。这一点，国内国外都做得很好，国内如中国主题公园研究院、新旅界媒体、CAAPA等机构就通过统筹资源，搭建桥梁，为文旅行业在今后的生存和发展给出了许多实质性的帮助。

（四）积极利用这段窗口期发展IP文创研发

丰富产品线，提升品牌的软实力，加快主题公园转型。这一点不仅仅是主题公园，国内各地的主题博物馆也在根据各自特色打造自己的独特IP周边，比如敦煌文创产品、苏州博物馆文创产品等。合肥市曾经的老式监狱被改造成“合柴1972”主题博物馆，除了打造合肥市家电基地这张牌之外，越狱熊猫等主题IP也越来越多地被人们所接受；IP这个老生常谈的话题也是中国本土主题公园所缺乏的。笔者一致认为，主题公园的核心在于主题，而主题的核心又在与你的IP，好的自主IP能够孵化出你自己的人格化形象，并逐渐构建你的品牌影响力。无论是主题密室、沉浸式剧场、主题漫画还是主题故事系列都是自主IP的一部分，“好的故事”“会讲故事”才是吸引流量并将目标人群打造成忠实客户的核心要素。受启发于南加州的丰富自然地貌和多样文化，加之詹姆斯·葛尼（James Curney）的《恐龙梦幻国》（*Dinotopia*）对创作的启发，笔者自2018年创立“立世界—LISLAND”以来，在南太平洋构建了一个虚拟的LISLAND岛屿，以宣扬友谊、爱、家庭、探索为核心，涵盖了《雪人》（*Snowmen*）、《外公》（*Abuelo*）、《蒸汽女侠》（*Steamegal*）、《杂院伙计》（*Stoopfolks*）、《热气球球》（*Bobubble*）五大板块，打算以漫画、海报形式为起点，最终打造动画电影并开发一系列主题IP周边。

（五）尝试证券化管理文旅企业

经济压力下，鉴于主题娱乐行业投资特点的特殊性，沉淀大量前期资金的主题公园往往因为投资周期较长，在遇到疫情时往往积重难返，笔者在想我们如何长期稳定的关注文旅企业的现金流情况，是否可以在主题文旅行业内实行证券模式，将那些优质的、高回报率的项目进行证券化，让民间资本进入以帮助企业回笼资金呢？

随着武汉最大的主题公园——武汉欢乐谷在2020年5月份按照30%的承载量部分开启户外游乐设施，主题公园行业曾经的震中也重新焕发出一丝光彩。新冠病毒的全球阴霾还未散去，主题娱乐行业的春天何时到来还是未知。截至笔者写稿的今天，成都融创世界盛大开幕，要知道，资本向来都是逐利而动，中国政府对疫情有力的控制无疑给国内外资本注入信心，中国商务部部长关于继续扩大市场开放力度、营造透明经商环境的表态也将有助于资本的重新注入，并助力这些暂时失去光环的梦幻公园早日焕发往日荣光。

参考文献

［1］ World Tourism Organization，UNWTO TOURISM DATA DASHBOARD［EB/OL］. https：//www. unwto. org/unwto-tourism-dashboard.

［2］ The Park Database，Latest Disney data shows theme park recovery trends after coronavirus ［EB/OL］. https：//blooloop. com/theme-park-recovery-after-covid/.

［3］ Bloom Berg，Shanghai Disneyland Reopening Tickets Sell Out in Minutes［EB/OL］. https：//time. com/5834087/shanghai-disneyland-sellout/.

［4］ Jessica Snouwaert. Check out these wild photos of Disneyland's sold-out reopening in China—complete with temperature checks，mandatory face masks，and yellow social-distancing boxes. Business Insider ［EB/OL］. https：//www. businessinsider. com/disneyland-reopening-shanghai-china-pictures－2020－5.

［5］ 王旭光．疫情之下主题公园的应对策略，中国游艺机游乐园协会

[EB/OL]. https：//www. thepaper. cn/newsDetail_forward_6416054.

[6] 唐唯珂．主题公园“晴风初破冻”[EB/OL]. https：//tech. sina. com. cn/roll/2020－06－06/doc-iircuyvi6974464. shtml.

[7] 迪士尼集团官网 [EB/OL]. https：//disneyland. disney. go. com/.

[8] 环球影城集团官网 [EB/OL]. https：//www. universalstudios. com/.

[9] 六旗集团官网 [EB/OL]. https：//www. sixflags. com/america.

[10] 乐高（加州）集团官网 [EB/OL]. https：//www. legoland. com/california/.

[11] International Association of Amusement Parks and Attractions（IAAPA）[EB/OL]. https：//www. iaapa. org/

[12] Themed Entertainment Association（TEA）[EB/OL]. https：//www. teaconnect. org/index. cfm.

后疫情时代，主题公园如何延续造梦

虞　炳*

这是最好的时代，也是最坏的时代。之所以这么言定，要从这样两个方面来说，随着我国经济快速发展，跨界进入文旅行业的创新者越来越多，多方位的整合资源、融合发展，让中国主题公园面临着快速发展的机遇期，目的地文旅投资依旧保持较好的局面，预计到2025年，国内还将新增主题公园70多家，同时大型主题公园集团不断强大，华侨城集团、华强方特集团、长隆集团连续多年进入主题公园集团前十，市场不断下沉，三四线城市的主题公园也呈现品牌化，规模化的发展，中国主题公园行业整体让人可喜，虽是向阳而生，然而这背后的阴霾我们亦不可回避，据企查数据显示，2020年上半年，我国旅游相关企业注销、吊销了4.9万家①，究竟是什么造成了当下的近况？面对困局主题公园又该如何破局而生？未来又该去向何处，今天的中国主题公园正面临一个迫切需要长远解决的战略课题：后疫情时代，主题公园如何延续造梦。

一、繁花似锦背后的“爆雷”不断

（一）外因

1. 从文旅地产来说，陷入“两难境地”困局

放眼全国当下总投资超过万亿的3000多个项目中有近半数的百强房企正在

---

* 虞炳，恐龙园文化旅游集团首席创意官、副总裁，中国儿童文学研究会儿童剧专业委员会副主任，中华儿童文化艺术促进会戏剧教育专业委员会副主任；在文旅项目策划设计、IP定制、文化研究、内容生产制作、项目实施运营等方面有着丰富的经验。曾获得中国游乐摩天奖“十大最受欢迎的中国游乐作者”，并获聘文旅委专家委员。

① 2020年上半年旅游企业“消失”4.9万家［EB/OL］.（2020-7-21）［2020-9-11］https://www.sohu.com/a/408963529_100153182.

涉足旅游地产，种种数据告诉我们的是文旅地产江湖尚热，但无法回避的是市场洗牌变革也让文旅地产陷入“两难境地”的困局，具体可以从两方面来说：一方面是近了拿地难，远了销售难；毫无疑问地段是房地产最核心的价值，但对于依托特殊资源的文旅地产，城市近郊能够符合条件的土地资源本就非常稀缺，更何况如今地少人多的竞争逐渐白热化，拿地难度不言而喻，但一旦选择了远离城市的地块，那么必然要带来的是销售速度变慢的难题，资金回笼又将减慢；另一方面是短期升值难，长期周转更难；文旅地产本身得到市场认知就需要经历一个过程，因此短时间内难有较大幅度的升值，可也就是因此大盘项目销售不畅导致资金链紧张的企业也不在少数。

2. 从国际形势意识形态来说，纷繁复杂，相互博弈

在2020年中国国际服务贸易交易会全球服务贸易峰会上，习近平主席指出：当今世界正在经历百年未有之大变局，新冠肺炎疫情全球大流行使这个大变局加速变化，经济全球化遭遇逆流①，保护主义、单边主义上升，世界经济低迷，国际贸易大幅度萎缩，给人们的生活带来了前所未有的挑战，一场毫无征兆的新冠肺炎疫情，让2020年的春天全球都陷入了“停顿”的状态，在这个全球战“疫”的大舞台之上，国际格局和国际体系的调整脉络显得更为清晰，全球治理体系的短板因此更为凸显，国际力量的对比变化更为真切，而这也为我们深刻理解世界和中国发展趋势提供了一个重要的窗口，为我们准确把握“百年未有之大变局”提供了契机②。

3. 从公共卫生来说，疫情防控常态化

截至2020年底，新冠肺炎疫情的影响仍然持续在世界范围内发酵，其带给市场、人们的影响远远大于2003年的“非典”，随着疫情防控进入常态化，“今日景区已消毒”“距离产生美”这些宣传语将频繁地出现在各类景区里，预约制和流量控制将成为常态；不能回避的是，疫情防控常态化并不是代表疫情结束，疫情不散，对于主题公园来说就只有危没有机，而从市场需求来说，疫情对于人们旅游消费的诉求、取向和行为方式都已有所改变，在线办公、在线教育、在线导览、在线解说、虚拟剧场、云旅游等得到广泛应用，这对于实体主题公园产业来说也是不可逃避的危机。

---

① 孙思清．在习近平主席的讲话里，读懂“中非命运共同体”［J］．理论导报，2018（9）：46.

② 张剑抒．在全球战“疫”中把握“百年未有之大变局”［N/OL］．（2020－6－18）［2020－9－11］．http：//theory. southcn. com/c/2020－06/08/content_190996261. htm.

4. 从中国主题公园行业来说，后起之秀增长迅猛，竞争对手换血更迭

国内主题公园行业步入黄金时代，无限商机赢得国际主题公园的玩家们怦然心动，竞相涌入国内市场，六旗娱乐集团、环球影城、默林娱乐集团等国际知名主题公园集团摩拳擦掌，以品牌授权、特许经营、独资投建等方式入华，这加速了国内主题公园的竞争，以上海迪士尼开园第一年为例，1100 多万的游客量远远超出了预期，而开业在即的北京环球影城，预计一期每年能吸引 1200 万游客，而随着整个北京环球度假区的不断完善游客量预计将超过 3000 万①②；除了外来品牌的冲击以外，随着新文娱时代消费升级带来的生活方式变更，许多新兴娱乐业态通过跨界来实现“娱乐 +”的全新模式，利用更有趣，更新奇，更有料的内容让新一代消费者提起兴趣，航空主题博物馆、失恋博物馆、汽车主题公园、24 小时剧场等近 100 种新潮体验来势汹汹。

更多强手入局市场，也意味着新一轮的弱肉强食竞争态势将在未来一段时间内持续上演。

5. 从品牌端来说，缺乏持续创新，复制无节制

成功的乐园不会是一个模板，失败的乐园也烂出花样儿！各地兴建主题公园成了开发商急功近利，地方政府追求政绩催生下的肤浅文化表现，往往前期缺少整体设计和规划，开发时序，逻辑混乱，甚至跳开运营设计提资环节，业态无法落位，忽略国内零售、餐饮及游戏、体验产品的附加值，最终造成主题公园的规模、质量、运营管理水平低下，复制的无节制造成了同质化问题的严重。

（二）内因

1. 从产品端来说，同质化现象严重，缺乏内核

不论是迪士尼还是即将开园的环球影城，创意始终是主题公园最核心的竞争力，任何一个成功的主题公园，都是因为给人留下了难忘的印象，然而反观我们当下的国内主题公园市场，由于经济效益和恶性竞争的影响，大多数主题公园仅

---

① 刘佳，连品洁．上海迪士尼一年接待游客逾 1100 万［EB/OL］.（2017 -6 -22）［2020 -9 -11］. http：//travel. people. com. cn/n1/2017/0622/c41570 -29355272. html.

② 北京环球度假区 2021 年开园年接待游客三千万［EB/OL］.（2019 -3 -6）［2020 -9 -11］. https：//travel. gmw. cn/2019 -03/06/content_32606912. htm.

限于制作简单的仿制品，虽然项目比比皆是，但优质的项目却是凤毛麟角。

大量盲目复制和模仿造成的结果就是主题公园“含新量”不够，面对今天的市场上，“含新量”不够意味着什么？意味着难以在市场上持续吸引关注和游客的青睐，为什么这么说呢？一方面，全行业遭遇不测风云的侵扰；另一方面，新生代游客的需求不断在变化，偏好越来越出奇和个性化，那么没有“常建常新”的体验，终究难以形成规模经济以及提升吸引力和认知度，综合来言，笔者认为主题公园光热闹是不够的，毕竟娱乐设施的堆砌、复制同类项目是很简单的，但热闹之后，如何去延续关注度，如何留客才是每个主题公园从业者应该去思考的关键。

而除了项目复制严重以外，缺乏核心的问题也在不断暴露着，纵观全球的巨头级主题公园，其发展思路往往遵从以下路径：以 IP 作为传导源头，以包含主题公园在内的上下游产业作为主营业务实现 IP 变现，同时通过持续自身创作或外延收购 IP①，并借助 IP 的影响力进行异地复制，打造“内容创作与授权—线上线下平台整合—周边衍生—文化输出”的泛文化产业生态，对于具有较强 IP 认知度和周边开发能力的主题公园，其营收并不完全依赖于入园客流②。相反，对比国内主题公园来说，IP 主题不明显，品牌保护意识差，市场调查和对当地人口研究的缺乏，造成其后期发力疲软，不论是从乐园门票、相关设施配套、资源合理利用、产业价值链延长上都存在着各种的隐患。

2. 从策划设计端，顶层设计逻辑欠缺

可以肯定的是顶层设计是一个系统性的规划。它是指从全局的角度，运用系统的方法将项目的各方面、各层次、各要素进行统筹规划，以集中资源、高效快捷的实现目标③。

它具体可以分为五个维度：第一，逆向思维逻辑。以未来五年的项目状况为基点，再往前倒推。第二，系统化的经营理念。什么是系统化的经营理念，就是思考不同业态的比重在项目里占比如何。第三，解决问题的能力。项目给用户解决了什么问题？给游客带来怎样的体验？这些都是项目的重要因素，而这也是文旅与众不同的地方。第四，组织形式，分工和资金力。开发项目是所有项

---

① 春节至今损失上百亿元，国内主题公园行业进入拐点危机？［N/OL］.（2020－3－26）［2020－9－11］. https：//news. sina. cn/2020－03－26/detail-iimxxsth1833659. d. html？ vt＝4&pos＝3.

② 上海欢乐谷重新开园，其他主题公园当下情况如何？［N/OL］.（2020－3－17）［2020－9－11］. https：//www. sohu. com/a/380831374_100191062.

③ ［一文读懂］90%亏损的文旅项目，都是没解决好这些问题［N/OL］.（2019－8－21）［2020－9－11］. https：//dy. 163. com/article/EN43J6NG05388WIF. html.

目都自己开发，还是有一部分项目外包，还是有合作，这个组织形式将决定未来整个产业的盈利方式和收入。第五，业绩与利润，要考虑在公园开了以后第一年是多少收入，第二年是多少收入，第三年是多少收入，多少年能产生现金流的正向流①。

在做文旅项目时，大多数企业都属于冲动型思维，认为项目进入运营后，一定会吸引到游客从而获得成功。这是一种非常可怕的逻辑思维。而这种冲动的想法，又会导致企业在项目设计端头脑发热，缺乏有效及科学的系统化经营理念。比如如何打造文旅项目“吃、住、行、游、购、娱”的产业链，这个项目的业态里吃占多少，住占多少，行占多少，游、购、娱又占多少，这些业态之间所占比重又该如何与项目的内容端去吻合。很多企业在没有完全想明白这些逻辑思维的时候就开始建设，这就注定会导致项目无法在竞争激烈的市场中长时间存活。

3. 从体制机制端来说，企业流程不完善，掣肘严重

客观、合理、优良的工作流程，能有效的控制员工工作的随意性，加强各部门之间的监督，减少工作中的漏洞，以此来避免不必要的经济损失，从而实现企业利益的最大化。

当下大部分的企业都会按照工作内容的专业性进行业务分割，把企业经营的过程分解为最简单、最基本的工序，这样员工只需进行一种性质的工作，同时在工作中对过程实施严格控制，最终提高工作效率。但是在具体工作中，各部门因为都会从本部门的实际利益出发，这就导致了工作中会存在本位主义和相互推诿现象，特别是在文旅企业中，一般业务都存在时间紧、不定因素大、变化多等特点，因此也造成了业务与职能部门之间，发展与管理之间的矛盾。

过细的分工，使得产品或服务的提交活动要经过多个部门去处理，甚至是重复审核，整个过程运作时间长、成本高。当一个企业的经营活动长期处于迟缓甚至是滞后的状态时，就会在快速多变的市场环境中处于被动。而管理层次的增多，指挥路线的延长，也会导致信息传导与沟通的成本上升，不仅会造成信息在传递过程中的失真，严重的还会导致对市场反应迟缓，阻碍企业的发展②。

文旅行业很多业务中都有非标类产品，这些产品的采购需要特殊的规范。大部分的企业流程都是约束的一般业务，遇到特殊需求的业务，就会出现关键流程

① ［一文读懂］90%亏损的文旅项目，都是没解决好这些问题［N/OL］.（2019－8－21）［2020－9－11］. https：//dy. 163. com/article/EN43J6NG05388WIF. html.

② 徐琳. 浅析会计实务谨慎性原则的运用［J］. 现代经济信息，2016（7）：225.

缺失或者职责不明确的情况。

从人才端来说，专业人才短板制约严峻：高端人才、创意人才和复合型人才是文旅行业发展的重要基础之一，加上文旅项目大多是投资大、时间长的纯市场行为，靠玩概念必死无疑，必须量身定做并在理解中执行、调整中前进，才能步步为营，稳扎稳打，推动项目不断前进。但文旅产业涉及面极广，多元融合创新和统筹难度极大，没有多行业工作经验和多学科知识结构的人很难脱颖而出，而区位、经济发展水平等方面的限制造成了人才的缺乏，尤其是高端人才，而这也成了阻碍文旅行业发展的重要因素。

文旅行业涉及面广，需要很多的特殊资源与渠道，而各个部门是按照专业职能划分，当员工技能的全面性不足以支撑业务的专业性时，就会造成工作效率及质量下降，甚至影响项目的质量。

2020 年，挑战与机遇共存，困局与增长机会共生，那么对于中国主题公园来说，如何在后疫情时代危中求机，从顶层设计出发定制文旅项目开发准则，对产品进行迭代升级，有效建立机制，成为国内主题公园竞争后半场获得更好发展的关键课题。

二、顶层设计端

文旅项目要坚持文化先行，而项目的产品策划、规划设计、开发建设都是为后续的可持续运营，为项目的盈利服务。在规划建设过程中，规划设计始终与运营紧密结合，了解运营需求，并转化为设计的语言。规划、建筑、景观不仅仅是好看，更需要满足使用功能。同时从投资回报角度，还要做好投资成本控制。恐龙园文化旅游集团（以下简称“恐龙园集团”）在文旅规划设计中，始终坚持“文化创意、旅游创新、精准落地”。并且，恐龙园集团在设计初期就将运营思维前置，进行运营定位和提资，形成运营方案。

以常州恐龙人俱乐部酒店为例，作为全国首个恐龙探索情景体验酒店，通过数字化科技和实物展示的多种手法让亲子家庭体验恐龙魅力。自开业以来，长期处于满房状态，广受亲子家庭欢迎，被评为“中国最受欢迎的十大主题度假酒店”之一。恐龙园集团在策划初期就介入成熟的酒店运营团队，通过详细的市场调研与分析，跟设计团队对于项目定位、客房数量与风格、功能配套等进行全面细化的提资，从而提高整个项目的可落地度。在规划阶段，又针对消费者的行为习惯对酒店整体动线进行了优化，让游客在入住过程中无不感受到设计的人性化；

最后在建筑方案阶段，更是严格选材，严控流程，真正做到让创意与品质并存。

再来看中华恐龙园，从最初的中华恐龙馆，到中华恐龙园，到国家5A级旅游景区，依托“恐龙”这一不变的文化母题，形成了新颖独特、生机盎然的庞大恐龙娱乐帝国①。恐龙园集团的核心价值观不变，始终传递“爱让希望永存”的信念；恐龙园集团的核心IP不变，始终围绕着恐龙这一文化；恐龙园集团的故事背景、主角、IP形象不变，始终围绕自有的人物及恐龙的关系族谱；恐龙园集团的开发准则不变，从客群角度考虑，恐龙园集团始终坚持“24H12M80Y”的理论。围绕产品开发，更有“5+3”模式、球豆理论、AB矩阵等理论体系做支撑。恐龙园集团的变化在于，单个主题公园不断的改造升级，内部裂变，不同的主题公园，紧跟趋势，要有新的升级蝶变。主要的变化会体现在具体的故事线、体验方式及体验手段上。

源于不变，创造多变。只有坚持系统性的规划，从全局出发，才能集中资源打造文旅精品。

三、产品迭代端

做主题公园，是一个静心沉淀的过程，你有几成的心思，市场就给你几成的反馈，尤其是在面对今天苛刻的行业市场，高质量发展是文旅企业运营的“硬核”，即怎样提增主题公园的创造力、创新力和可持续发展、高质量发展的生机和活力。关于如何打造“硬核”，可以从以下四个方面来说：

1. 打造差异化竞争力

“时运交移，质文代变”，中国旅游消费的不断升级，旅游产品已经从最初的1.0观光型到2.0休闲型产品，再到现阶段所热捧的3.0度假型产品转变，未来还将不断向文化内涵体验，个性化强的4.0时代升级，但万变不离其宗，在讲好中国故事，树立文化自信的今天，中国本土主题公园完全可以成为讲好中国故事的平台，但面对激烈的市场竞争，只有把故事讲出新意，才能在主题公园差异化竞争中脱颖而出，在这一点上，中华恐龙园率先跳出固化思维实现了突破，2017年中华恐龙园跳出已经被玩烂的万圣“洋节”，另辟蹊径推出自己原创IP的沉浸

---

① 刘明江．基于地租理论的主题公园土地利用经济学分析——以常州市中华恐龙园为例［D］．南京：南京农业大学，2012：29.

体验文化活动品牌——“艾琳世界”，通过园区 7 大区域，4 大惊悚鬼屋、全天 30 多场万圣演出，将中华恐龙园打造成了一座 600 亩的万圣实景，历经 4 年的孵化打造，如今中华恐龙园已成为万圣游客必打卡的网红目的地。

把故事讲出新意很重要，但主题公园设计者们又该如何把故事讲出新意呢？不妨将眼光放在“演艺 +”上，如果将主题公园看作是基本盘的话，那么演艺则是“胜负手”，要把演艺融合到我们的每一个主题项目模块当中去，使其成为一种体验文化。在项目中，演艺通过和研学、娱乐、餐饮和商业的文化融合，带给游客一个全业态、全天候、全产业链的全新体验。另外，主题公园也可立足自身文化主题与资源，找一个新奇有趣的切入点，创意融合当下流行元素，以新奇特方式构建网红打卡圣地，从而带动二次消费。以中华恐龙园万圣季引入“鬼市”一概念为例，虽是“市”但重点不在卖货，那些场景式，极具沉浸化的体验才是艾琳鬼市的主角，他们是恐龙万圣季最有创造力的展现，整个鬼市注重与游客的互动设计，为游客创造超越期待的体验，2019 年艾琳鬼市再升级，围绕“奇”的核心，打造了惊梦桃林、奇遇街坊、风骨奇市三大主题区域，惊梦桃林重现亦鬼亦仙的迷幻氛围，奇遇街坊和风骨奇市则为游客展现了融入万圣主题的趣味玩法和各类奇异商品，和妖魔鬼怪一起看恐怖片、再买个“人头”等玩法成为游客打卡拍照的不二选择。

2. 创新经营模式

近年来，中华恐龙园始终围绕恐龙主题，独立自主设计了一系列恐龙文创，从恐龙玩偶，恐龙服饰到恐龙文具的各种文创品类一一覆盖，从恐龙雪糕惊现园区，联名变装口红引爆万圣，潮款恐龙 T 恤仙气种草热潮，中华恐龙园官方文创店 DINOBOB 恐龙宝贝旗舰店上线天猫开始，不断衍生出近百件产品，尤其是入选 2020 中国 5A 级景区文创产品榜单的 2019 新款文创 T 恤和木质恐龙卡通车载，深得游客喜爱。除此以外，为迎接后疫情时代市场对“云”模式的需求，中华恐龙园积极组建互联网事业中心，开启中华恐龙园游园云直播，同时中华恐龙园与中国游协、文旅中国、携程、拼多多、虎牙、淘宝等平台合作进行直播和举行带货活动，中华恐龙园景区自制的恐龙主题音频、视频等创意内容在喜马拉雅等诸多平台一经发布就备受关注，据相关数据显示仅微博、微信、抖音等平台曝光量就超 1000 万。

3. 文科融合提供贴心服务

翻开全球主题公园发展的历史手册，我们会惊喜地发现自 20 世纪 50 年代开启的主题公园产业，在历经近半个世纪的发展与等待，终于迎来了技术革新的黄金时刻——5G时代，那么5G时代将给主题公园建设带来什么样的变化呢？可以分为这样几个方面：①多场景应用，如AI导游、AI贩卖机、AI客服、4D游览导视等；②利用5G技术精准IP孵化，通过5G技术，网络更全面的游客消费数据，搭建更为合理有效的5G应用场景，以精准定位孵化具有中国文化IP的主题公园；2019年恐龙园集团推出国内首个沉浸式侏罗纪实景体验项目——恐龙基因研究中心，该项目以神秘恐龙孵化基地为背景，在项目的设计和打造上中利用声光电、虚拟成像、VR等多种技术，再现了恐龙时代特有的生存环境，并首创Walk Through式科普野外体验路线和巴士探险路线融合模式，项目一推出便吸引了众多游客慕名打卡，也使该项目备受业界关注新一代主题公园体验项目。

疫情带来的后遗症是一场持久战，在战“疫”中，主题公园布局在线营销、在线服务、在线经营，成了主要形式；在此次疫情期间，中华恐龙园景区加速布局全智慧化运营、品质化升级了线上购票系统、快速入园“闪服务”以及“恐龙园景区”微信小程序进一步实现线上线下双擎联动推进旅游产业的科技化和信息化进程。

正如前面所说的那样，时代的变化，消费的升级，游客对主题公园的品质要求越发的严苛，服务、安全、礼貌、表演、高效……种种都成了他们评断一个主题公园好坏的主要依据，所以以更优质的产品，更优秀的服务、更有时代感的管理奉献给游客与社会成了当务之急，20年的发展过程中恐龙园集团不断推进IP创新及衍生，独创性的构建了包含形象内容、文化科技项目、主题演艺①、特色活动在内的多维度恐龙IP体系，并针对市场按照全新的娱乐章节，以恐龙为原点设计全年活动，让游客有全新体验，做到了周周有活动，月月新体验。

4. 深化产业融合

恐龙园集团从2007年开始布局“形象—内容—体验—衍生”的IP体系②打造，并聚力推进“主题公园+文化演绎”“主题公园+科技”“主题公园+文创”“主题公园+教育”等多产业的融合和迭代，“融”成新型的度假新空间。早在2015年，恐龙园集团董事局主席、首席执行官沈波提出了文旅模块理论，旨在打造科普探索中心、研学游基地等精品化、轻小型、模块化的主题娱乐产品，凭借投入少、规模小、易复制的特点，领导了当下新娱乐消费市场。酒店类和体验类两大业态的相关产品策划开始启动；恐龙人俱乐部常州店、恐龙人俱乐部酒店

---

① 吕永刚．常州“主题公园之都”是怎么样炼成的［J］．决策，2019（1）：41－43.

② 王萧音，吴兰兰，王凯．浅析常州恐龙文化儿童交互设计开发［J］．文艺生活·下旬刊，2019（1）：135－136.

相继开业，中华恐龙园从单一景区向着旅游度假区升级蜕变，恐龙人俱乐部也在近两年不断向外拓展，2019 年入驻上海，在 2020 年入驻杭州。恐龙园集团正在用社交娱乐引领文旅体验经济新模式①。今年恐龙园集团为了应对疫情之下文旅市场的快速变化，整合旗下家庭娱乐中心恐龙人俱乐部、官方主题酒店恐龙人俱乐部酒店，将酒店住宿功能与家庭娱乐中心的娱乐休闲体验功能进行融合，形成自由组合、功能叠加、效益放大的“酒 + 娱”微度假产品，并推出“住宿 + 运动”“住宿 + 娱乐”“住宿 + 餐饮”等多种迎合消费休闲趋势的产品，实现了从产品到业态有机互补和有效叠加，放大经营的同时也为游客创造独特的恐龙旅游休闲体验，以灵活的产品积极应对疫情之下多变的市场挑战。

四、体制机制端

虽然主题公园的发展前景广阔，但近年来主题公园纷纷关闭的事件，意味着这个行业容易亏损，并存在着一些壁垒，如创意设计壁垒，品牌壁垒，专业人才壁垒，资金壁垒等，如何破壁，这需要企业与政府之间达成默契，合力共振。

首先从主题公园的开发方来说，要有系统化思维，主题公园绝对不是简单的业态、品类拼盘，不同区域的资源特点、客群结构、消费层次、区位因素等都不相同，所以整体结构无法简单复制套用，必须是经过系统化分析来定制化的。国内主题公园正是朝阳产业，要抓住这个市场机遇，抢占稀缺旅游资源，文旅企业也应开发出能适应当地区域的产品，笔者认为，未来主题公园的发展趋势，硬件可能更“轻”（低成本），软件或许更“重”（重互动、重服务）。

“一年之计，莫如树谷；十年之计，莫如树木；终身之计，莫如树人。一树一获者，谷也；一树十获者，木也；一树百获者，人也”。不管是有资源，还是有钱、有产品，要实现最终的成功，离不开人的因素。从“观光”走向“度假”意味着产业越来越综合化、业态越来越复杂化，同时还要牵扯到不同的融资手段和大资金的多期循环开发，所以操盘和运营团队应有通盘考虑的思维方式，对涉及的各产业各业态均有深入的研究，对经济、财务、金融业有非常专业的知识背景和实践能力，在引入高端人才的同时，也要注意各板块专精人才的配置，以及人才梯队的培育，在引导行业服务向标准化、规范化发展的进程中，恐龙园集团

① 常州中华恐龙园：匠心筑梦 20 年，当好文旅排头兵 [Z/OL].（2020 - 9 - 21）[2020 - 9 - 21]. http：//www. changzhou. gov. cn/ns_news/526160068876378.

积极贡献智慧，成功起草并发布实施了中国首部主题公园国家标准《主题公园服务规范》，此外，恐龙园集团不断总结20年来的成功发展、运营经验，① 创造性地提炼出“5 +3”发展模式、球豆开发理论和“24H12M80Y”理论等一系列理论模式，为行业发展提供基础理论支撑。

除了主题公园建设开发者自身的努力以外，笔者认为地方政府也应该发挥政府服务职能，整合当地文旅资源，为企业提供相关政策支持；通过多方推动的作用之后，为建设本土特色鲜明、品质高的品牌主题公园助力，以此来满足地方群众文化消费所需，带动区域经济增速。

善观势者，未知先知。2020年，是文旅分野的一年，也许我们再也回不到从前了，但我们却清晰地知道，未来在我们自己的手里，面对瞬息万变的当下环境，我们还可以做得很多，我们有理由相信的是风雨之后，文旅产业或将也必将迎来一个灿烂的春天！

参考文献

[1] 孙思清. 在习近平主席的讲话里，读懂“中非命运共同体”[J]. 理论导报，2018 (9).

[2] 张剑抒. 在全球战“疫”中把握“百年未有之大变局”[N/OL]. (2020 - 6 - 18) [2020 - 9 - 11]. http：//theory. southcn. com/c/2020 - 06/08/content_190996261. htm.

[3] 春节至今损失上百亿，国内主题公园行业进入拐点危机？[N/OL]. (2020 - 3 - 26) [2020 - 9 - 11]. https：//news. sina. cn/2020 - 03 - 26/detail-iimxxsth1833659. d. html？ vt =4&pos =3.

[4] 上海欢乐谷重新开园，其他主题公园当下情况如何？[N/OL]. (2020 - 3 - 17) [2020 - 9 - 11]. https：//www. sohu. com/a/380831374_100191062.

[5] [一文读懂] 90%亏损的文旅项目，都是没解决好这些问题 [N/OL]. (2019 - 8 - 21) [2020 - 9 - 11]. https：//dy. 163. com/article/EN43J6NG05388WIF. html.

[6] 徐琳. 浅析会计实务谨慎性原则的运用 [J]. 现代经济信息，2016 (7).

[7] 刘明江. 基于地租理论的主题公园土地利用经济学分析——以常州市中

① 恐龙园集团亮相央视，20 载成就大国品牌之路 [N/OL]. (2020 - 1 - 17) [2020 - 9 - 21]. https：//www. sohu. com/a/367466267_160263.

华恐龙园为例［D］. 南京：南京农业大学，2012.

［8］吕永刚. 常州“主题公园之都”是怎么样炼成的［J］. 决策，2019（1）.

［9］王萧音，吴兰兰，王凯. 浅析常州恐龙文化儿童交互设计开发［J］. 文艺生活·下旬刊，2019（1）.

［10］常州中华恐龙园：匠心筑梦20年，当好文旅排头兵［Z］.（2020－9－21）［2020－9－21］. http：//www.changzhou.gov.cn/ns_news/526160068876378.

［11］恐龙园集团亮相央视，20载成就大国品牌之路［N/OL］.（2020－1－17）［2020－9－21］. https：//www.sohu.com/a/367466267_160263.

附　录

主题公园概述

林焕杰

自从1955年世界上第一座主题公园——迪士尼乐园开业之后，主题公园的内涵和类型在实践中不断扩展。虽然几十年来主题公园发展日新月异，主题公园已成长为一个强劲的娱乐产业，但时至今日，主题公园在国际和国内都没有统一的定义。国外文献对主题公园没有严格的界定，“Theme Park”是国外对主题公园比较一致的称谓。

1989年9月锦绣中华主题公园在深圳开门迎客，标志着我国第一座真正意义上的主题公园面世。随后，主题公园在中国大地上如雨后春笋遍地开花，多年来掀起了一波又一波的主题公园建设热潮。经过30年的发展，我国主题公园已经历了四次代际转换：以自然资源为依托的第一代主题公园，以各种模拟、微缩景点为代表的第二代主题公园，以都市娱乐为特征的第三代主题公园，以及占地面积大、影像逼真、景点多样、内容丰富的第四代主题公园。从2016年6月16日上海迪士尼乐园开业之后，我国主题公园进入了主题公园与休闲度假、康养、研学等业态集聚的综合发展模式。

一、什么是主题公园

（一）主题公园的定义

美国国家娱乐公园历史协会（National Amusement Park History Association）认为，主题公园是“由围绕一个或一组主题而创建的乘骑设施、吸引物、表演和建筑组成的娱乐公园”。美国“主题公园在线”（Theme Parks Online）的定义是，

“主题公园通常面积较大，拥有一个或多个主题区域，区域内设有表现主题的乘骑设施和吸引物”。美国马里奥特（Marriott）公司对主题公园的定义是，“以特定的主题或历史区域为导向，将具有连贯性的服装和建筑结合起来，利用娱乐和商品提升幻想氛围的家庭娱乐综合体。”美国都市与土地研究室将主题公园定义为一个可以营造某种特殊氛围的游乐场所。综合国外各类机构的定义，主题公园的基本要素是：一个为旅游者的消遣、娱乐而设计和经营的场所；具有多种吸引物；围绕一个或多个主题；提供餐饮购物等服务设施，开展多种主题活动；实行商业经营。

保继刚（1994）教授认为：主题公园是一种人造旅游资源，它着重于特别的构想，围绕一个或几个主题创造一系列有特别的环境和气氛的项目吸引旅游者。楼嘉军（1998）教授的定义是：主题公园是现代旅游业在旅游资源的开发过程中所孕育产生的新的旅游吸引物，是自然资源和人文资源的边际资源、信息资源与旅游企业经营活动相结合的休闲度假和旅游活动空间，是根据一个特定的主题，采用现代化的科学技术和多层次空间活动的设置方式、集诸多娱乐内容、休闲要素和服务设施为一体的现代旅游目的地。董观志（2000）教授认为：旅游主题公园是为了满足旅游者多样化休闲娱乐需求和选择而建造的一种具有创意性游园线索和策划性活动方式的现代旅游目的地形态。周向频（1995）教授认为：主题公园是一种以游乐为目标的拟态环境塑造，或称之为模拟景观的呈现；它的最大特点就是赋予游乐以某种主题，围绕既定主题来营造游乐内容与形式，园内所有的色彩、造型、植被等都为主题服务，共同构成游客容易辨认的特质和游园的线索。

综合对主题公园定义的各种表述，主题公园的三个基本要素是：主题公园是满足旅游者娱乐需求的旅游吸引物之一；具有一个或几个特定的主题；是一种人造旅游资源。据此，主题公园可以定义为：主题公园是为满足旅游者的娱乐休闲需求，围绕既定的主题，利用科技、文化等表现手法，通过人工建造的吸引物，营造一系列有特别的环境和气氛的大型现代的休闲、娱乐场所。

（二）主题公园的创新性

主题公园承载着显著的商业性，是以特有的文化为载体、以现代的技术手段为支撑、以市场创新为导向的现代游乐形式。它是人们追求愉悦体验、缓解精神压力、改善生存状态的休闲娱乐强劲需求的产物。随着社会不断进步及开发技术水平的不断提升，主题公园的商业性、文化服务性和市场导向性推动主题公园内涵不断地向更深层次、更多元化的方向演进。因此，主题公园的概念应该理解为：第一，主题公园是旅游业发展到一定阶段的特殊产物。它是在旅游者的审美需求和休闲娱乐方式选择日益多样化的条件下，依托大量投入（智力、财力、人力、物力等）而建立起来的旅游娱乐活动场所。第二，主题公园是一种相对于传统旅游景区（即以自然遗产为主体的自然旅游景区和以文化遗产为主体的人文旅游景区）而言的新型游乐景区。主题公园始于传统旅游景区而又高于传统旅游景区，它承载更多的科技含量，在人文底蕴方面进行更深入的挖掘，在保留自然质朴性的基础上更加突出了人造景观高超的艺术设计与美感的享受。第三，主题公园与以前所有的旅游景观相比最大的特点在于它的主题定位与选择。“主题”的创意、策划、塑造是主题公园的精华，也是它生命力强盛的根基。它注重的是对一个或多个主题的创建、策划与塑造，开辟具有震撼力效果的游园线路，让旅游者参与其中并获得新奇的、刺激的、娱乐性的、休闲性的特殊感受。第四，主题公园是一种汇集多种特殊旅游产品和相应活动的完整组合所展示的游乐景区。通过创新性的设计、开发和生产环节，产品组合在景点布局、娱乐项目组织、空间的呼应、游览线路选择、接待和服务方式的衔接等方面都具有自己独特的方式，能够满足消费者多方面的娱乐需求和差异化的消费选择。因此，主题公园是为了满足旅游者多样化休闲娱乐需求而建造的一种具有创意性游园线索和策划性活动方式的现代游乐目的地形态。

二、主题公园的关键判据

主题公园之所以能够形成一种具有商业感召力的现代旅游娱乐目的地形态，不仅仅是因为它具有故事、乘骑、表演、巡游、购物等五个基本的内生性判据，而且在发展过程中还延伸出五个市场化的外生性判据：资本、技术、收益、创新和服务。

（一）资金密集型

主题公园属于典型的资金密集型产业，尤其是随着主题公园的文化多元化、技术现代化以及项目个性化，主题公园涵盖的活动越来越丰富，占地面积和投资规模必然随之不断上升，资金密集度上升。主题公园不仅要有精心策划和塑造的新颖主题，而且还要有大量资金的投入，其本质就是高效的商业经营与资本运作。

（二）技术密集型

随着科学技术的加速发展，信息技术和虚拟技术日益普及，主题公园不断提高产品的科技含量，增强技术与技术之间、技术与项目之间、项目与游客之间的互动性。技术进步是主题公园产品形态升级的关键原动力。随着技术水平的不断提高，主题公园的产品形态经历了从手工业产品形态到机器产品形态再发展到体验产品形态三个不同的阶段。每一次产品形态的升级都是技术密集度提高的结果。

（三）收益密集型

主题公园不仅对宏观经济环境变动保持着很高的敏感度，而且在企业化经营过程中一直追求收益最大化。资本密集型和追求收益最大化决定了主题公园具有收益密集型的基本特征。如果没有密集的收益，主题公园很难构建有效的价值链体系，从而没有价值空间。

（四）创新密集型

主题公园的创新是全方位的，从盈利模式到员工服务，主题公园经营管理的过程都离不开创新，而其中最基本的则是主题公园游园线索的创意和休闲娱乐方式的策划，也就是主题公园“主题”的创新。主题是主题公园形成鲜明特色和独特个性的灵魂，也是主题公园影响旅游者休闲娱乐选择方向的根本依据。

（五）服务密集型

主题公园是商业性投资，经营过程中存在高风险，必然要求以高绩效的服务来提高市场营销的竞争力。因此主题公园从旅游者的角度出发，制订出反映旅游者态度、爱好和动机的营销方案，合理地把环境、游乐、表演和商业四要素统一起来，使旅游者得到满意甚至超出预期的游乐体验。

三、主题公园的分类

（一）按主题公园的规模和特征分类

按占地面积和投资额，主题公园可分为三个类型：总占地面积2000亩及以上或总投资50亿元及以上的，为特大型主题公园；总占地面积600亩及以上、不足2000亩或总投资15亿元及以上、不足50亿元的，为大型主题公园；总占地面积200亩及以上、不足600亩或总投资2亿元及以上、不足15亿元的，为中小型主题公园。

按旅游主题公园的管理方式，可分为单个景区的独立性经营管理、多个景区的集体化经营管理、专业管理公司的连锁式经营管理等旅游主题公园类型。根据主题公园的经营模式分为："公园+地产""公园+演艺""公园+科技""公园+综合"。根据主题公园的娱乐性质划分，可分为传统技术型（以机械技术为主）主题公园、现代技术型（以电子技术为主）主题公园、高新技术型（以网络化技术、数字化技术、虚拟现实技术为主）主题公园、动物综合型（以动物、海洋动物为主）主题公园、无动力或花卉主题型（以无动力设施、花卉、观光体验为主）主题公园。按照区域划分为：地方性主题公园、区域性主题公园、全国性主题公园、世界性主题公园。根据旅游体验类型，主题公园可分为五大类，分别是：情景模拟、游乐、观光、主题和风情体验。

（二）按商业化运作模式分类

主题公园的商业化运作模式分为：资源化资本模式、独特性产品吸引模式和价值链模式。资源化资本模式主要针对一些自然和人文资源本身比较丰富的主题公园。这种模式是利用主题公园拥有的不可替代性资源通过资本化的手段展开经营。独特性产品吸引模式是在资源本身不够形成游客吸引力的情况下，通过注入性的产品打造游客吸引力。这种模式的运用需要结合四个方面因素加以考虑（保继刚，2000）：一是所在地经济发展水平；二是旅游目的地的形象感知；三是主题公园产品的无替代性或稀缺性；四是决策者行为。主题公园的价值链包括主体链、分支链和子链三个部分，其中主体链包括门票、游乐项目；分支链包括餐饮、住宿、旅游纪念品；子链包括公园会展、对外招商和其他对外盈利服务。

四、主题公园的基本特征

（一）市场准入限制性

市场准入限制性主要表现在以下几个方面：一是选址论证的限制性。主题公园与原赋自然、人文景区的一个很大的差别在于，主题公园首先要选择一个区位进行建设，而且区位选择是主题公园开发规划的关键性环节。二是规划建设的限制性。主题公园的规划建设过程比较复杂，总体规划上要统领全局突出主题特色，具体建设中要严格控制细节，具有整体性、创新性、专业性的特点。三是产品设计的限制性。由于主题公园占地面积大，并且大部分游乐项目体积庞大和不可移动，旅游者往往须借助交通工具才可以完整体验。四是门票价格的限制性。门票收入并不是国际上成熟主题公园的主要营业收入来源，但大多数主题公园仍存在着过分倚赖门票收入以及门票价格较高的客观事实。较高价位的门票使得其目标市场往往集中在中上层收入的群体，并由此产生了不同的客源市场结构。不同文化背景、经济实力和交通条件的旅游者对同一个主题公园所做出的反应差异很大，这种差异反映到目标市场方面来就是明显的层次性。这种目标市场的层次性决定了主题公园的市场策略组合和营销拓展行为的差异化和多元化。

（二）高投入、高风险性

主题公园作为一种新的娱乐形式，投资额巨大，高投入增加了高风险性，投资愈高，风险愈大。主题公园的风险包括投资回报风险、游客体验风险、社会环境风险、经营管理风险、客源市场风险和产业配套风险等。

（三）主题选择大众化和特色化相结合

主题公园主题结合了大众化和特色化的特点，既有一般游玩者熟悉的大众项目，又有独具特色的个别项目，是旅游娱乐大众化和个性化趋势下产生的现代游乐目的地。富有特色的主题公园不仅设计、创意有独特之处，还善于结合当地独有的旅游娱乐资源形成个性色彩浓厚的主题，使其他旅游地无法进行模拟仿建，保持了主题公园的独有魅力。

（四）主题活动常变常新，参与性强

主题公园通过不断创新主题活动来增强吸引力和强化娱乐形象，从而达到提高主题公园游客重游率、延长主题公园生命周期的目的。参与性产品是主题公园逐步顺应大众旅游娱乐需求而设计的，让游客多次体验趣味无穷的参与性活动。

（五）景观的虚拟性

主题公园景观环境是主题公园着意营造独特娱乐氛围的关键。景观环境的功能规划、文化定位和建筑设计是奠定主题公园成功的根本要素。在虚拟景观环境的营造过程中，以“创造性思维”的原则，围绕主题烘托艺术气息和塑造文化氛围，创造出有节奏、有情调的人格化景观环境、想象力丰富的空间形象以及通过这种景观环境阐述的“主题”理念，赢得旅游者的共鸣、认同和喜爱，形成主题公园与旅游者之间的双向交流与互动。

（六）产品精致化，表现手段高科技化

主题公园中需要以质量取胜的部分包括两方面：硬件部分和软件部分。硬件部分包括主体游乐景区设施和非游乐配套设施两部分。前者是主题内涵的实体外壳，其设计与施工对内涵的显现、休闲娱乐的质量有极大影响。高科技运用于主题公园的产品创造，可获得动态、多彩、立体化的效果，提高项目的参与性、娱乐性，是打造精品主题公园的必备手段，也是世界主题公园创造娱乐空间的发展趋势。

主题公园借助密集的资金、技术、文化、创新、服务的投入，构建由故事、乘骑、表演、巡游、购物组成的体验环节，实现资本利润、品牌收益、消费引导，形成围绕主题锻造的独有的产业价值链，凸显了主题公园的经济影响力。

主题公园产业关联性不但表现为围绕或者发端于主题公园价值链的混合经济模式，而且表现在其社会效应的广泛性上。主题公园独特的环境氛围和游乐体验在对旅游者产生吸引力和震撼力的同时也把一种创新的文化理念传播给了旅游者，进而通过现代社会的信息技术传播给社会大众；社会大众如果认同了这种

“休闲文化”，就会改变休闲娱乐方式的选择方向，甚至在一定的条件下改变工作方式和生活方式。

主题公园在大区域范围内对创造就业、刺激消费、促进整个地区的经济发展方面有显著的作用。主题公园及周边土地升值将为投资者带来可观的回报。主题公园产业已成为区域经济新的增长亮点。

参考文献

[1] 保继刚. 大型主题公园布局初步研究 [J]. 地理研究，1994 (3).

[2] 楼嘉军. 试论我国的主题公园 [J]. 桂林旅专学报，1998 (3).

[3] 董观志. 旅游主题公园管理原理与实务 [M]. 广州：广东旅游出版社，2000.

[4] 周向频. 浅论公园主题建设与园林文化精致原则 [J]. 城市规划学刊，1995 (4).

[5] 郑维，董观志. 主题公园营销模式与技术 [M]. 北京：中国旅游出版社，2005.

[6] 保继刚. 武汉市主题公园发展探讨 [J]. 地域研究与开发，2000 (1).